Industriebeziehungen
der westdeutschen Banken

Michael Gerhards

Industriebeziehungen der westdeutschen BANKEN

Sendler Verlag · Frankfurt am Main

Als Dissertation mit dem Titel „Das Verhältnis der Banken zu Nichtbankenunternehmen. Untersuchung ihrer Geschäftsbeziehungen in der Bundesrepublik Deutschland auf dem Hintergrund der Debatte über die ‚Macht der Banken'" am Fachbereich Politische Wissenschaft der Freien Universität Berlin eingereicht. Promotion im Juni 1982.

Sendler Verlag, Frankfurt am Main 1982
Umschlaggestaltung: Klaus Nagel
Druck: CARO-Druck GmbH Frankfurt
Printed in West-Germany
ISBN 3-88048-060-5

0. EINLEITUNG

Seit Anfang der 70er Jahre sind in der Bundesrepublik Deutschland die Banken wieder in den Blickpunkt des öffentlichen Interesses gerückt.

Partielle Erschütterungen im Bankwesen, hervorgerufen durch die ökonomische Krise 1974, die Weltwährungskrise und Spekulationen, die zum Zusammenbruch der Herstatt-Bank und Millionenverlusten besonders bei einigen Girozentralen führten, waren der Anlaß zur Debatte über die 'Macht der Banken' (1). Die Spannweite der Überlegungen reichte von kleineren Reformvorschlägen bis hin zur Forderung nach vollständiger Verstaatlichung des Bankensektors. Sogar der Bankentag 1974 beschäftigte sich explizit mit dieser Thematik (2).

Erstes Ergebnis dieser Debatte und der ihr zugrundeliegenden Vorgänge war 1976 die Novellierung des Kreditwesen-Gesetzes (KWG). Mittelbarer Ausfluß war die Einrichtung der Monopolkommission 1974, die in ihren ersten beiden Hauptgutachten die Konzentration im Bankwesen thematisiert hat (3). Mit der Aufgabenbestimmung, "die struktur- und gesellschaftspolitische Stellung der Kreditinstitute zu prüfen"(4), wurde gleichfalls

---

1) Einen Überblick über die verschiedenen Standpunkte und Argumentationsweisen gibt:
Hein,Manfred/Flöter, Hartmut: "Macht der Banken" - Folgerungen aus der bisherigen Diskussion. In: WSI-Mitteilungen, Nr. 7/1975, S. 342 ff.

2) Siehe dazu:
Wolf, Herbert: 30 Jahre Nachkriegsentwicklung im deutschen Bankwesen. Studien zur Entwicklung der deutschen Kreditwirtschaft. Band 1. Mainz 1980. S. 161 ff.

3) Monopolkommission: Hauptgutachten I, 1973/1974. Mehr Wettbewerb ist möglich. Baden-Baden 1976.
Dies.: Hauptgutachten II, 1976/1977. Fortschreitende Konzentration bei Großunternehmen. Baden-Baden 1978.

4) Bericht der Studienkommission "Grundsatzfragen der Kreditwirtschaft". Schriftenreihe des Bundesministeriums der Finanzen. Heft 28. Frankfurt/Main 1979. S. 3.

1974 wurde vom Bundesminister für Finanzen die Studienkommission "Grundsatzfragen der Kreditwirtschaft" eingerichtet, die Mitte 1979 ihren Bericht vorlegte.

Nachdem in der zweiten Hälfte der 70er Jahre die wissenschaftliche wie die wirtschaftspolitische Diskussion um die Macht der Banken sich beruhigt hatte, erfuhren in den letzten Jahren Überlegungen zur Veränderung des Kreditsektors in Vorschlägen zur "alternativen Wirtschaftspolitik" innerhalb der Diskussion in der sozialistischen Linken neuen Auftrieb. Nicht zuletzt hat die Verstaatlichungspolitik der sozialistischen Regierung in Frankreich zur Aktualisierung dieser Überlegungen beitragen.

Die marxistisch orientierte Diskussion über die Rolle der Banken wird weitgehend bestimmt durch die sog. Finanzkapital-Theorie, wie sie von RUDOLF HILFERDING (1) formuliert und von den Theoretikern des "staatsmonopolistischen Kapitalismus" entfaltet wurde. Neuere Ansätze, die sich um eine Rekonstruktion der Marx'schen Kritik der Politischen Ökonomie bemühen, haben inzwischen zahlreiche Arbeiten zur Inflation und zu Weltwährungszusammenhängen vorgelegt, während Untersuchungen zum Bankwesen kaum vorliegen (2). Einzig der Aufsatz von ULRICH JÜRGENS und GUDRUN LINDNER "Zur Funktion und Macht der Banken" (3) entwickelte weitergehende Fragestellungen.

---

1) Hilferding, Rudolf: Das Finanzkapital. Eine Studie über die jüngste Entwicklung des Kapitalismus. Frankfurt/Main 1968 (erstmals 1910).

2) Die Ausführungen in:
Sozialistische Studiengruppen: Das BRD-Kapital. Von der Prosperität zu Stagnation und Krise. Eine Analyse von Akkumulation, Profitrate, Konjunkturzyklus 1950-1980. Hamburg 1980
(Kap. 1.6.: Das Kreditsystem, Profitrate und Zinsfuß, S. 71 ff.)
beschränken sich auf eine Wiedergabe der Marx'schen Ausführungen zum Kredit, ohne neue Gedanken zur Analyse des Kreditsystems zu entwickeln.

3) in: Kursbuch 36. Berlin 1974. S. 137 ff.

Der Untersuchung der Industriebeziehungen der Banken ist ein theoretischer Teil vorgeschaltet. Denn ohne eine Kritik der vorherrschenden Finanzkapital-Theorie, ausgehend von der originären Marx'schen Kritik der Politischen Ökonomie, wäre diese Untersuchung mit vielen 'Vorurteilen' belastet. Der Wahrheitsgehalt der Marx'schen Theorie wie der Kritik am 'Finanzkapital' ruht allerdings nicht in sich selber, sondern muß sich dann vielmehr in der konkreten Analyse erweisen. Nichtmarxistische Theorien werden in dieser Arbeit ausdrücklich nicht behandelt, um eine Konzentration auf marxistische Ansätze zu gewährleisten.

Die Marx'schen Ausführungen über den Kredit (1) haben teilweise Manuskriptcharakter. MARX hat aber andererseits bewußt keine geschlossene Kredittheorie vorlegen wollen, denn die Kreditverhältnisse sind vom Produktions- und Reproduktionsprozeß des Kapitals abgeleitete Verhältnisse, und ihre historische Ausgestaltung ist jeweils von dem geschichtlichen Gang der Kapitalakkumulation sowie von den politischen und juristischen Vorgaben abhängig. Daraus erklären sich auch die länderspezifischen Verschiedenheiten der Bankensysteme. In dieser Arbeit soll deshalb auch nicht eine allgemeine Banktheorie entwickelt werden, genausowenig wie marxistische Monopoltheorien zu entwickeln wären, die auf der falschen Verallgemeinerung historischer Besonderheiten beruhen, statt sie als Modifikationen allgemeiner Gesetzmäßigkeiten zu begreifen. Vielmehr sollen Tendenzen der kapitalistischen Entwicklung, die auch in das Kreditwesen hineinreichen, nachgewiesen werden.

---

1) Marx, Karl: Das Kapital. Kritik der Politischen Ökonomie. Band 1 bis 3. Marx-Engels-Werke Band 23 bis 25. Berlin 1968/1969/1968.
Im folgenden zitiert:
1. Band: MEW 23
2. Band: MEW 24
3. Band: MEW 25.

Falsche Auffassungen über das Kreditwesen, auch in marxistisch orientierten Ansätzen, beruhen auf einem Unverständnis des Geldes. Das Produkt wird Ware, es wird bloßes Moment des Austausches. Die Ware wird in Tauschwert verwandelt, der eine materielle von ihr getrennte Existenz erhält. Alle Eigenschaften der Ware als Tauschwert erscheinen als ein von ihr verschiedener Gegenstand, als eine von ihrer natürlichen Existenzform losgelöste Erscheinungsform im Geld (1). Die Geldillusion, die Annahme der Selbständigkeit der Zirkulation gegenüber der Produktion und der Steuerbarkeit des gesamten Wirtschaftsprozesses über die Zirkulationssphäre vermittels Geldpolitik und Banken, kann nur durch ein Nichtbegreifen der Genesis der Geldform entstehen (2). Dieser Zusammenhang ist bei HILFERDING noch offensichtlich, der explizit die Marx'sche Geldtheorie revidiert (3) als Voraussetzung, seine These von der veränderten Rolle des Finanzkapitals zu begründen. Da von mehreren Autoren schon ausführlich geschehen, soll in dieser Arbeit nicht noch einmal die Marx'sche Geldtheorie rezipiert werden.

---

1) "Der Tauschwert des Produkts erzeugt also das Geld neben dem Produkt. Wie es nun unmöglich ist, Verwicklungen und Widersprüche, die aus der Existenz des Geldes neben den besonderen Waren hervorgehn, dadurch aufzuheben, daß man die Form des Geldes verändert (obgleich Schwierigkeiten, die einer niedrigern Form desselben angehören, durch eine höhre vermieden werden mögen), ebenso unmöglich ist es, das Geld selbst aufzuheben, solange der Tauschwert die gesellschaftliche Form der Produkte bleibt. Es ist nötig, dies klar einzusehn, um sich keine unmöglichen Aufgaben zu stellen und die Grenzen zu kennen, innerhalb deren Geldreformen und Zirkulationsumwandlungen die Produktionsverhältnisse und die auf ihnen ruhenden gesellschaftlichen Verhältnisse neugestalten können."
(Marx, Karl: Grundrisse der Kritik der Politischen Ökonomie, Rohentwurf 1857-1858. Berlin 1953, S. 64).

2) Siehe dazu:
Müller, Rudolf Wolfgang: Geld und Geist. Zur Entstehungsgeschichte von Identitätsbewußtsein und Rationalität seit der Antike. Frankfurt/Main 1977.

3) Hilferding, Rudolf: Das Finanzkapital. A.a.O., S. 31 ff..

Ausgangspunkt dieser Arbeit ist die Aufarbeitung der Marx'schen Ausführungen über den Kredit, wesentlich unter zwei Gesichtspunkten. Der Kredit wirkt als Hebel der Vergesellschaftung. Eine Beurteilung der Rolle der Banken in der kapitalistischen Gesellschaft muß also die Auffindung dieser Tendenzen einschließen (1), die für die Fortentwicklung der Gesellschaft relevant sind. Die Vergesellschaftung durch den Kredit hat aber nicht unmittelbar die Produktion zum Inhalt (2) und vollzieht sich in kapitalistischer Hülle.

Zweitens ist zu untersuchen, nach welchen Gesetzen sich die Beziehungen zwischen dem industriellen und dem Bankkapital gestalten.

Im zweiten Kapitel soll die Theorie HILFERDINGS über das Finanzkapital untersucht werden. Seit dem Erscheinen seines Werkes ist es von mehreren marxistischen Autoren kritisiert worden. Diese Kritik bezog sich aber auf Einzelaussagen. Eine Kritik der Auffassungen HILFERDINGS muß ansetzen an seinen Prämissen. Diese beziehen sich einerseits auf einen vermeintlich geänderten Charakter des Geldes bzw. der Zirkulation und andererseits auf die Annahme der Durchsetzung von vorherrschenden Monopolstrukturen.

---

1) "Aber innerhalb der bürgerlichen, auf dem T a u s c h - w e r t beruhenden Gesellschaft, erzeugen sich sowohl Verkehrs- als Produktionsverhältnisse, die ebenso viel Minen sind, um sie zu sprengen. (Eine Masse gegensätzlicher Formen der gesellschaftlichen Einheit, deren gegensätzlicher Charakter jedoch nie durch stille Metamorphose zu sprengen ist. Andererseits, wenn wir nicht in der Gesellschaft, wie sie ist, die materiellen Produktionsbedingungen und ihnen entsprechenden Verkehrsverhältnisse für eine Klassenlose Gesellschaft verhüllt vorfänden, wären alle Sprengversuche Donquichoterie.)"
(Marx, Karl: Grundrisse. A.a.O. S. 77)

2) "Das ganze K r e d i t w e s e n , und damit zusammenhängende overtrading, overspeculation etc. beruht auf der Notwendigkeit, die Schranke der Zirkulation und der Austauschsphäre zu erweitern und überspringen."
(ebd., S. 319).

Die Theorien des Stamokap setzen an den Hauptaussagen HILFERDINGS an. Konstitutiv für den heutigen Kapitalismus sei das Monopol, innerhalb dessen Machtgefüge die Finanzoligarchie, die sich aus wenigen Monopolbanken und Großunternehmen rekrutiert, als Kommandohöhe fungiert.

In der Kritik HILFERDINGS und seiner Nachfolger haben JÜRGENS/LINDNER 1974 Fragestellungen für die Untersuchung des Kreditwesens veröffentlicht, deren Beantwortung aber bisher ausgeblieben ist.

Im fünften Kapitel des ersten Abschnitts werden die sich aus dem theoretischen Teil ergebenden Fragestellungen für die empirische Untersuchung formuliert.

Ich beziehe mich vorrangig auf die Industriebeziehungen der Banken. Andere Geschäftsbereiche der Banken wie die Staatskreditierung und das Privatkundengeschäft, die in den letzten Jahren expandiert sind, finden soweit Berücksichtigung, wie sie den Kreditzyklus und damit auch die Kreditbeziehungen zu den Unternehmen beeinflussen.

Im ersten Kapitel des zweiten Abschnitts soll die Zentralisation und Profitentwicklung der westdeutschen Banken untersucht werden. Die Vertreter der Finanzkapitalthese behaupten einen zwingenden Zusammenhang zwischen wachsender Kapitalkonzentration, Herausbildung von Monopolen und einer Profitratenhierarchie, deren oberste Stufen eben von den Monopolen besetzt werden. Diese These ist theoretisch fragwürdig und läßt sich durch empirische Befunde aus hochentwickelten kapitalistischen Ländern nicht belegen. Zu untersuchen ist, ob die Kapitalkonzentration in der BRD einen so hohen Grad erreicht hat, daß die Banken der übrigen Wirtschaft als monolithischer Block gegenübertreten. Auf Grundlage der Gutachten der Monopolkommission ist das zu klären. Ein solcher Zusammenhang hätte auch erhebliche Auswirkungen auf die Bankenprofitrate. Läßt sich aus methodischen Gründen auch eine 'gesellschaftliche allgemeine Bankenprofitrate' nicht fixieren, so erlauben Rentabilitätsentwicklungen einzelner Institutsgruppen aber Schlußfolgerungen über Trendverläufe und die Beziehungen des Bankkapitals zur Kapitalakkumulation.

Ich gehe von der These aus, daß die Kreditbeziehungen wesentlich für das Verhältnis zwischen Banken und Industrie sind. Vollmachtsstimmrecht, Aufsichtsratspräsenz von Bankenvertretern bei Großunternehmen und Beteiligungen spielen demgegenüber nur eine untergeordnete Rolle. Zu fragen ist, wodurch die Nachfrage nach und das Angebot an Leihkapital seitens der Nichtbankenunternehmen bestimmt wird. Auffallend ist die langfristig sinkende Eigenkapitalausstattung der industriellen und kommerziellen Unternehmungen, der eine wachsende Verschuldung gegenüber den Banken entspricht. Zu untersuchen ist, welche Ursachen die veränderte Finanzstruktur der Unternehmen hat. Ist diese auch gleichbedeutend mit einem vermehrten Einwirkungsvermögen der Banken?

Das gesellschaftliche Leihkapital vollzieht eine zyklische Bewegung, die gegenüber dem industriellen Zyklus spiegelverkehrt verläuft. Hierbei ist entscheidend, daß sich der Akkumulationszyklus als Krisenzyklus darstellt. Die sich langfristig verschärfende Krisenanfälligkeit hat Auswirkungen auf das Kreditsystem und seine institutionellen Träger, die Banken. In diesem Zusammenhang ist das Verhältnis zwischen Akkumulationszyklus des industriellen und des zinstragenden Kapitals zu klären, weil dieses wesentlich den Handlungsspielraum der Kapitale definiert.

Kleinere und mittlere Unternehmen weisen im Durchschnitt eine höhere Kreditfinanzierungsquote auf als Großunternehmen. Auch hier ist zu fragen, ob diese Größenklassen per se sich in größerer Abhängigkeit von den Banken befinden.

Die in dieser Arbeit untersuchten Fallbeispiele für das Verhältnis zwischen Banken und Einzelunternehmen sind nicht typisch für die westdeutsche Wirtschaft, da die hier angesprochenen Unternehmen - AEG-Telefunken und die Warenhauskonzerne - durch eine außerordentlich hohe Kapitalbeteiligung der Banken ausgezeichnet sind. Aber gerade an diesen extremen Beispielen läßt sich überprüfen, ob die beteiligten Banken die Geschäftspolitik der jeweiligen Unternehmen weitgehend autonom entsprechend ihren eigenen Interessen gestalten konnten, ob die Banken willentlich oder als Nebeneffekt Vergesellschaftungstendenzen zum Durchbruch verhelfen. Gerade die Rationalitätsthese läßt sich an diesen Beispielen überprüfen.

Die Monopolkommission sowie die Studienkommission "Grundsatzfragen der Kreditwirtschaft" haben inzwischen ihre Gutachten veröffentlicht. Sie beschäftigen sich schwerpunktmäßig mit der Frage, ob Vollmachtsstimmrecht, Aufsichtsratspräsenz von Bankenvertretern in Großunternehmen und Finanzbeteiligungen der Banken an Großunternehmen 'Macht' der Banken über diese Unternehmungen begründet. Wenn auch die Kreditbeziehungen zwischen beiden Sektoren weitgehend unberücksichtigt bleiben, so sind sicherlich die oben genannten Faktoren nicht unwirksam. Zu fragen ist, welche Bedeutung sie in ihrem Zusammenwirken haben, ob sie, auch wenn sie in der Regel ein Beherrschungsverhältnis nicht begründen, positiv das Aufeinanderwirken dieser Sektoren zu erklären vermögen.

Die Debatte um die Forderung nach Bankenverstaatlichung in der Gewerkschaftsbewegung Mitte der 70er Jahre sowie um eine alternative Wirtschaftspolitik in neuerer Zeit soll im Abschlußkapitel in Hinblick auf die Ergebnisse dieser Arbeit aufgenommen werden.

1. KREDIT UND BANKEN IN DER THEORIE DES WISSENSCHAFTLICHEN SOZIALISMUS

1.1. DAS ZINSTRAGENDE KAPITAL IN DER KRITIK DER POLITISCHEN ÖKONOMIE VON KARL MARX

In diesem Abschnitt werden die Marx'schen Ausführungen über den Kredit unter einem doppelten Gesichtspunkt dargestellt. Der erste Fragenkomplex bezieht sich auf die Rolle des Kredits in der kapitalistischen Produktionsweise, der zweite Fragenkomplex auf das Verhältnis zwischen Banken und Industrie.

Diskussionen über den gesellschaftspolitischen Standort der Banken, wie sie in der ersten Hälfte der 70er Jahre auch in der BRD geführt wurden, wurden häufig auf den Begriff der 'Macht' verengt. Denn erstens wurde das Verhältnis der Banken zu anderen Wirtschaftssektoren nicht als ein Verhältnis, sondern häufig als einseitiges Einwirkungsverhalten der Banken auf andere Wirtschaftseinheiten verstanden. Im Extrem war dann nur noch von einer Beherrschung z.B. der Industrie durch die Banken die Rede (1). Zweitens blieb unter diesem verengten Gesichtspunkt die Frage nach der Bedeutung des Kreditwesens für die gesellschaftliche (Fort)Entwicklung außer Betracht.

---

1) In einem der folgenden Kapitel werde ich im einzelnen auf derartige Auffassungen eingehen.

1.1.1. DER DOPPELCHARAKTER DES KREDITS IN DER KAPITALISTISCHEN PRODUKTIONSWEISE

MARX spricht an verschiedenen Stellen vom Doppelcharakter des Kredits, nämlich einerseits Übergangsform zu einer neuen Produktionsweise zu sein und andererseits die ökonomische Entwicklung zu hemmen, indem der Kredit die Krisenhaftigkeit dieser Entwicklung verschärfe (1). Diese Wirkungen des Kredits lassen sich mit dem Begriff der Vergesellschaftung beschreiben.

Die kapitalistische Produktionsweise ist gekennzeichnet durch das Privateigentum an Produktionsmitteln. Das Privateigentum setzt die Scheidung zwischen den Produzenten des Reichtums, d.h. die Lohnarbeit, und dem Eigentum an Produktionsmitteln voraus. Die Eigentümer der Produktionsmittel stehen in Konkurrenz zueinander.

Die Akkumulationsgesetze des Kapitals führen zu wachsender Vergesellschaftung der Arbeit. Ausdruck der Vergesellschaftung ist die wachsende Konzentration und Zentralisation des Kapitals. Unter Konzentration ist die Anhäufung der gesellschaftlichen Produktionsmittel in den Händen einzelner Kapitalisten zu verstehen und unter Zentralisation die Zusammenfassung bereits bestehender Einzelkapitale zu größeren Kapitaleinheiten wie z.B. in Konzernen zu verstehen. Antrieb des Akkumulationsprozesses des Kapitals ist die Verwertung des Werts. Die Zusammenfassung von Kapital in Form von Produktionsmitteln und Arbeitskräften hat unter Umständen unmittelbar eine Steigerung der Produktivkraft der Arbeit zur Folge, indem der kooperative Charakter der Arbeit durch die Zusammenfügung vieler Arbeiter gesteigert wird. Sie hat mittelbar eine Steigerung der Arbeitsproduktivität zur Folge, weil durch die Konzentration und Zentralisation des Kapitals Produktionsmethoden ermöglicht werden, die den Wert verringern, d.h. die Arbeitszeit verkürzen, die gesellschaftlich, auf eine Produkteinheit bezogen, notwendig ist. Einerseits fügt die Akkumulation

---

1) MEW 25, S. 457.

die Arbeiter tatsächlich zum gesellschaftlichen Gesamtarbeiter zusammen, indem die Arbeitsteilung und die damit verbundene gesellschaftliche Abhängigkeit der Produzenten untereinander verfeinert wird. Andererseits werden immer größere Teile der Bevölkerung dem Kapitalverhältnis untergeordnet, indem sie durch die Konkurrenz zur Aufgabe ihrer selbständigen wirtschaftlichen Existenz gezwungen werden. Die Vergesellschaftung innerhalb der kapitalistischen Produktionsweise macht nicht halt vor den Eigentümern der Produktionsmittel. War in der Entstehungsphase des Kapitalismus der Einzelunternehmer Repräsentant seiner Klasse, so "vergesellschaftet" sich das Kapitaleigentum. Kapitalgesellschaften treten zunehmend an die Stelle von Einzelkapitalisten und Familienunternehmen.

Die Vergesellschaftung der Produktion macht an den nationalen Grenzen nicht halt. Das Kapital hat den Weltmarkt und die internationale Arbeitsteilung geschaffen.

Die kapitalistische Produktionsweise schafft somit die materiellen Voraussetzungen für die gesellschaftliche Produktionsweise. Im Kapitalismus setzt sich die Gesellschaftlichkeit der Produktion nicht als bewußtes Handeln durch. Die Vergesellschaftung der Produktion vollzieht sich in kapitalistischer Hülle. Die Einzelunternehmungen richten ihr Handeln nach Rentabilitätserwartungen aus. Die Einzelkapitale beziehen sich als Konkurrenten aufeinander. Die Gesellschaftlichkeit setzt sich nicht als planvolles, bewußtes Handeln durch, sondern hinter dem Rücken der Produzenten. Das so gesetzte Ziel ist deshalb nicht eine Steuerung des Wirtschaftsprozesses nach dem Prinzip der Ökonomie der Zeit und der Bedürfnisbefriedigung, sondern die Profiterwartungen bestimmen das wirtschaftliche Handeln. Planung des Wirtschaftsprozesses findet zunehmend in Einzelunternehmen, in Konzernen, statt. Aber erstens bezieht sich die Planung auf die Erreichung des vorgegebenen Unternehmensziels Rentabilität, wobei unter Umständen gesellschaftlich sinnvolle Ziele wirtschaftlichen Handelns außer Betracht bleiben. Und zweitens ist die Planung nicht in einen bewußten gesellschaftlichen Planungsprozeß integriert.

Dieser Widerspruch zwischen zunehmender Gesellschaftlichkeit der Produktion und ihrem Eingebundensein in kapitalistischer Form macht sich in Disproportionalitäten und Krisen Luft. Die Existenz des Arbeitslosenheeres und die Folgewirkungen für die beschäftigten Lohnarbeiter verdeutlichen die soziale Dimension dieses Widerspruchs und die Notwendigkeit der Kritik der Verhältnisse, die diese Erscheinungen beständig hervorbringen.

MARX hat diese die Vergesellschaftung hemmenden Faktoren nicht verstanden als negative Faktoren in der Weise, daß sie die gesellschaftliche Entwicklung zurückdrehen, sondern als 'unverträglich' mit ihrem nach Vergesellschaftung drängenden Inhalt (1).

Für die Vergesellschaftung der kapitalistischen Produktionsweise spielt der Kredit eine bedeutende Rolle.

Schon auf der niederen Ebene der Warenzirkulation, auch wenn sie noch nicht als kapitalistische gedacht ist, gestaltet der Kredit die Warenzirkulation reibungsloser. Mit dem Handelswechsel, der einfachsten Kreditform, werden Warenverkäufer und Warenkäufer zu Gläubigern und Schuldnern. An die Stelle des wirklichen Geldes im Akt Ware gegen Geld tritt ein Zahlungsversprechen. Der Schuldschein (Wechsel) ist eine Anweisung auf Wert. Der Kredit ermöglicht die Warenzirkulation, auch wenn der Käufer zum Zeitpunkt des Kaufes noch nicht über das notwendige Äquivalent verfügt.

Der Wechsel überbrückt somit Stockungen in der Warenzirkulation, die ständig durch Ungleichzeitigkeit von Kauf und Verkauf entstehen. Im entwickelten Kapitalismus bildet der Wechsel darüberhinaus die Grundlage des Kreditgeldes. Die Handelswechsel, die jeweils ein individuelles Kreditverhältnis repräsentieren, werden von den Banken in Gestalt der Banknote als gesellschaftlich anerkanntes Zahlungsmittel verallgemeinert.

Das Kreditgeld bewirkt eine Ökonomisierung der Zirkulation. Es bildet die Grundlage der Bankdepositen, an die Stelle wirklichen Geldes tritt das sogenannte Buch- oder Giralgeld. Unbare

---

1) MEW 23, S. 791.

Zahlungen ersetzen physisch vorhandenes Geld, sie ermöglichen die Saldierung sich ausgleichender Zahlungen.

Das Kreditgeld beschleunigt die Zirkulation, indem der Zahlungstermin vom wirklichen Verkaufsakt losgelöst wird. In dem Auseinanderfallen von Kauf und Verkauf ist die Möglichkeit der Krise angelegt. Sobald das Geld als Kreditgeld fungiert, vermag es einerseits eine Krise hinauszuzögern, führt aber andererseits, wenn sich an einzelnen Stellen Zahlungsunfähigkeit herausstellt, zur Krise an vielen Punkten, die innerhalb der Zirkulation als Geldkrise erscheint. Das Kreditverhältnis ist aber nicht Ursache der Krise, die in der Zahlungsunfähigkeit zu suchen ist. Durch die Verquickung der Zirkulationsakte untereinander mittels des Kredits beschleunigt der Kredit die Verallgemeinerung der Krise (1).

Die Vergesellschaftungsfunktion des Kredits ist hier augenscheinlich nicht von seiner krisenverschärfenden Wirkung zu trennen. Der Kredit ist der Zirkulationssphäre behaftet, er vermittelt die Warenzirkulation, ohne aber die Bedingungen der Produktionssphäre bestimmen zu können. Hieran zeigt sich schon, daß eine Steuerung des Wirtschaftsprozesses über den Kredit nur begrenzte Wirkung haben kann.

Dieser Grundsachverhalt reproduziert sich im Kreislaufprozeß des Kapitals. Das Kapital, sowohl vom Gesichtspunkt des individuellen Kapitals wie vom Gesichtspunkt des Gesamtkapitals, durchläuft kreis- bzw. spiralförmig verschiedene Stadien, wobei es von der Darstellung her gleichgültig ist, welches Stadium zum Ausgangspunkt genommen wird.

Der Kapitalist verfügt über Geldkapital, das er mit dem Ziel, es zu vermehren, anlegen will. Er verwandelt sein Geldkapital durch

---

1) Marx, Karl: Theorien über den Mehrwert. Zweiter Teil. Marx-Engels-Werke, Band 26.2. Berlin 1967. S. 514 ff.

Ankauf von Produktionsmitteln und Arbeitskräften in produktives Kapital, die er im Produktionsprozeß zusammenwirken läßt. Ergebnis des Produktionsprozesses ist das Warenkapital, das sich vom Warenkapital zu Beginn des Produktionsprozesses (Produktionsmittel und Arbeitskräfte) sowohl in seiner stofflichen Beschaffenheit wie auch wertmäßig unterscheidet. Denn letzteres enthält neben der vom Kapitalisten verausgabten Wertsumme zusätzlich Mehrwert, wegen dessen er diesen ganzen Prozeß veranstaltet. Das produzierte Warenkapital wird verkauft, in Geldkapital umgewandelt, das als Anlagekapital wieder in den Kreislaufprozeß eingeht.

Dieser Kreislaufprozeß ist durch beständiges Unterbrechen, Verlassen eines Stadiums und Eintreten in ein neues Stadium, gekennzeichnet. Sowohl in dem Nebeneinander wie in dem Nacheinander der Kreislaufstadien müssen bestimmte Proportionen gegeben sein, um die Kontinuität des Kreislaufprozesses zu wahren.

Der Kredit vermittelt den Reproduktionsprozeß des Kapitals. Beständig wird an verschiedenen Stellen des Wirtschaftsprozesses Geldkapital ausgeschwitzt, während es an anderen Stellen benötigt wird. So machen Preissteigerungen der Waren zuschüssiges Geldkapital notwendig, währenddesssen ein Preisverfall Geldkapital freisetzt. Stockungen im Reproduktionsprozeß aus anderen Gründen bewirken gleichfalls eine Freisetzung von Geldkapital an der einen und Nachfrage nach Geldkapital an der anderen Stelle.

Das fixe Kapital (Sachanlagen des Anlagevermögens) weist eine längere Umschlagszeit auf, im Gegensatz zum zirkulierenden Kapital, das aus Roh- und Hilfsstoffen (Teile des Umlaufvermögens) und Arbeitskräften besteht. Das zirkulierende Kapital überträgt seinen Wert unmittelbar auf das zu erstellende Produkt, der dafür vorgenommene Kapitalvorschuß ist also innerhalb kurzer Zeit wieder in Geldkapital rückverwandelbar. Anders das fixe Kapital, das seinen Wert nur stückweise auf das Produkt überträgt, aber seinem vollen Umfang nach vorzuschießen ist. Es wird über einen längeren Zeitraum abgeschrieben. Die spezifische Art des Rückflusses macht die Anhäufung von Geldkapital notwendig, um es bei einer notwendigen Neuanschaffung sofort aktualisieren zu können. Geldkapital wird aufgeschatzt auf der einen Seite, auf der anderen Seite werden größere Kapitalmassen für Neuanschaffungen benötigt, die den Akkumulationsfonds des einzelnen Unternehmens übersteigen. Das zeitweilig brachliegende Geldkapital wird dem nachfragenden Unternehmen als Kredit überlassen. Der Kredit vergrößert also die Akkumulationsfähigkeit des einzelnen Unternehmens über dessen eigene Potenz hinaus. Er vermittelt den Reproduktionsprozeß des Kapitals, indem er als Bindeglied fungiert.

Unter der Voraussetzung einfacher Reproduktion, d.h. daß der Mehrwert nicht investiert wird, also nicht akkumuliert wird, müssen bei den einzelnen Unternehmen sowohl in bezug auf die Stadien, die sie in ihrem Kreislaufprozeß durchlaufen, wie auch in bezug auf ihren Kapitalumschlag, d.h. die Verteilung ihrer Bestandteile, bestimmte Proportionen gegeben sein, um die Kontinuität des Produktions- und Reproduktionsprozesses zu gewährleisten. Unter den tatsächlichen Bedingungen des Wachstums, der erweiterten Reproduktion, d.h. daß der Mehrwert reinvestiert wird, akkumuliert wird, stellen sich die Bedingungen für ein reibungsloses Funktionieren des Verwertungsprozesses des Kapitals noch komplizierter. Der Reproduktionsprozeß des Kapitals ist nicht nur die Summe aller Bewegungen der Einzelkapitale, sondern der Gesamtprozeß, das Zusammenwirken der Einzelkapitale setzt gesonderte Bedingungen. So müssen bezüglich der Kontinuität der wirtschaftlichen Entwicklung bestimmte Proportionen in der Verteilung des Kapitals, oder anders ausgedrückt, der gesellschaftlichen Arbeit, auf stofflich unterschiedene Abteilungen der gesellschaftlichen Gesamtproduktion und -reproduktion gegeben sein. MARX untergliederte das Gesamtprodukt wie die Gesamtproduktion in die Abteilung, die Produktionsmittel produziert, also Waren, die in die produktive Konsumtion eingehen, und in die Abteilung, die Konsumtionsmittel produziert, also Waren, die in die individuelle Konsumtion eingehen (1). In den Gesamtreproduktionsprozeß ist somit die Reproduktion der Lohnabhängigen eingeschlossen, deren Reproduktionskreislauf Teil des Gesamtkreislaufprozesses des Kapitals ist. Die Verteilung der Gesamtproduktion auf die Gesellschaft ist sowohl wertmäßig wie stofflich bedingt. Denn die Unternehmen werden dort investieren, wo sie die höchste Rentabilität erwarten. Das kann dazu führen, daß aufgrund konkreter Umstände Produktionszweige, soweit sie für den "Stoffersatz" notwendig sind, unterkapitalisiert sind. Der Gebrauchswert wird sich dann vermittels der Nachfrage geltend machen und die Kapitalanlage auch in dieser Sphäre rentabel erscheinen lassen. Gleichfalls ist die individuelle Konsumtion doppelseitig bestimmt und wirkt doppelseitig auf die Reproduktion des Kapitals. Sie schafft Nachfrage nach bestimmten Konsumgütern, wobei diese Nachfrage aber nur als zahlungsfähige Nachfrage wirksam werden kann. Ebenfalls wirkt die individuelle Konsumtion auf die Reproduktion des Kapitals, indem der Konsumtionsfonds, soweit er nicht unmittelbar vollständig zum Kauf von Reproduktionsmitteln verwandt wird, über das Sparen als Form der Kreditierung der produktiven Investitionen fungiert.

Der gesellschaftliche Stoffwechsel, der sich im Kapitalismus unmittelbar oder mittelbar als Kapitalkreislauf darstellt, bedarf mit zunehmender Vergesellschaftung der zunehmenden Vermittlung des Kredits. Das Leihkapital tritt den Einzelunternehmen "als an sich gemeinsames Kapital der Klasse" (2) gegenüber. Dieses Kapital verteilt sich nach den besonderen Bedürfnissen jeder besonderen Sphäre. Die Einzelunternehmen haben nicht nur entsprechend ihrem eigenen Anteil auf dieses Gesellschaftskapital Zugriff. Das Leihkapital fungiert als gemeinsamer Akkumulationsfonds.

Ähnlich verhält es sich mit dem Reproduktionsfonds bzw.

---

1) MEW 24, S. 392 ff.

2) MEW 25, S. 381.

Konsumtionsfonds der Lohnabhängigen. Die Vermittlung der Lohn- und Gehaltszahlungen über das Bankwesen, der zeitweiligen Verwandlung der Lohngelder in Leihkapital, hebt zeitweilig die Grenzen der individuellen Konsumtionsfähigkeit auf und erweitert sie vermittels des Kredits durch Zugriff auf den gemeinsamen Konsumtionsfonds.

Der Gesamtreproduktionsprozeß des Kapitals ist nicht statisch. Er ist, wie vorher schon gesagt, nicht nur einfache Reproduktion, also Reproduktion auf gleichbleibender Stufe. Die einfache Reproduktion ist Teil der erweiterten Reproduktion. Die erweiterte Reproduktion, also die Akkumulation von Kapital, erfordert beständig Strukturveränderungen. Diese Strukturveränderungen vollziehen sich z.B. in Kapitalbewegungen innerhalb einer Anlagesphäre wie auch zwischen verschiedenartigen Produktionssphären. Steuerungsgröße dieser Wanderungen ist die Rentabilität. Der Kredit erhöht die Mobilität des Kapitals. Ohne Kreditfinanzierungen sind, je entwickelter der Kapitalismus ist, Investitionsvorhaben kaum durchführbar. Der wachsende Anteil des fixen Kapitals, also in Maschinerie und Gebäuden festgeschriebenen Kapitals, am Gesamtvermögen der Unternehmen übersteigt immer mehr die Eigenfinanzierungskraft der Unternehmen. Der Kredit überbrückt diese dem Einzelunternehmen gesetzten Beschränkungen.

Diese Beschränkungen sind vermittels des Kredits auch durch die Unternehmensform der Aktiengesellschaft aufgehoben. In der Aktiengesellschaft erhält das Kapital die Form des Gesellschaftskapitals im Gegensatz zum Privatkapital. Diese Entwicklung wird möglich durch die Trennung von Kapitaleigentum und Kapitalanwendung. Das Aktienkapital setzt sich zusammen aus einer beliebigen Anzahl von Geldkapitalien, die, als Bruchstücke zusammengefügt, große Kapitalmassen mobilisieren können.

Sowohl die Konzentration wie auch die Zentralisation des Kapitals wird durch die Aktiengesellschaften erleichtert, wie überhaupt der Kredit Kapitalkonzentration und -zentralisation erheblich befördert.

Ausgangspunkt meiner Darstellung war die Rolle des Kredits in bezug auf die Vergesellschaftung der kapitalistischen Produktionsweise. Der Kredit überbrückt zeitweilige Disproportionalitäten in der ökonomischen Entwicklung, er fungiert als Vermittler des Reproduktionsprozesses des Kapitals und vermittelt Strukturwandlungen. Darüberhinaus vermittelt er die Warenzirkulation und den Kapitaltransfer auf dem Weltmarkt, der durch den Kapitalismus erst wirklich hergestellt wird.

Aber dieser Vergesellschaftungsprozeß ist im Kapitalismus nicht bewußt geregelt. Die Verteilung der gesellschaftlichen Arbeit auf die besonderen Produktionssphären wird nicht nach einem gesellschaftlichen Plan vorgenommen. Steuerungsgröße ist der Profit und oberstes Ziel des wirtschaftlichen Handelns sind Rentabilitätserwartungen. Der gesellschaftliche Charakter der Produktion wird so beständig zurückgenommen und eingeschränkt. Eine gleichgewichtige Entwicklung ist nicht der Regelfall. Diese Entwicklung ist vielmehr gekennzeichnet durch Ungleichgewichte, Instabilitäten und Zyklen. Periodisch auftretende Krisen verursachen Brachlegung und Vernichtung von Produktivkräften. Die zwangsweise Entwertung von Kapital bahnt der zusätzlichen Anlage von Kapital, mit welchem auf höherer Stufenleiter produziert werden kann, den Weg. Der Vergesellschaftungsprozeß, der seinem Inhalt nach eine Höherentwicklung im Sinne der Steigerung der Produktivkraft der Arbeit ist, wird mit Krisen erkauft, deren Auswirkungen besonders die Lohnabhängigen zu tragen haben.

Der Kredit erweist sich als wesentlicher Hebel der Vergesellschaftung. MARX hat aber die Rolle des Kredits in der kapitalistischen Produktionsweise als doppelseitig gekennzeichnet. Der Kredit hemmt gleichzeitig den Vergesellschaftungsprozeß.

Der Kredit ermöglicht den Einzelunternehmungen, das Geschäft über ihre eigene Investitionskraft hinaus auszudehnen. Ist aber die Zahlungsfähigkeit in Frage gestellt, d.h. ist die Rückzahlung des Kredits aufgrund mangelnder Bonität zweifelhaft, dann zögert der Kredit zwar den Zusammenbruch des Einzelunternehmens hinaus. Er hat aber, da der Kredit die Zahlungsfähigkeit nicht ersetzen kann, nicht nur zur Folge, daß das betroffene Einzelkapital in noch höherem Maße als ohne den überspannten Kredit zwangsweise entwertet wird, was sich u.a. in der Vernichtung von Produktionsmitteln ausdrückt. Durch die Verkettung der Einzelunternehmungen über den Kredit werden durch Zerschneidung dieser Kette an einer Stelle andere Unternehmen mit in den Strudel gezogen. Der Kredit vermag so krisenhafte Entwicklungen hinauszögern, indem er sie aber verschleppt, verschärft er die Folgen. Er verursacht die Krisen nicht,obgleich die häufige Beobachtung, daß wirtschaftliche Krisen durch Geld- und Kreditkrisen eingeleitet werden, einen gegenteiligen Anschein erwecken. Der Kredit beschleunigt aber die Krisen.

Über das Kreditwesen eröffnet sich dem Staat die Möglichkeit, seine Ausgabenpolitik zeitweilig unabhängig von seinen Einnahmen zu gestalten. In allen kapitalistischen Staaten erwies sich die Staatsverschuldung als probates Mittel, Engpässe in der ökonomischen Entwicklung teilweise zu überbrücken, z.B. durch Auftragsbeschaffung in krisenhaften Situationen, um die Kapitalakkumulation wieder in Gang zu setzen. Die Staatsverschuldung bleibt aber an die regulären Staatseinnahmen gebunden. Denn die Staatsschuld muß zurückgezahlt werden. Sie muß aus der Haupteinnahmequelle des Staates, den Steuern, gezahlt werden. Nicht nur der Kreditbetrag, sondern auch die auflaufenden Zinszahlungen müssen beglichen werden. Es entwickelt sich ein Automatismus in der Weise, daß wachsende Staatsverschuldung progressiv Steuererhöhungen hervorruft. Indem ein wachsender Anteil der Steuerzahlungen für Kredittilgungen verwandt werden,müssen zur Ausgabenfinanzierung neue Anleihen aufgenommen werden (1). Der Staat tritt zunehmend als Konkurrent der Unternehmen auf den Kreditmärkten auf. Die zunehmende Staatsnachfrage bewirkt eine Erhöhung der Zinsrate, was wiederum die auf Kreditfinanzierung angewiesenen Unternehmen in der Akkumulation hemmt. Die Staatsschuld befördert von einem jeweils konkret zu untersuchenden

---

1) MEW 23, S. 784.

Zeitpunkt ab krisenhafte Entwicklungen, die häufig durch Beförderung inflationistischer Tendenzen eingeleitet werden. Die Staatsverschuldung beschleunigt so die Kapitalakkumulation, sie lastet aber auf der Gesellschaft, wenn der Kredit überspannt ist.
Mit dem Kredit bildet sich eine besondere Sorte des Kapitals heraus. Die Banken fungieren als Verwalter des gesellschaftlichen Leihkapitals, sie fungieren als gesellschaftliche Gläubiger und Schuldner. Sie sind nicht nur Kapitalsammelstellen, sie kreieren selber Kredit. Als zinstragendes Kapital orientieren sie ihr Handeln nach Rentabilitätsgesichtspunkten. Wie jedes andere Kapital ziehen sie aus ihrem Geschäft Profit. Der Bankprofit besteht im wesentlichen aus der Spanne zwischen den zu zahlenden Zinsen für Einlagen und den erhaltenen Zinsen für vergebene Kredite. Ökonomisches Ziel des Bankunternehmens ist eine maximale Verwertung seines Kapitals, also möglichst billig leihen und möglichst teuer verleihen. Kreditvergabeentscheidungen werden deshalb unter der Zielsetzung dieses obersten Unternehmensziels gefällt. Eine Verteilung des gesellschaftlichen Leihkapitals erfolgt also nicht ausschließlich entsprechend den sich stellenden gesellschaftlichen Bedürfnissen, wobei zu berücksichtigen ist, daß sich diese Bedürfnisse wesentlich nach den Verwertungszwängen des Kapitals gestalten. Die Kreditströme werden entsprechend den Verwertungsinteressen der Bankunternehmungen zwar nicht autonom bestimmt, da den Banken durch die von außen gesetzte Nachfrage und Zufuhr von Leihkapital Daten gesetzt sind; die Banken modifizieren jedoch diese Ströme entsprechend ihrem Eigeninteresse. Jedoch schließt auch die Entscheidungsfindung der Banken die Möglichkeit ein, korrigierend auf die Kreditnachfrage einzuwirken in der Weise, daß Privatinteressen von Einzelunternehmen entgegengewirkt wird, z.B. wenn die Kreditierung eines Unternehmens abgelehnt wird, weil die Banken langfristig aufgrund ihrer Kenntnisse der Marktentwicklung bestimmten Produktionen keine Zukunft zubilligen.

1.1.2. DAS VERHÄLTNIS ZWISCHEN BANKEN UND INDUSTRIEKAPITAL

Gegenüber dem industriellen und Kaufmannskapital bildet sich das zinstragende Kapital als besondere Kapitalsorte heraus. Im Kapitalismus nimmt das Mehrprodukt die Form des Mehrwerts an. Er ist Resultat des Aufeinanderwirkens der beiden Elemente des unmittelbaren Produktionsprozesses, der Arbeitskraft und der Produktionsmittel, wobei die Produktionsmittel lediglich den in ihnen vergegenständlichten Wert übertragen, während die Ware Arbeitskraft Neuwert schafft. Das Teilungsverhältnis zwischen bezahlter und unbezahlter Arbeit bestimmt die Mehrwertrate, wobei der Wert der Ware Arbeitskraft durch ihre Erhaltungskosten bei Einschluß historischer und sozialer Umstände bestimmt wird.

Der Mehrwert verwandelt sich in Profit. In der Profitrate bezieht sich der Mehrwert auf das vorgeschossene Gesamtkapital, also auf das in Arbeitskraft verausgabte Kapital (variables Kapital) wie auf das in Produktionsmitteln (konstantes Kapital) angelegte Kapital (1). Das Kaufmanns- oder kommerzielle Kapital schafft keinen Mehrwert. Die Arbeit der kommerziellen Arbeiter ist nicht reichtumschaffend. Sie schafft weder Gebrauchswert noch Wert. Sie ist aber gesellschaftlich notwendig, da die Waren verkauft werden müssen, um ihren Wert und Mehrwert zu realisieren. Im gesellschaftlichen Stoffwechsel ist das Kaufmannskapital in der Marktsphäre angesiedelt. Es übernimmt notwendige Funktionen des industriellen Kapitals, indem es die Verwandlung des Warenkapitals in Geldkapital übernimmt. Diese Funktionen können dem Kreislaufprozeß des industriellen Kapitals inkorporiert bleiben. Die dabei entstehenden Kosten sind faux frais; die Zirkulationskosten stellen einen Abzug vom industriellen Profit dar. Aus dem Bestreben, die Zirkulationskosten zu minimieren, werden die Verkaufsfunktionen mehr oder weniger in selbständigen Unternehmen separiert. Das Kaufmannskapital bezieht seinen Profit auf sein vorgeschossenes Kapital entsprechend dem industriellen Kapital.

---

1) MEW 25, S. 33 ff.

Vergegenwärtigen wir uns den Kreislaufprozeß des industriellen Kapitals:

G - W ... P ... W' - G' .

Als Ausgangspunkt ist G = Geldkapital gewählt, um im folgenden die Unterschiede zum Kreislauf des zinstragenden Kapitals besser herausstellen zu können. Das Geldkapital wird für den Kauf von Warenkapital, Produktionsmittel und Arbeitskräfte, verwandt. Im Produktionsprozeß (P) wird Mehrwert hinzugefügt. Das Warenkapital am Ende des unmittelbaren Produktionsprozesses hat gegenüber dem angekauften Warenkapital eine stofflich andere Gestalt. Für den Kapitalisten ist aber nicht der Arbeitsprozeß Ziel der Produktion, die Schaffung gesellschaftlichen Reichtums zum Zwecke der Bedürfnisbefriedigung; der Arbeitsprozeß ist für ihn nur Mittel des Verwertungsprozesses; am Ende soll das Kapital gegenüber seinem Ausgangspunkt vermehrt sein. W' drückt aus, daß W um den Mehrwert vergrößert wurde. W' muß noch in Geldkapital verwandelt werden, die produzierten Waren wollen verkauft werden. Der Geldbetrag ist - Wert- und Preisveränderungen unberücksichtigt - größer als der ursprünglich vorgeschossene Betrag. Ein neuer Kreislauf kann auf erhöhter Stufenleiter beginnen.

Wie dargestellt, übernimmt das Kaufmannskapital den Zirkulationsakt W' - G'. Der Kreislauf des zinstragenden Kapitals dagegen ist nicht Bestandteil des Kreislaufprozesses des industriellen Kapitals. Durch den Akt des Leihens und Verleihens findet eine Verdoppelung des Ausgangspunktes und Endpunktes der oben beschriebenen Bewegung statt:

G - G -W ... P ... W' - G' - G' .

Weggabe und Rückkehr des zinstragenden Kapitals sind keine Akte des wirklichen Reproduktionsprozesses, sondern juristische Transaktionen. Denn es findet kein Verkaufsakt statt. Ebenso findet kein Eigentumswechsel statt. Der Geldbetrag - oder vielmehr das Geldkapital - wird ja nicht wirklich verdoppelt. Es findet ein Händewechsel statt zwischen Gläubiger und Schuldner.

Es kommt zu einem Wechsel im Besitztitel, das zinstragende Kapital bleibt aber Eigentum des Verleihers, das er für ein vertraglich fixierten Zeitraum dem Schuldner zu dessen Verwendung überläßt.

Die Bewegung des zinstragenden Kapitals, obwohl sie eine Form der Gesamtbewegung des Kapitals ist, erhält eine selbständige und vom Verwertungskreislauf des industriellen Kapitals völlig losgelöste Gestalt. Sie reduziert sich auf die Kreislaufbewegung G - G'.

Die Übertragung von Geld an einen Dritten und seine um den Zins vermehrte Rückkehr ist zunächst ein juristischer, privater Willensakt und scheinbar ohne jeden Zusammenhang mit dem gesellschaftlichen Reproduktionsprozeß. Allerdings hängt die Rückkehr von den wirklichen Rückflüssen des Kapitals ab. Stockt der Kreislaufprozeß des industriellen Kapitals, ist ebenso die Rückkehr des in ihn eingegangenen Leihkapitals in Frage gestellt. Das Geld muß wirklich als Kapital fungieren und Mehrwert abwerfen.

Für das Verhältnis zwischen Banken und Industriekapital ist das Teilungsverhältnis zwischen Zins und industriellem Profit von Bedeutung. Woher bestimmt sich dieses Teilungsverhältnis?
Die obere Grenze der Zinsrate bestimmt sich durch die Kapitalrentabilität. Auf die Dauer kann der Verleiher keinen höheren Zins,als das Unternehmen an Gewinn erbringt, beanspruchen, ohne die Existenz des Unternehmens zu gefährden.

Zuerst wollen wir aber die Bestimmungsgründe der Kapitalrentabilität näher untersuchen. Die Zinsrate bestimmt nicht die Höhe der Kapitalrentabilität, denn der Zins ist Teil des Rohprofits. Der Rohprofit teilt sich in Nettoprofit (Rohprofit minus Zins), den der fungierende Kapitalist als 'Unternehmergewinn' für seine unternehmerische Tätigkeit beansprucht, und den Zins, den der Geldkapitalist dafür beansprucht, daß er dem fungierenden Kapitalisten Leihkapital zur Verfügung stellt.

Die gesellschaftliche Profitrate ist bestimmt durch das Verhältnis des Mehrwerts zum vorgeschossenen Kapital. Die gesellschaftliche

Profitrate existiert aber nur der Tendenz nach und annäherungsweise. Verschiedene Kostenstrukturen der Unternehmungen bringen erst einmal verschiedene Niveaus der Kapitalrentabilität hervor. Die Kostenstrukturen werden beeinflußt durch unterschiedliche Arbeitsproduktivität, Kapitalproduktivität und Kapitalintensität zwischen verschiedenen Einzelunternehmen und verschiedenen Branchen. Diese unterschiedlichen Grade in der Kapitalrentabilität streben zum Ausgleich, weil die Konkurrenz um die günstigsten Anlagesphären Strukturveränderungen und Kapitalwanderungen hervorruft. Erscheint die gesellschaftliche Profitrate auch nicht als fixierte empirische Größe, so ist sie doch gesetzmäßig durch die qualitative Teilung zwischen Mehrwert und vorgeschossenem Kapital bestimmt.

Woher bestimmt sich nun die **durchschnittliche Zinsrate?**

Die Zinsrate bestimmt sich ausschließlich durch Angebot von und Nachfrage nach Leihkapital. Auf den Geld- und Kreditmärkten tritt beständig die Gesamtmasse des leihbaren Kapitals dem fungierenden Kapital gegenüber; das Verhältnis von Angebot an Leihkapital und Nachfrage danach bestimmt den jeweiligen Marktstand des Zinses. Ein allgemeines Gesetz über die Höhe der Zinsrate gibt es nicht. Die Marktraten des Zinses werden ausschließlich durch die Konkurrenz zwischen den Verleihern auf der einen und den Borgern auf der anderen Seite bestimmt. Woher aber bestimmt sich die Nachfrage und die Zufuhr von Leihkapital?

Der Produktions- und Reproduktionsprozeß des Kapitals setzt beständig Geldkapital frei. Gleichzeitig wird beständig Geldkapital benötigt. Die Banken treten als Vermittler zwischen den wirklichen Verleihern und den Borgern von Geldkapital auf. Sie konzentrieren das verleihbare Geldkapital zu großen Massen in ihren Händen; sie treten anstelle des einzelnen Geldverleihers als Repräsentant aller Geldverleiher den industriellen und kommerziellen Kapitalisten gegenüber. Sie entwickeln sich im Laufe der kapitalistischen Entwicklung zu allgemeinen Verwaltern des Geldkapitals. Sie konzentrieren jedoch nicht nur die Seite des Verleihens, sondern ebenfalls die Seite des Leihens; sie stellen gleichzeitig eine Zentralisation der Borger dar. Die Banken fügen kleine Summen, die für sich genommen, als Geldkapital zu wirken unfähig sind, zu großen Massen zusammen.

Da die Marktrate des Zinses nicht durch ein allgemeines Gesetz bestimmt ist, sondern vielmehr durch die Konkurrenz zwischen Verleihern und Borgern, wobei zwischen beide die Banken treten, müssen die Bestimmungsgründe von Angebot und Nachfrage näher untersucht werden.

Angebot und Nachfrage nach Leihkapitale sind von der Kapitalakkumulation abhängig. Die Kapitalakkumulation verläuft nicht gradlinig, sondern in Konjunkturen. Diese Konjunkturen werden wesentlich bestimmt duch den Verlauf der gesellschaftlichen Profitrate, die eine zyklische Verlaufsform annimmt. Der Zyklus des Leihkapitals weist zum industriellen Zyklus eine spiegelverkehrte Bewegung auf, wobei gegenläufige Bewegungen unterschiedliche Ursachen haben.

In der Phase nach der Krise, wenn die Kapitalrentabilität gerade ihren Tiefpunkt durchschritten hat, liegt das Leihkapital weitgehend brach, die Nachfrage nach Kredit erreicht ihren tiefsten Punkt. Die Zinsrate ist niedrig, da der geringen Nachfrage ein Angebot von Geldkapital gegenübersteht, da die fungierenden Kapitalisten mit Investitionen noch abwarten. In der Phase der Wendung zur wirtschaftlichen Wiederbelebung und Besserung, wenn die Kapitalrentabilität immer noch niedrig ist, nimmt der Überfluß an Leihkapital langsam ab. Es wird zunehmend kommerzieller Kredit in Form von Lieferanten- und Wechselkrediten in Anspruch genommen. Der kommerzielle Kredit dehnt sich mit der Verflüssigung des Reproduktionsprozesses des fungierenden Kapitals aus. Kurze Kredittermine herrschen vor, die Nachfrage nach Bankkredit, dem eigentlichen Geldkredit, ist noch gering, da die fungierenden Kapitalisten noch auf Eigenkapital zurückgreifen können. Der Zinsfuß ist niedrig, weil die fungierenden Kapitalisten den Geldkapitalisten ihre Bedingungen vorschreiben können.

In der Phase der Prosperität und der Überspannung dehnt sich das

Kreditwesen erheblich aus. Besonders die Ausdehnung des fixen Kapitals erfordert zunehmend eine Investitionsfinanzierung über den Bankkredit. Die Bankkredite nehmen auch zu zur Überbrückung von beginnenden Zahlungsschwierigkeiten; Verpflichtungen aus kommerziellem Kredit werden aus Bankkrediten finanziert. Noch ist das Angebot an Leihkapital reichlich. Langsam beginnt aber die Nachfrage das Angebot zu übersteigen. Die Zinsrate erreicht ihre Durchschnittshöhe und steigt weiter. Die Profitrate nimmt aufgrund der günstigen Konkurrenzbedingungen noch zu.

In der Phase der Krise, der massenhaften Entwertung überakkumulierten Kapitals, wenn die Kapitalrentabilität gegen Null strebt, herrscht absoluter Mangel an Leihkapital, die Nachfrage dagegen hat ihren höchsten Stand erreicht. Kredit wird benötigt, um den Zahlungsverpflichtungen, die aufgrund der Stockung des Reproduktionsprozesses nicht mehr eingelöst werden können, nachkommen zu können. Die Zinsrate erreicht ihr Maximum, während die Profitrate ihren Tiefpunkt erreicht hat.

Die Verlaufsformen des zinstragenden und des industriellen Kapitals in ihrer Zyklizität, hier in ihrer Idealform dargestellt, zeigen, daß die Banken als Verwalter des gesellschaftlichen Leihkapitals nicht autonom, d.h. losgelöst vom Akkumulationsprozeß des industriellen Kapitals, sind. Die Verselbständigung des Bankkapitals, die Verselbständigung seiner Akkumulation nicht als Folge der Akkumulation des Industriekapitals, sondern seiner Stockung, ist immer zeitweilig. Wird in der Krise zwar der industrielle Profit nahezu gänzlich vom Zins aufgesogen, so diktieren in den folgenden Phasen des Industriezyklus die Industriekapitalisten den Zins.

Die Verwandlung großer Unternehmen in Konzerne und Aktiengesellschaften ermöglichen den Banken als Kapitalsammelstellen die direkte Beteiligung am Aktienkapital dieser Gesellschaften. MARX hat in seinen Ausführungen über die Aktiengesellschaften (1)

---

1) MEW 25, S. 452 ff.

zwei Gesichtspunkte hervorgehoben: Zum einen den im vorherigen Kapitel schon beschriebenen Doppelcharakter dieser Assoziationen. Durch die Trennung von Kapitaleigentum und Kapitalfunktion werden die Grenzen des Privateigentums aufgehoben. In den Aktiengesellschaften werden für sich genommen nicht existenzfähige Geldkapitale als Bruchstücke zu großen Kapitalen zusammengefügt. Die Konzentration und Zentralisation des Kapitals wird durch Aktiengesellschaften erheblich erleichtert. Die Mobilität des Kapitals wächst, indem neue Anlagesphären eben durch die Zusammenlegung einzelner Bruchstücke schneller erschlossen werden können.
Gegen krisenhafte Entwicklungen seien Aktiengesellschaften unempfindlicher, sie könnten sich über einen längeren Zeitraum mit dem Zins statt mit der Profitrate zufriedengeben, ohne daß ihre Existenz gefährdet sei. Die Existenz des Eigentums in Form der Aktie ermögliche aber zum anderen wiederum ihre Konzentration in den Händen weniger.

Prädistiniert dafür sind die Banken. In ihrer Funktion als Geldhandlungskapital, die neben und im Zusammenhang mit ihrer Funktion als Vermittler und Verwalter des Kredits fortexistiert, vermögen sie, mehr oder weniger große Teile des Aktienkapitals in ihren Besitz zu bringen. Welche Schlußfolgerungen ergeben sich aber daraus?

Die Annahme eines Herrschaftsverhältnisses seitens der Banken über die Industrie läßt sich nur unter bestimmten Voraussetzungen belegen. Die wesentliche Voraussetzung ist die Annahme des Monopols, d.h. die Aufhebung der Konkurrenz. Darauf soll in den folgenden Kapiteln eingegangen werden.

MARX hat sich darauf 'beschränkt', die Entwicklungslinien, die das Kredit- und Bankwesen in der kapitalistischen Produktionsweise zeichnen, zu beschreiben:

"Es ist damit allerdings die Form einer allgemeinen Buchführung und Verteilung der Produktionsmittel auf gesellschaftlicher Stufenleiter gegeben, aber auch nur die Form." (1)

---

1) MEW 25, S. 620.

1.2. DAS 'FINANZKAPITAL' VON RUDOLF HILFERDING

In der marxistischen Theoriebildung ist das 'Finanzkapital' zu einem gängigen Begriff geworden. Er wurde von RUDOLF HILFERDING popularisiert. Seine "Studie über die jüngste Entwicklung des Kapitalismus" wurde 1910 unter diesem Titel veröffentlicht (1).

Dieses Werk hat nicht nur die marxistische Theoriebildung über das Bankwesen wesentlich geprägt, sondern darüberhinaus stellte es einen Versuch dar, eine Analyse einer neuen Epoche der kapitalistischen Entwicklung, des Imperialismus, zu liefern. Diese neue Epoche wird nach HILFERDING durch eine neue Qualität des Verhältnisses der Banken zur Industrie bestimmt. Hier kann keine Gesamtwürdigung des Werkes von HILFERDING vorgenommen werden, wenn auch die Beschäftigung mit seinen Thesen zum Verhältnis zwischen Bank- und Industriekapital Auswirkungen auf die Beurteilung seiner Schlußfolgerungen hat.

Im folgenden will ich zuerst den Gedankengang HILFERDINGs nachvollziehen. Im zweiten Schritt will ich mich mit seinen wichtigsten Kritikern beschäftigen. Der Mangel der Kritiken an HILFERDING besteht vor allem darin, daß von keinem seiner Kritiker eine umfassendere Analyse des Kreditwesens vorgelegt wurde. Das entwertet die Kritik nicht. Notwendig wäre es allerdings, entsprechend der tatsächlichen Bedeutung des Kreditwesens für die kapitalistische Entwicklung auch in der Theoriebildung und Analyse diesem Tatbestand Rechnung zu tragen.

Auf HILFERDINGS Geldtheorie, die er in seinem Buch vorangestellt hat mit der Begründung, daß sie für das Verständnis des Kreditwesens grundlegend sei, werde ich im Zusammenhang mit den Kritikern HILFERDINGS eingehen.

HILFERDING konstatiert,daß der Bankkredit gegenüber dem kommerziellen Kredit beständig an Bedeutung gewinnt. Die Ursache liege darin, daß die industriellen Kapitalisten über ihre eigene

---

1) Hilferding, Rudolf: Das Finanzkapital. A.a.O.

Finanzkraft hinaus in neuen Produktionsverfahren zum Zwecke der Erreichung eines Extraprofits investieren wollen. Mit diesen neuen, durch Kredit finanzierten Kapitalanlagen lassen sie einen zusätzlichen Profit und womöglich Extraprofit produzieren. Sie müssen zwar einen Zins wegzahlen, der verbleibende Unternehmergewinn ist aber nur durch die Kreditaufnahme ermöglicht worden. Mit fortschreitender Entwicklung des Kredits wird für die Kapitalisten die Kreditaufnahme durch die Konkurrenz immer mehr erzwungen. Mit steigender Produktivität und damit verbundener Zunahme des Anteils des fixen, in Maschinerie und Gebäuden fixierten Kapitals, nimmt die Verschuldung gegenüber den Banken zu. Das Volumen der Kredite sowie die Fristigkeit der Kredite wächst und damit die Abhängigkeit von den Banken. Je größer der Bankkredit wird, umso größer ist das Interesse der Banken auch an der zukünftigen wirtschaftlichen Lage der kreditierten Unternehmen. Die Unternehmen sind fast nie imstande, einen Kredit einzulösen und die Bank zu wechseln, weil die Unternehmen beständig Kredite laufen haben. Während für das einzelne Unternehmen der Kredit von existentieller Bedeutung ist, können die Banken aufgrund verschiedener Kreditengagements relativ unabhängig operieren. Nach HILFERDING entwickelt sich der Kontokorrentkredit zum wichtigsten Hebel der Banken, sich die Industrie abhängig zu machen. Unmerklich würden die Unternehmen durch Ausschöpfung ihrer Kreditlinien in die Abhängigkeit geraten. Die Banken müßten sich einen genauen Einblick in die Bücher ihrer Kunden beschaffen. Diese Kenntnisse könnten die Banken zusammenfassen und für ihre eigenen Geschäfte nützen.

Die Ausdehnung des Kredits ruft eine Konzentration des Bankkapitals hervor. Die Banken müßten beständig größer werden, um die wachsenden Kredite refinanzieren zu können.

Die zunehmende Stärke der Banken gegenüber der Industrie leitet HILFERDING auch aus dem tendenziellen Fall der Profitrate ab. Denn da die Profitrate sinke, die Zinsrate sich aber wenig ändere, wachse auch der Anteil des zinstragenden Kapitals am Profit.

Von zentraler Bedeutung ist bei HILFERDING die von ihm definierte Kategorie des 'Gründergewinns' (1): Um 150.000 Mk. Revenue in Form von Profit zu schaffen, sind 1 Mio. Mk. profittragendes fungierendes Kapital notwendig bei einer Profitrate von 15 %, dagegen 3 Mio. Mk. zinstragendes Kapital, um dieselben 150.000 Mk. in Form von Zins zu schaffen. Nun wandelt ein Privatkapitalist, dessen fungierendes Kapital von 1 Mio. Mk. eben jene 150.000 Mk. produziert, seine Firma in eine Aktiengesellschaft um. Das Kapital der AG braucht nunmehr nur noch Zins - bei einer angenommenen Zinsrate von 5 % - abzuwerfen, Dividende, d.h. daß die 150.000 Mk. ausreichen, um ein zinstragendes Kapital vom 3 Mio. Mk. zu verzinsen. Es können also für 3 Mio. Mk. Aktien ausgegeben werden (von Tantiemen, Emissionskosten, Risikozuschlägen usw. sei hier abgesehen). Wie entsteht nun der Gründergewinn?

"Die Bestimmung des deutschen Aktiengesetzes, daß das Agio der Aktie den Reserven zufallen muß, hat nur bewirkt, daß die Aktie pari oder mit geringem Agio an ein Bankenkonsortium gegeben wird und von diesem mit Gewinn (Gründergewinn) an das Publikum verkauft wird." (2)

Diesen Gründergewinn eignen sich also die emittierenden Banken an. Der Gründergewinn ist kein Schwindel, sondern nach HILFERDING eine "ökonomische Kategorie sui generis" (3).

Die Verwandlung bzw. Verdoppelung immer größerer Teile des fungierenden Kapitals in fiktives Kapital, in Aktienkapital, verschafft den Banken, so HILFERDING, eine fortdauernde Quelle des Profits. Sie beziehen den Gründergewinn nicht nur bei Gründung einer Aktiengesellschaft. Entstand früher kapitalistisches Eigentum durch Akkumulation von Profit, so jetzt durch Aufschatzung des Gründergewinns, den die Banken als Tribut bei jeder Aktienemission sich aneignen.

---

1) ebd., S. 142.

2) ebd., S. 150.

3) ebd., S. 143.

Nach HILFERDING haben die Banken die Tendenz, einerseits die Konkurrenz untereinander immer mehr auszuschalten und andererseits jegliches Kapital in Form von Geldkapital bei sich zu konzentrieren und erst durch ihre Vermittlung den produktiven Kapitalisten zur Verfügung zu stellen. HILFERDING entwickelt im Anschluß daran, daß sich das Kreditwesen in vollständigen Gegensatz zu den Grundlagen des Kapitalismus setze. Der Kredit sei "Organisation und Kontrolle gegenüber der Anarchie", er sei "der schwindelhafte, kapitalistisch adaptierte Sozialismus" (1).

HILFERDING geht davon aus, daß die gesellschaftliche Profitrate die Tendenz habe zu sinken. Dieser Tendenz wirke aber eine Gegentendenz entgegen. Der Fall der Profitrate vermittele sich über die Absatzkonkurrenz. Die größeren Unternehmen würden nun anstreben, die Konkurrenz untereinander aufzuheben, um über Regelung von Absatzkontingenten, Aufteilung von Absatzmärkten usw. zu verhindern, daß ein Preisverfall eintrete. Es bilden sich Monopole heraus. Zugang zu diesen Monopolen haben nur größere Kapitale, in der Regel Aktiengesellschaften. Gefördert wird die Monopolisierung durch die Banken. Ihr Interesse sei, die Konkurrenz zwischen Werken, an denen sie beteiligt seien, aufzuheben, da durch Sinken der Profitrate auch ihr Bankprofit geschmälert würde. Durch die Konzentration allen Geldkapitals in ihren Händen sowie die zunehmende Bankenbeteiligung an den Aktiengesellschaften, durch ihre Kenntnisse über sämtliche Geschäftsvorgänge in den kreditierten Industrieunternehmungen würden die Banken immer größere Macht erhalten, die Monopolisierung auch durchzusetzen.

Im Ergebnis kristallisieren sich zwei unterschiedliche Profitraten heraus: erstens eine Monopolprofitrate in den monopolisierten Bereichen, die mindestens konstant gehalten wird, und eine Profitrate der nichtmonopolisierten, nichtkartellierten Unternehmen, die verstärkt die Tendenz zum Sinken aufweise.

---

1) ebd., S. 244.

Die Banken nehmen die Konzentration des fungierenden Kapitals durch eigene Konzentration vorweg. Am Schluß seines Buches deutet HILFERDING an, daß die sechs Berliner Großbanken das gesamte Kreditwesen beherrschen würden (1).

Durch die Aufhebung der freien Konkurrenz in der Industrie wird bewirkt, daß die Profitrate steigt. Die Banken ziehen nichtkartellierte Bereiche ins Kartell. In dieser Umwandlung realisieren die Banken wiederum einen Gründergewinn. Die Umwandlung dieser Unternehmen in Aktiengesellschaften und ihre Einbeziehung in Kartelle erhöht ihre Ertragskraft, aufgrund dessen die Banken bei Neuemissionen wiederum einen Gründergewinn realisieren. Die größere Stabilität der Wirtschaftslage im Kartell stärkt die Investitionskraft dieser Unternehmen und dadurch ihr Kreditbedürfnis. Das wachsende Kreditvolumen wiederum erhöht den Anteil der Banken am industriellen Profit. Indem die Banken progressiv akkumulieren können, einerseits über Gründergewinn, andererseits über Kreditzinsen, erhöht sich ihre Fähigkeit, sich erstens zunehmend an Industrieunternehmen zu beteiligen und zweitens den Bankkredit - bei HILFERDING 'Produktionskredit' - auszudehnen. Die Abhängigkeit der Industrie gegenüber den Banken wächst. Immer größere Teile des industriellen Kapitals gelangen in das Eigentum der Banken, die Industriellen erhalten die Verfügung über das fungierende Kapital von den Banken. Die Banken sind aber immer mehr gezwungen, ihr Kapital in der Industrie zu fixieren.

"Ich nenne das Bankkapital, also Kapital in Geldform, das auf diese Weise in Wirklichkeit in industrielles Kapital verwandelt ist, das Finanzkapital." (2)

Verfügung über die Industrie haben die Banken und über die Banken die Eigentümer der Majorität der Bankaktien, die HILFERDING als 'Finanzoligarchie' bezeichnet.

"Die Macht der Banken wächst, sie werden die Gründer und schließlich die Beherrscher der Industrie, deren Profit sie als

---

1) ebd., S. 504.

2) ebd., S. 509.

Finanzkapital an sich reißen, ganz wie einst der alte Wucherer in seinem 'Zins' den Arbeitsvertrag der Bauern und die Rente des Grundherrn... Dieses ist die Synthese des Wucher- und Bankkapitals und eignet sich auf einer unendlich höheren Stufe der ökonomischen Entwicklung die Früchte der gesellschaftlichen Produktion an." (1)

Nach HILFERDING bewirken die Banken eine Vereinheitlichung des Kapitals. Die Sphären des industriellen Kapitals, des kommerziellen Kapitals und des Bankkapitals werden über Monopolverbände unter die Leitung der Hochfinanz gestellt, die sich in Personalunion aus Vertretern der Banken und der Industrie zusammensetzt. Das kommerzielle Kapital verliert seine Eigenständigkeit. Da der kommerzielle Profit einen Abzug vom industriellen Profit darstellt und damit den Ertrag der Banken als teilweise Eigentümer des industriellen Kapitals beschneidet, wird das Kaufmannskapital dem industriellen Kapital wieder inkorporiert. Nach HILFERDING beinhaltet das Finanzkapital der Tendenz nach die Herstellung der gesellschaftlichen Kontrolle über die Produktion; allerdings Vergesellschaftung in antagonistischer Form, denn die Herrschaft wird von einer kleinen Finanzoligarchie ausgeübt. Die vom Finanzkapital beherrschten Wirtschaftsbereiche sind die zentralen Produktionszweige. Über die Großindustrie kontrolliert das Finanzkapital auch die anderen Wirtschaftsbereiche. Die Expropriation des Privateigentums sei durch eine Handvoll Kapitalmagnaten schon realisiert. Organisatorisch seien die Voraussetzungen für den Übergang zum Sozialismus schon vollzogen.

Der Argumentationsgang HILFERDINGS ist hier ausführlich nachvollzogen worden, da in seine Resultate sowohl theoretische wie empirische Prämissen Eingang finden und deren Richtigkeit überprüft werden muß.

Im folgenden sollen nun die wesentlichen Kritiken am 'Finanzkapital' untersucht werden und diese Kritiken sachlogisch geordnet werden.

---

1) ebd., S. 310.

LENIN hat in den 'Heften zum Imperialismus', Vorarbeiten zu seinem Hauptwerk 'Der Imperialismus als höchstes Stadium des Kapitalismus', angemerkt, daß HILFERDINGS Geldtheorie falsch sei: "Bei Hilferding geht das Geld ohne Wert in die Zirkulation ein" (1). HILFERDING hatte sein Werk mit der Analyse des Geldes begonnen mit der Begründung, daß ein Verständnis des Kredits nicht ohne Analyse der Rolle des Geldes möglich sei.

Die auch von anderen Autoren geäußerte Kritik an seiner Herleitung des Geldes ist berechtigt (2). In seiner Herleitung liegt der erste Fehler in der mangelnden Unterscheidung zwischen Wertsubstanz und Wertgröße. HILFERDING betrachtet den Wert stets nur quantitativ und nicht auch qualitativ. Das hat weitreichende Konsequenzen für seine Geldtheorie und darüberhinaus für seine Thesen über das Kreditwesen. Die Notwendigkeit des Geldes entspringt bei HILFERDING aus der Notwendigkeit, die Vernunft der Gesellschaft, ihre Bedürfnisse im Austausch durchzusetzen:

"Nur durch Vollendung des Austausches erfährt der einzelne das Gesetz der Gesamtheit. Nur wenn dem einzelnen der Austausch gelungen ist, hat er den Beweis dafür, daß er das gesellschaftlich Notwendige produziert hat; nur dann kann er von neuem die Produktion eröffnen. Die Sache, die so durch die gemeinsame Aktion der Waren legitimiert ist, den Wert aller Waren auszudrücken, ist - das Geld." (3)

Die Entwicklung der Kategorie des Geldes aus Wert und Ware fällt bei ihm heraus:

"Nun erscheint der Umweg überflüssig, den Marx einschlägt, indem er zuerst den Wert der Münzmasse bestimmt und durch den erst den des Papiergeldes. Der rein gesellschaftliche Charakter dieser Bestimmung kommt viel deutlicher zum Ausdruck, wenn man den Wert

---

1) Lenin: Hefte zum Imperialismus. Lenin-Werke Band 39. Berlin 1972 (erstmals 1916). S. 331.

2) Stephan, Cora: Geld- und Staatstheorie in Hilferdings 'Finanzkapital'. Zum Verhältnis von ökonomischer Theorie und politischer Strategie. In: Gesellschaft - Beiträge zur Marxschen Theorie 2. Frankfurt/Main 1974. S. 111 ff.

3) Hilferding, Rudolf: Das Finanzkapital. A.a.O. S. 31.

des Papiergeldes direkt vom gesellschaftlichen Zirkulationswert ableitet. Daß historisch die Papiergeldwährungen aus Metallwährungen entstanden, ist kein Grund, sie auch theoretisch so zu behandeln. Der Wert des Papiergeldes muß abgeleitet werden können, ohne auf das Metallgeld zu rekurieren." (1)

Bei HILFERDING erwächst das Geld aus der Zirkulation. Es ist zuerst Zirkulationsmittel und erst, wenn es allgemein Maß der Werte und allgemeines Äquivalent der Waren geworden ist, mausert es sich zum Zahlungsmittel. In Wirklichkeit verhält es sich so, daß erst dort, wo die Äquivalentform vorhanden ist, die Zirkulation möglich wird. Und erst dort, wo die Entwicklung vom besonderen zum allgemeinen Äquivalent abgeschlossen ist, existiert Geld (2). In der analytischen Herleitung von MARX ist der Weg vom Geld als Maß der Werte und Maßstab der Preise über das Geld als Zirkulationsmittel und schließlich Geld als Geld (als Zahlungsmittel) keineswegs überflüssig. Denn das Geld entsteht aus der Verdoppelung der Ware in Ware und Geld, wobei das Geld bzw. die Geldform erst einmal nichts anderes ist als die allgemeine Äquivalentform, die selber Wert hat und in welcher sich die übrige Warenwelt wertmäßig darstellt. Das Papiergeld, soweit es Staatspapiergeld mit Zwangskurs ist, ist Wertzeichen; es bezieht sich noch auf das Monetarsystem. Die Trennung HILFERDINGS von Wertgesetz und Geld hat schwerwiegende Folgen. Die Kategorien Wert, Tauschwert und Preis gehen durcheinander:

"Das Geld (Papiergeld, M.G.) erscheint nach wie vor als Wertmesser. Aber die Größe des Werts dieses 'Wertmessers' ist nicht mehr bestimmt durch den Wert der Ware, die ihn bildet, den Wert des Goldes oder Silbers oder des Papiers. Vielmehr wird dieser 'Wert' in Wirklichkeit bestimmt durch den Gesamtwert der zu zirkulierenden Waren (bei gleichbleibender Umlaufgeschwindigkeit). Der wirkliche Wertmesser ist nicht das Geld, sondern der 'Kurs' des Geldes wird bestimmt durch das, was ich gesellschaftlich notwendigen Zirkulationswert nennen möchte." (3)

LENIN bemerkte, jedenfalls was die marxistische Theoriebildung

---

1) Hilferding, Rudolf: Das Finanzkapital. A.a.O. S 67.

2) MEW 23, S. 81 ff.

3) Hilferding, Rudolf: Das Finanzkapital. A.a.O. S. 52.

betrifft, bezüglich dieser Ausführungen HILFERDINGS, daß die Quantitätstheorie des Geldes eigentlich seit TOOKE erledigt sei (1). Bei Vorherrschen des Geldes als Zirkulationsmittel, als Papiergeld mit staatlichem Zwangskurs, also bei Nichtvorhandensein oder Bedeutungslosigkeit des Kreditgeldes, führt die Zufuhr oder der Abzug von Papiergeld, ohne einer wachsenden oder verminderten Warenzirkulation zu entsprechen, zu einer Veränderung des Maßstabs der Preise. Aber die Wertverhältnisse stellen sich zwangsläufig wieder her.

Bei HILFERDING verselbständigt sich die Zirkulation gegenüber der Produktion. Entscheidend für das Funktionieren der kapitalistischen Gesellschaft ist die Zirkulation. Sie gelte es zu planen, sie müsse funktionieren, dann funktioniere auch die Produktion:

"Die Ausschaltung der Wirkung der anarchischen Produktion erscheint in der Möglichkeit des Ersatzes des Geldes durch bloßes Wertzeichen." (2)

HILFERDINGS falsche Geldtheorie, die er selber als grundlegend für seine Kredittheorie betrachtet, ist ein Schlüssel zum Verständnis seiner Interpretation der Bedeutung des Kreditwesens im entwickelten Kapitalismus. Die Überbewertung der Eingriffsmöglichkeiten vermittels des Kreditsystems auf die Produktionssphäre korrespondiert mit seiner falschen theoretischen Auffassung vom Geld.

CORA STEPHAN interpretiert die Geldtheorie HILFERDINGS dahingehend, daß es seine eigentliche Absicht nicht gewesen sei, eine Geldtheorie zu verfassen, sondern eine Staatstheorie, die er als Geldtheorie schreibt (3). Er reduziere das Geld auf ein Instrument, vermittels dessen sich die Allgemeinheit Geltung verschaffe. Organisatoren seien die Banken, deren Übernahme als politischer Akt die letzte Voraussetzung zum Sozialismus sei, denn die sozialistische Produktionsweise sei materiell durch die

---

1) Lenin: A.a.O. S. 331.

2) Hilferding, Rudolf: Das Finanzkapital. A.a.O. S. 41.

3) Stephan, Cora: A.a.O. S. 135 f.

Organisation des Finanzkapitals schon gegeben.

Ausführlich beschäftigte sich HENRYK GROSSMANN, der in der Weimarer Zeit Mitarbeiter am Institut für Sozialforschung der Universität Frankfurt war, in seinem 1929 erschienenen Werk über das Akkumulations- und Zusammenbruchsgesetz mit HILFERDING (1). GROSSMANN kennzeichnet HILFERDING als Neoharmoniker (2). HILFERDING habe versucht, die alte Say'sche Proportionalitätstheorie wieder aufleben zu lassen. Die Verkennung der Zusammenbruchstendenzen des entwickelten Kapitalismus sei Konsequenz des Aufgebens der Marx'schen Werttheorie. Mit HILFERDINGS Konstruktion des Generalkartells ließe er den Austausch verschwinden. Die Produktionssphäre sei - so HILFERDING - schon gegenwärtig regelbar. Unter den Bedingungen eines noch nicht vorhandenen Generalkartells könne die Produktion nur aufgrund der antagonistischen Verteilungsverhältnisse nicht geplant werden (3). Ohne hier auf GROSSMANNS eigene Theorie näher eingehen zu können, ist seiner Kritik an HILFERDING zuzustimmen. Denn ein Kapitalismus ohne Markt ist undenkbar. Die Verteilungsverhältnisse entwickeln sich nicht unabhängig von der Produktion. Der Charakter der Produkte als Ware und der Waren als Produkt von Kapital schließt notwendig die Zirkulationsverhältnisse mit ein. Die Verteilung der Waren wie auch des Kapitals auf die verschiedenen Produktionssphären ist nicht bewußter Akt, sondern ist Resultat des Wirkens des Wertgesetzes, das sich über die Konkurrenz der Kapitalisten vermittelt. Die Resultate sind häufig zufällig und eine gleichgewichtige Entwicklung nicht der Normalfall. Gleichgewichte werden ja häufig durch Entwertungsprozesse und Krisen momentan herbeigeführt. MARX hatte schon ausgeführt, daß das Kreditwesen eine korrigierende Funktion haben kann und diese als Vergesellschaftung gefaßt, wobei aber der Kredit einerseits diese Entwicklung wiederum hemmt und andererseits sich aber nicht gegen die

---

1) Grossmann, Henryk: Das Akkumulations- und Zusammenbruchsgesetz des kapitalistischen Systems. Frankfurt/Main 1970.

2) ebd., S. 100.

3) ebd., S. 608.

private Organisation als Grundlage kapitalistischer Wirtschaften durchsetzen kann.

GROSSMANN zieht die These von HILFERDING in Zweifel, daß sich die Banken zum Finanzkapital und zum Beherrscher der Industrie entwickeln würden (1). Die von HILFERDING beschriebenen Erscheinungen seien charakteristisch für die Frühphase des Kapitalismus, aber keinesfalls für den modernen Kapitalismus. Auf niedriger Stufe der Kapitalakkumulation sei die eigene Kapitalbildung der Industrie äußerst unzureichend gewesen. Die Industrie sei, um ihre Entwicklungsmöglichkeiten wahrnehmen zu können, auf den Zufluß von Kapital von außen, auf den Kredit, angewiesen gewesen. Die Zentralisation der Kreditorganisation hätte die zersplitterten Geldkapitale zusammenfassen können. Die Periode des Finanzkapitals, wobei diese Bezeichnung nicht als Kategorie, die gesetzmäßig zu bestimmen sei, gefaßt werden könne, sei historisch der Phase des aufblühenden Kapitalismus zuzuordnen. Denn mit Entwicklung der Kapitalakkumulation hätten die industriellen Kapitale durch Akkumulation der eigenen Profite sich unabhängig von den Banken machen können. In der dritten Phase würden sich die Industriellen die Banken wieder vollständig unterordnen. An die Stelle des Kapitalmangels sei der Überfluß an Kapital getreten. Aufgrund sinkender Profitabilität würden die Industriellen nicht mehr genügend Anlagesphären für ihr Kapital finden. Die historische Tendenz gehe in die Richtung, daß die Industriekapitale ihr Eigenkapital vergrößern, ihre Bankschulden abbauen und ihre Bankguthaben erhöhen würden. Die Entwicklung gehe also nicht in Richtung Zentralbank. GROSSMANN stellt die These auf, daß die Entwicklung in Richtung Zusammenbruch aufgrund Überakkumulation von Kapital ginge.

Auch PAUL M. SWEEZY bezweifelt in seinem 1942 erschienenen Werk "Theorie der kapitalistischen Entwicklung" (2) die von

---

1) ebd., S. 572 ff.

2) Sweezy, Paul M.: Theorie der kapitalistischen Entwicklung. o. O. 1958 (erstmals 1942).

HILFERDING aufgestellten Thesen bezüglich der historischen Entwicklung. Die industriellen Unternehmen könnten sich durch das Wachsen der Selbstfinanzierung zunehmend dem Einfluß der Banken entziehen. SWEEZY empfiehlt, den Begriff 'Finanzkapital' fallenzulassen, da ein Beherrschungsverhältnis seitens der Banken nicht vorliegen würde, und stattdessen durch den Begriff des 'Monopolkapitals' zu ersetzen.

Ohne sich explizit auf HILFERDING zu beziehen, kennzeichnet ERNEST MANDEL die neueste Entwicklung des Kapitalismus als Epoche der Selbstfinanzierung (1). Er spricht aber ausdrücklich von der Macht des Finanzkapitals,die er auf die Konzentration des Bank- und Industriekapitals zurückführt und das Anwachsen der durchschnittlichen Größe der Großunternehmen. Die Überkapitalisierung infolge monopolistischer Extraprofite, die keine neuen Investitionsfelder mehr finden, führen - so MANDEL - zu einer wachsenden Selbstfinanzierung der Unternehmen. Diese überschüssigen Profite werden nur zu einem kleinen Teil ausgeschüttet. In den Aktiengesellschaften werden Rücklagen gebildet und erhöhen so das Eigenkapital der Unternehmen. Nach MANDEL haben die Banken im Frühkapitalismus aufgrund von Kapitalmangel der Industrieunternehmen sich diese über Bankkredite abhängig machen können und in die Machtzentren eindringen können. Im Spätkapitalismus wandele sich die Rolle des Finanzkapitals. Die Trusts seien nicht mehr auf Bankkredite angewiesen. Kennzeichnend für den Spätkapitalismus, für die Epoche des Monopolkapitalismus, sei nun eine gegenseitige Durchdringung von Industrie- und Finanzkapital. Große Konzerne würden ganze Produktionszweige beherrschen und Banken kontrollieren; einige Banken wiederum hätten Schlüsselpositionen in der Wirtschaft des Landes inne. MANDEL belegt diese These mit der personellen Verflechtung in Aufsichtsräten und Vorständen großer Aktiengesellschaften im Bankwesen und in der Industrie.

---

1) Mandel, Ernest: Marxistische Wirtschaftstheorie. Frankfurt/Main 1968 (erstmals 1962). S. 535 ff.

Die wichtigste Prämisse in HILFERDINGS Konstruktion des Finanzkapitals ist die Ablösung der freien Konkurrenz durch die Herausbildung von Monopolen. HILFERDING behauptet nicht nur die Existenz zweier gesellschaftlicher Profitraten, nämlich einer Monopolprofitrate, die die kartellierten Kapitale beziehen, und der Durchschnittsprofitrate, die unterhalb der Monopolprofitrate liegt und von den nichtkartellierten Unternehmen bezogen wird. HILFERDING schreibt den Monopolen eine propagandistische Wirkung zu. Denn die nichtmonopolisierten Unternehmen machen entweder Pleite, weil aufgrund ihrer niedrigeren Profitrate ihre Akkumulationsfähigkeit eingeschränkt ist, oder schließen sich den Kartellen an. Dieser Argumentationszusammenhang mündet bei HILFERDING in der These von der Herausbildung eines Generalkartells.

REINHARD SCHIMKOWSKY kritisiert mit Recht, daß HILFERDING in seiner Argumentation die Konkurrenz auf die Preiskonkurrenz reduziert (1). HILFERDING knüpfe nur an die Erscheinungsform an, eben der Preisentwicklung. Diese Vorgehensweise sei mit dem Wertgesetz nicht vereinbar. Eine umfassende Kritik an der marxistischen Monopoltheorie hat ELMAR ALTVATER 1975 in dem Aufsatz "Wertgesetz und Monopolmacht" (2) veröffentlicht. ALTVATER weist nach, daß die von HILFERDING erarbeiteten Kategorien in bezug auf das Monopol letztlich nur noch subjektiv begründet werden (3). Der Kapitalismus entledige sich bei seinem Übergang zu Monopolen seiner Gesetze, an deren Stelle Macht und Gewalt treten würden. Denn - so HILFERDING - der Monopolpreis als

---

1) Schimkowsky, Reinhard: Zur Marx-Rezeption bei Hilferding. Die Bestimmungen von Konkurrenz und Monopol im 'Finanzkapital'. In: Monopol und Staat - Zur Marx-Rezeption in der Theorie des staatsmonopolistischen Kapitalismus. Hrsg. v. Rolf Ebbighausen. Frankfurt/Main 1974. S. 173-211, hier S. 191.

2) Altvater, Elmar: Wertgesetz und Monopolmacht. In: Zur Theorie des Monopols - Staat und Monopole (I), Argument-Sonderband 6, Berlin 1975. S. 129 ff.

3) ebd., S. 172.

Dreh- und Angelpunkt sei zwar empirisch feststellbar, aber nicht objektiv, sondern nur noch psychologisch, subjektiv erkennbar (1). HILFERDING löse die Probleme, die sich aus seiner Konstruktion einer Monopolprofitrate ergeben würden, wie sich nämlich der Bezug der Einzelkapitale zum Gesamtkapital über den Ausgleichsprozeß der Profitraten herstellen würde, dahingehend auf, daß er die Monopolisierung in ein Generalkartell überführen würde, das sich der Konkurrenz nicht mehr entziehen müsse, da die Konkurrenz aufgehört habe zu existieren (2). Das Problem des Ausgleichsprozesses stelle sich nicht mehr, da es nur noch eine Profitrate gebe, nämlich die des Generalkartells. Dessen Profitrate bemesse sich nach dessen Profit zu dessen vorgeschossenen Kapital. Alle Probleme würden sich bei HILFERDING konsequent in der Frage nach der Organisation der gesellschaftlichen Ökonomie auflösen (3).

Über die Einschätzung von HILFERDINGS 'Finanzkapital', ob es ein theoretisches Werk sei oder lediglich eine historische Analyse, also eine Konkretisierung von MARX' 'Kapital', hatte es bald nach dem Erscheinen heftigen Streit gegeben. KARL KAUTSKY bezeichnete das 'Finanzkapital' als "vierten Band des Kapitals" (4). ROSA LUXEMBURG hatte lapidar bemerkt, daß HILFERDING vieles von MARX abgeschrieben habe, alles andere sei falsch (5). Ob nun HILFERDING sein Werk als vierten Band des 'Kapitals' verstand oder nicht, er bewertete seine Aussagen nicht nur als Realanalyse, sondern verallgemeinerte seine Resultate und kennzeichnete sie als Merkmale des entwickelten Kapitalismus in seiner imperialistischen Epoche.

---

1) Hilferding, Rudolf: Das Finanzkapital. A.a.O. S. 313.

2) Altvater, Elmar: A.a.O. S. 170.

3) Ich werde auf die Monopoltheorie ausführlicher im folgenden Kapitel eingehen.

4) Kautsky, Karl: Finanzkapital und Krisen. In: Neue Zeit, 29. Jg., 1. Band, 1910/1911, S. 765.

5) Luxemburg, Rosa; in: Die Internationale, 7. Jg., 1924, Band 5, S. 379.

Eine ausführliche Beschäftigung mit HILFERDINGS 'Finanzkapital' ist nötig, weil seine Thesen die marxistische Theoriebildung nachhaltig beeinflußt haben. HILFERDING ist Schöpfer der marxistischen Monopoltheorie, die von ihm zwar noch unausgegoren verfaßt wurde, aber später bis hin zu den Theoretikern des staatsmonopolistischen Kapitalismus ausformuliert wurde.

Bevor ich mich also einer Bewertung seiner theoretischen Verallgemeinerungen zuwenden will, soll untersucht werden, inwieweit HILFERDINGS Untersuchung wenn nicht für den entwickelten Kapitalismus generell, so aber doch für die Zeitspanne zwischen 1870 und dem 1. Weltkrieg gültig ist. GROSSMANN und SWEEZY hatten ja HILFERDING zugebilligt, daß er jedenfalls für die 'Blüte' der kapitalistischen Entwicklung die Erscheinungen richtig beschrieben habe.

Nach neueren Forschungsergebnissen muß zumindest bezweifelt werden, ob die von HILFERDING beschriebenen Erscheinungen für diese Phase des Kapitalismus generell verallgemeinerbar sind. WILLFRIED SPOHN arbeitete bezüglich der Rolle des Bankkapitals in Deutschland zwischen den Gründerjahren und dem 1. Weltkrieg heraus, daß die enge Verbindung zwischen Banken und Industrie der relativen Rückständigkeit des deutschen Kapitalismus geschuldet sei (1). H. BÖHME führt aus, daß ein Kennzeichen des deutschen Kapitalismus in dieser Zeit der chronische Kapitalmangel gewesen sei (2). In England dagegen wären die Unternehmen durch die Ansammlung von Profiten aus frühindustriellen Erfolgen nicht auf langfristige Bankfinanzierungen angewiesen gewesen, sie hätten

---

1) Spohn, Willfried: Weltmarktkonkurrenz und Industrialisierung Deutschlands 1870-1914. Eine Untersuchung zur nationalen und internationalen Geschichte der kapitalistischen Produktionsweise. Berlin 1977. S. 273 ff.

2) Böhme, H.: Bankenkonzentration und Schwerindustrie 1873-1896. Bemerkungen zum Problem des 'Organisierten Kapitalismus'. In: H.-U. Wehler (Hg.): Sozialgeschichte heute, Festschrift für Hans Rosenberg zum 70. Geburtstag. Göttingen 1974. S. 432 ff., hier S. 442.

ihren Investitionsbedarf aus eigenem Akkumulationsfonds befriedigen können. In Deutschland dagegen wären die Industrieunternehmen auf Industriebanken angewiesen gewesen, die ihnen erstens die Ersparnisse nicht nur der Industriellen zuführten, sondern auch kurzfristige Geldtitel in langfristige Investitionskredite umwandeln konnten.

Der Gründerboom hatte zwar viele Privatbanken entstehen lassen, die anschließende Krise führte aber zu einer großen Pleitenwelle und einem Zentralisierungsprozeß. 1911 konzentrierten die vier sog. D-Banken (Deutsche Bank, Discontogesellschaft, Dresdner und Darmstädter Bank) und der Schaffhausensche Bankverein 73 % des Aktienkapitals aller deutschen Aktienbanken auf sich; das waren 2,2 Mrd. RM von 3,7 Mrd. RM (1). Die Banken übernahmen über Kontokorrentkredit und Aktienemissionen die Funktion einer Industriefinanzierungspolitik, wozu die Industrieunternehmen aufgrund mangelnden Eigenkapitals nicht selbständig imstande waren. Die Banken unterstützten die Einführung der Schutzzollpolitik und förderten die Kartellierung und Konzernbildung (2). Die Banken hatten ebenfalls einen Hauptanteil an der Bildung des Kohle- und Stahlsyndikats 1903 (3) und der Konzernierung in der Elektroindustrie 1904 (4). Mit dem Wachstum der Finanzierungsvorhaben waren die Banken zunehmend gezwungen, sich in Kreditkonsortien zusammenzuschließen, das aber den Industrieunternehmen immer mehr die Möglichkeit eröffnete, aus der Abhängigkeit zu einer Bank herauszukommen und ihre Finanzierungspolitik selbständiger zu gestalten. SPOHN erklärt die starke Rolle des Bankkapitals auch durch die im Vergleich zu anderen

---

1) Stolper, G./Häuser, K./Borchardt, K.: Deutsche Wirtschaft seit 1870. Tübingen 1966. S. 33.

2) Böhme, H.: A.a.O. S. 436.

3) Jeidels, Otto: Das Verhältnis der deutschen Großbanken zur Industrie, mit bes. Berücksichtigung der Eisenindustrie. In: Staats- und sozialwissenschaftliche Forschungen, Band 24, Leipzig 1905. S. 252 ff.

4) Böhme, H.: A.a.O. S. 439.

kapitalistischen Ländern außerordentlich hohe Zinsrate, die Folge des Kapitalmangels und daraus folgend dem geringen Angebot an Geldkapital war (1).

Fazit dieser Untersuchungen ist, daß die von HILFERDING beschriebenen Erscheinungen als Erscheinungen nur für Deutschland in dieser besonderen Entwicklungsphase zutreffend sind. Diese Besonderheiten mögen erklären, warum HILFERDING zu bestimmten Verallgemeinerungen gekommen ist. Darum ist HILFERDINGS 'Finanzkapital' eher eine historische Theorie. Diese Feststellung relativiert schon die Aussagefähigkeit seines Werkes. Seine theoretischen Schlußfolgerungen sind aber auch in sich nicht schlüssig.

Zwei Prämissen gehen wesentlich in HILFERDINGS Argumentationsgang ein. Erstens konstatiert er die Aufhebung der Konkurrenz. Zweitens führt er die Kategorie des Gründergewinns ein.

Die Banken können nach HILFERDING einen immer stärkeren Druck auf die Industrieunternehmen ausüben, weil sie die Konkurrenz untereinander aufheben. Die Aufhebung der Konkurrenz bewirke, daß die einzelnen Banken das gesamte Leihkapital, über das sie verfügen, in der Konkurrenz gegenüber den Industriellen als Geldmonopol geltend machen. Dieses Angebotsmonopol befördere die Monopolisierung des industriellen Kapitals. Die Banken verschmelzen schließlich mit dem industriellen Kapital, dessen Kapitaleigentum sie sich angeeignet haben.

HILFERDING kam zu diesem Schluß durch die Beobachtung großangelegter Kartellierungsbestrebungen in hoch zentralisierten Kapitalbereichen. Die Konkurrenz schließt das Monopol nicht aus. Jeder Kapitalist strebt nach dem Monopol, das ihm einen außerordentlichen Profit garantiert. Er geht auch möglicherweise Assoziationen ein, um gemeinsam mit anderen ein Monopol ausüben zu können. Es besteht aber kein Gesetz, daß sich Monopole auf Dauer einrichten können. Vielmehr verschärft das Vorhandensein eines

---

1) Spohn, Willfried: A.a.O S. 378 f.

monopolisierten Profits in einer Branche die Konkurrenz. Denn andere Kapitalisten werden versuchen, in diese Anlagesphäre einzudringen. Tatsächlich hat sich der von HILFERDING beobachtete Prozeß nicht gradlinig fortgesetzt.

Ebenso wie die industriellen Kapitalisten stehen auch die Banken in Konkurrenz zueinander. Diese Konkurrenz kann auch zeitweilig oder in bestimmten Anlagesphären aufgehoben werden. Diese tatsächliche Entwicklung hätte HILFERDING lehren können, daß der von ihm prognostizierte Prozeß nicht zur 'Zentralbank' geführt hat, die unter einem Dach das gesamte Bankkapital vereinigt.

In sein Theorem der zunehmenden Zentralisation bis hin zum absoluten Monopol geht mit ein seine Auffassung von der abnehmenden Krisenanfälligkeit des Finanzkapitals. Der Akkumulationsprozeß verläuft aber zyklisch. Die Konzentration und Zentralisation ist eine Wirkung des Akkumulationsgesetzes des Kapitals. Die Konkurrenz unter den Kapitalisten wird wesentlich vom Zyklus beeinflußt. In Prosperitätsphasen wird in der Regel die Konkurrenz vermindert, da die Bedingungen für die Akkumulation gut sind, die Profitrate hoch. In der Krise dagegen verschärft sich die Konkurrenz, da es um die Verteilung der Verluste geht. Die Zentralisierungswellen gestalten sich ähnlich. HILFERDING verliert diese zyklische Bewegungsform aus den Augen. Eine weitere Konsequenz dieses Vorgehens ist, daß er die Wirkung des Verhältnisses von Industrie- und Kreditzyklus vernachlässigt. Dieses Verhältnis hat aber Einfluß auf das Verhältnis der Banken zur Industrie. Das Verhältnis verteilt die Gewichte verschieden. HILFERDING geht von einer Konstanz der Zinsrate aus. Der Anteil des Zinses am industriellen Profit steigt zulasten des Unternehmergewinns, weil die durchschnittliche Profitrate sinkt. Einen empirischen Beleg liefert HILFERDING nicht. Er vernachlässigt hier zwei Momente. Denn erstens sinkt die gesellschaftliche Profitrate nicht linear. MARX hat entwickelt, daß sich das Gesetz als Tendenz durchsetzt. Es setzt sich nicht in reiner Form durch, weil entgegenwirkende Ursachen ihrem Fall entgegenwirken. Die Profitrate hat eine zyklische Verlaufsform. Sie kann unter bestimmten Umständen über einen längeren Zeitraum konstant bleiben oder sogar steigen. HILFERDING wendet aber dieses Gesetz mechanisch an, ohne seine Bewegungsform zu berücksichtigen und konkret zu belegen. Zweitens vernachlässigt er die zyklische Bewegungsform des Zinses.

Die zweite wesentliche Prämisse ist bei HILFERDING die Annahme eines Gründergewinns, den er nicht als vereinzelte Erscheinung begreift, sondern als ökonomische Kategorie bewertet. Über den Gründergewinn eignen sich nach HILFERDING die Banken einen Teil des Profits der Aktiengesellschaften an. Sie sind neben dem Zins eine der beiden Hauptquellen des Bankiersprofits. Der Gründergewinn ist nach HILFERDING das Agio bei der Emission von Aktien, den sich die Banken als Emissionsinstitute aneignen. Das Agio ergibt sich aus der Differenz zwischen Nennwert der Aktie und dem Börsenpreis. Das Agio wird, so sieht es auch das deutsche Aktiengesetz vor, nach Abzug einer Emissionsgebühr seitens der Emissionsinstitute den Rücklagen aus Kapitalerhöhungen als Bestandteil des Eigenkapitals zugeführt. Nur aufgrund außerordentlicher Schwäche des Industrieunternehmens - wie teilweise in der Gründerzeit Reichsdeutschlands - können die emittierenden Banken das Agio an sich ziehen. Bei HILFERDING realisieren die Banken jedoch nicht nur bei Gründung eines Aktienunternehmens den Gründergewinn, sie erzielen ihn bei jeder Aktienemission. Daraus leitet HILFERDING das Interesse der Banken an Aktiengesellschaften ab. Da die Aktiengesellschaften am ehesten zur Kartellierung neigen, aber nur Aktiengesellschaften den Banken Gründergewinn bringen, fördern die Banken die Umwandlung von Privatunternehmen in Aktiengesellschaften. Damit fördern sie gleichzeitig die Kartellierung und Monopolisierung. Da der Gründergewinn bei HILFERDING der wesentliche Transmissionsriemen für die Monopolisierung ist und die Monopolisierung den Banken die Beherrschung der Industrie sichert, gerät sein ganzes Gedankengebäude ins Wanken, wenn der Gründergewinn als Kategorie und Wirklichkeit nicht vorhanden ist.

HILFERDINGS Schlußfolgerung, daß sich das Bankkapital wieder seiner Herkunft entsinnt und sich wieder zum Wucherkapital entwickelt, ist konsequent, wenn man seiner Argumentation folgt. Einerseits hält HILFERDING am tendenziellen Fall der Profitrate fest. Andererseits vermögen aber die kartellierten Unternehmen einen Monopolprofit zu realisieren, der über der gesellschaftlichen Durchschnittsprofitrate liegt. Immer größere Teile der Unternehmen werden in Aktiengesellschaften verwandelt und in Kartelle eingebunden. Immer größere Teile des Kapitals entziehen sich somit dem tendenziellen Fall der Profitrate, indem sie einen Monopolprofit beziehen. Von diesem eignen sich die Banken als Eigentümer der Industrie immer größere Teile als Gründergewinn an. Diese beiden gegensätzlichen Entwicklungen, Monopolprofit bzw. Gründergewinn und fallende Profitrate, kann HILFERDING nur auflösen, indem er die Banken zum Wucherkapital erklärt. Charakteristische Form des Wucherkapitals war das zinstragende Kapital bei Vorherrschen der kleinen, zersplitterten Produktion der selbstarbeitenden Bauern und kleinen Handwerker. Der Wucherer zentralisierte das Geldvermögen der Gesellschaft, ohne aber die Produktionsweise zu ändern. Er verhält sich parasitär gegenüber der Gesellschaft. Verändernd wirkte das Wucherkapital in dem Augenblick, in dem sich die kapitalistische Produktionsweise entwickelte, das Wucherkapital die alten Eigentumsformen zerstörte und die normale Reproduktion der Gesellschaft verunmöglichte. Das Wucherkapital schaffte durch die Zusammenraffung von Geldvermögen Mittel der ursprünglichen Akkumulation. Mit dem Fortschritt der kapitalistischen Produktionsweise wird das Geldkapital wie das Kaufmannskapital dem industriellen Kapital untergeordnet. MARX kennzeichnet das Wucherkapital so:

"Das Wucherkapital besitzt die Exploitationsweise des Kapitals ohne seine Produktionsweise." (1)

Auch bei HILFERDING entzieht sich das Finanzkapital zunehmend Gesetzmäßigkeiten dieser Produktionsweise. Letztlich erscheint dann der Profit als Frucht wucherischer Aneignung.

---

1) MEW 25, S. 611.

HILFERDINGS Aussagen wurden dann häufig falsch, wenn er aus Einzelerscheinungen verallgemeinernde Schlußfolgerungen zog und Entwicklungstendenzen benannte. Die Widersprüche in HILFERDINGS Theorie erklären sich zum Teil selber aus diesen Erscheinungen. Sie sind teils Resultat falscher Theoreme. In HILFERDINGS Beschreibungen der Aktiengesellschaften wie auch der Banken sind richtige und nicht nur zeitgebundene Erkenntnisse vorhanden.

Bezüglich der Aktiengesellschaften hatte MARX angemerkt, daß sie das Fallen der Profitrate aufhalten können, wenn sie bloßen Zins abwerfen, da in Aktiengesellschaften der Profit die Form des Zinses annehme (1).

Dieser Aussage widerspricht HILFERDING zu Recht (2). In der Aktiengesellschaft verdoppelt sich das Kapital in angewandtes Kapital und fiktives Kapital. Der Börsen- oder Marktwert eines Unternehmens ist fiktiv. Er resultiert einerseits aus der Rentabilitätslage der Unternehmung und andererseits aus der allgemeinen Zinsentwicklung. Der industrielle Profit bezieht sich auf das gesamte fungierende Kapital. In der Bilanz ist dieser als Jahresüberschuß ausgewiesen, wobei aufgrund von Bewertungen der ausgewiesene Jahresüberschuß mit dem Profit oder Gewinn nicht statistisch genau übereinstimmen muß. Aus dem Jahresüberschuß wird die Dividende an die Aktionäre gezahlt. Der verbleibende Teil wird als freie Rücklage dem Eigenkapital zugeführt. Die Dividende wird auf den Nennwert der Aktie bezogen; bei einer Dividende von 10 % und einem Nennwert pro Aktie von 50 DM werden 5 DM ausgezahlt. Der Marktwert der Aktie liegt aber in der Regel über dem Nennwert. Er wird wesentlich durch das Zinsniveau beeinflußt. Das Aktienkapital steht nämlich in Konkurrenz zu anderen Anlageformen des Geldkapitals (z.B. Staatspapieren). Bei einer erwarteten Dividende von 10 % und einem Zinssatz von 5 % wird die Aktie - alle anderen Umstände unberücksichtigt - einen Marktwert von 100 DM erreichen. Die Dividendenrendite - die Dividende auf den

---

1) MEW 25, S. 453.

2) Hilferding, Rudolf: Das Finanzkapital. A.a.O. S. 147.

Marktwert bezogen - ist dem allgemeinen Zinssatz für alternative Anlageformen vergleichbar. Erhöht sich - unserem Beispiel folgend - die Rentabilität der AG, d.h. die individuelle Profitrate steigt und bleibt dem Unternehmen erhalten, und die Dividende wird auf 20 % erhöht, erhält der Aktionär 10 DM Dividende. Der Börsenwert der Aktien wird auf 200 DM steigen, sich der Verzinsung alternativer Anlageformen anpassen. Verkauft der Aktionär seine Aktie, macht er einen Gewinn von 100 DM. Dieser Gewinn entspricht nicht einer tatsächlichen Vergrößerung des Kapitals, er ist dem Charakter des Aktienkapitals als fiktivem Kapital geschuldet,denn die Aktie ist Anweisung auf den Ertrag, kapitalisierter Ertrag. Der Bezug des Aktionärs zum fungierenden Kapital der AG, also sein Anspruch auf den thesaurierten Gewinn, macht sich mittelbar geltend in der Emission von Bezugsrechtsaktien, deren Emissionskurs unter dem erwarteten Börsenwert der Aktien liegt.

MARX' Annahme also, daß die Aktiengesellschaften das Fallen der Profitrate unter Umständen aufhalten oder zumindest bremsen könnten, weil sie sich mit dem Zins zufrieden geben könnten, ist nicht zutreffend. In Zeiten normalen Geschäfts führen Aktiengesellschaften einen Teil ihres Profits in Form offener Rücklagen ihrem Stammkapital zu. Mit der Dividende wird das Kapital nur 'verzinst'. Sie können auch zeitweilig auf eine Rücklagenbildung verzichten. Das aber beschränkt die Eigenkapitalbildung und damit die Akkumulation. Die Regel ist vielmehr, daß Aktiengesellschaften bei ungünstiger Geschäftslage auf eine Dividendenzahlung verzichten und weiterhin Rücklagen bilden. Dies ist aber ebenfalls Folge einer verminderten Profitrate.

Gegenüber ihren Eigentümern sind die Vorstände und Aufsichtsräte der Aktiengesellschaften flexibler als Privatunternehmen. Denn ihre Eigentümer sind zersplittert oder werden von Mehrheitsaktionären, deren wirtschaftliche Existenz nicht von der Dividendenzahlung abhängt, beherrscht, wobei unter Umständen auch eine große Minderheit am Aktienbesitz zur Beherrschung ausreicht. Der Einfluß der Banken macht sich hier geltend, indem die Banken über

Eigenbesitz oder Depotstimmrecht die Geschäftspolitik in den Hauptversammlungen wesentlich bestimmen können.

Aktiengesellschaften haben die Möglichkeit, ihren Finanzierungsbedarf, soweit er sich nicht aus der eigenen Akkumulation decken läßt, nicht nur durch Kreditaufnahme zu befriedigen. Sie haben die Möglichkeit, eine Kapitalerhöhung durch Aktienemission zu erreichen. HILFERDING war dies ein Grund, die Zunahme der Abhängigkeit der industriellen Aktiengesellschaften von den Banken anzunehmen. Er bezeichnete diese Form der Kapitalerhöhung als Emissionskredit. Diese Annahme ist aber nur unter der Voraussetzung der Realisierung eines Gründergewinns richtig. Sie kann dagegen auch als die Gewährleistung einer größeren Unabhängigkeit der Industrieaktiengesellschaften gegenüber den Banken interpretiert werden. Auch ist der Begriff 'Emissionskredit' nicht zutreffend. Das Aktienkapital nimmt zwar die Form des fiktiven Kapitals, des zinstragenden Kapitals, an. Die Aktiengesellschaft verzinst das über Aktien aufgenommene Kapital. Für den Aktionär ist die Aktie ebenfalls ein Wertpapier, eine Ertragsanweisung, die auch verkäuflich ist. Der 'Emissionskredit' hat aber die Eigenart, nicht rückzahlbar zu sein. Den Kredit zeichnet aber gerade das Gläubiger - Schuldner - Verhältnis aus, das Leihen ist eine tatsächliche Weggabe, aber bei vertraglich geregelter Rückkehr.

HILFERDINGS Studie ist - rückblickend auf die ökonomische Entwicklung seit ihrem Erscheinen - nicht geeignet, von ihren Thesen ausgehend, Schlußfolgerungen über das heutige Verhältnis zwischen Banken und Industrie zu ziehen. Seine Hauptthese, daß die Konkurrenz durch das Monopol abgelöst werde, ist falsch. Auch seine empirischen Befunde sind nicht verallgemeinerbar. Sie beschreiben Erscheinungen, die einer besonderen historischen Situation geschuldet sind.

1.3. DAS 'FINANZKAPITAL' IN DER THEORIE DES STAATSMONOPOLISTISCHEN KAPITALISMUS

HILFERDING hatte in seiner Studie 'Das Finanzkapital' die besondere Entwicklung des deutschen Kapitalismus um die Jahrhundertwende, die sich ausdrückte in hoher Zentralisation der Unternehmen in besonders aufstrebenden Branchen wie der Stahl- und Elektroindustrie sowie im Bankwesen, verallgemeinert. Die Banken konnten, wenn auch nur zeitweilig, der Industrie ihre besonderen Interessen aufherrschen. Am Rande sei angemerkt, daß seine Gedankengänge und Schlußfolgerungen bezüglich des deutschen Bankwesens der Vorkriegszeit nicht Originalität beanspruchen können. Nichtmarxistische Autoren wie OTTO JEIDELS (1) und JAKOB RIESSER (2) waren vor ihm schon zu ähnlichen Ergebnissen gekommen. HILFERDING ließ sich durch die Tatsache, daß der Kredit die Reproduktion des Kapitals vermittelt, sich aber die Vergesellschaftung innerhalb der Zirkulation am offenkundigsten ausdrückt, zu der These verleiten, daß vermittels des Kredits über die Zirkulation sich die Ökonomie grundlegend verändern lasse. Seine falsche Rezeption der Marx'schen Theorie ist durch dieses Erkenntnisziel geprägt. Sicherlich ist das 1927 von HILFERDING veröffentlichte Konzept des 'organisierten Kapitalismus' (3) eine Ausformulierung schon im 'Finanzkapital' geäußerter Gedankengänge (4). Das Konzept stellt aber gleichzeitig einen Bruch dar, der seinen Reflex in der gewandelten politischen Programmatik HILFERDINGS findet. Hielt er 1910 das Generalkartell für ökonomisch

---

1) Jeidels, Otto: A.a.O.

2) Riesser, Jakob: Die deutschen Großbanken und ihre Konzentration im Zusammenhange mit der Entwicklung der Gesamtwirtschaft in Deutschland. 3. völlig umgearbeitete und stark vermehrte Aufl. Jena 1910.

3) Hilferding, Rudolf: Organisierter Kapitalismus. Referat auf dem Kieler Parteitag der SPD 1927. O. J. u. O.

4) Schimkowsky, Reinhard: Exkurs über Hilferding: Vom Generalkartell zur Konzeption des organisierten Kapitalismus. In: Monopol und Staat. A.a.O. S. 279 ff.

denkbar, aber sozial und politisch undurchführbar, verstand er seine Theorie noch als Revolutionstheorie, so formulierte er 1927 ein Programm des allmählichen Hinüberwachsens vom Kapitalismus zum Sozialismus; in der Herausbildung des Finanzkapitals ist der Sozialismus ökonomisch schon vorweggenommen, er muß nur noch politisch verwirklicht werden.

HILFERDING hat die Theoretiker des Wissenschaftlichen Sozialismus in der Folgezeit wesentlich mitgeprägt. LENIN bezieht sich in seiner Studie 'Der Imperialismus als höchstes Stadium des Kapitalismus' (1), die er unmittelbar vor Ausbruch des 1. Weltkrieges verfaßte, auch auf HILFERDINGS 'Finanzkapital', wenn er auch einzelne Thesen HILFERDINGS, wie seine Geldtheorie,verwarf. LENINS Studie ist als konkret-historische Analyse zu verstehen (2), die in vielen Aussagen keine Allgemeingültigkeit beanspruchen kann. LENIN hat sich selber dagegen gewandt, seiner Analyse Allgemeingültigkeit zuzusprechen. In seinem Bericht über das Parteiprogramm auf dem VIII. Parteitag der KPR(B) im März 1919 (3) wandte er sich gegen die Auffassung BUCHARINS, generell den Begriff 'Kapitalismus' durch 'Imperialismus' zu ersetzen. Es sei eine falsche Verallgemeinerung, wenn all das, was über Syndikate, Kartelle, Trusts, Finanzkapitalismus gesagt worden sei, von deren Grundlage, die des alten Kapitalismus, abgetrennt werden würde. So sei für Deutschland zu bemerken, daß dort die Erscheinungen des modernen Kapitalismus abgebaut würden. Nirgendwo hätte der Monopolkapitalismus ohne freie Konkurrenz bestanden. Die ganze kapitalistische Gesellschaft sei nicht einfach dem Finanzkapital untergeordnet. Er wandte sich hier implizit gegen

---

1) Lenin: Der Imperialismus als höchstes Stadium des Kapitalismus. Ein gemeinverständlicher Abriß. Lenin-Werke Band 22. Berlin 1971 (erstmals 1916). S. 189 ff.

2) Neusüss, Christel: Imperialismus und Weltmarktbewegung des Kapitals. Kritik der Leninschen Imperialismustheorie und Grundzüge einer Theorie des Verhältnisses zwischen den kapitalistischen Monopolen. Erlangen 1972.

3) Lenin-Werke Band 29. Berlin 1972, S. 150 ff.

die Vorstellung, daß man nur die 'Kommandohöhen der Wirtschaft' besetzen müsse, also die Finanzoligarchie zur Seite schieben müsse, um alle Probleme beim Übergang zum Sozialismus lösen zu können.

Die Lenin'sche Theorie wurde eigentlich falsch, als sie in Form des 'Marxismus-Leninismus' zur Grundlage der wissenschaftlichen Analyse aller dem ersten Weltkrieg folgenden historischen Erscheinungsformen des Kapitals gemacht wurde. An die Stelle der Untersuchung von Tatsachen als Grundlage der Kritik der Politischen Ökonomie wurden zunehmend Dogmen gesetzt.

In der Theorie des staatsmonopolistischen Kapitalismus (Stamokap), offizielle Lehrmeinung in den Ostblockländern und Lehre der ihnen zugetanen Parteien im Westen, sind die Prämissen HILFERDINGS, Monopole und Verschmelzung des Bank- und Industriekapitals zum Finanzkapital, mit Modifikationen Säulen des Lehrgebäudes. Im folgenden werde ich die Aussagen der Stamokap-Theorie zum Monopol skizzieren. Verschiedene Autoren haben die Konstrukte der Stamokap-Theorie einer ausführlichen Kritik unterzogen (1).

Nach HEININGER/HESS (2) ist die freie Konkurrenz in die monopolistische Konkurrenz überführt worden. Die monopolistische Konkurrenz beruhe auf der Anwendung von ökonomischer und außerökonomischer Macht und Gewalt mit dem Ziel der Produktion und Realisierung von Monopolprofit. Die freie Konkurrenz würde

---

1) Altvater, Elmar: Wertgesetz und Monopolmacht. A.a.O.
Altvater, Elmar/Hoffmann, Jürgen/Semmler, Willi: Vom Wirtschaftswunder zur Wirtschaftskrise. Ökonomie und Politik in der Bundesrepublik. Bd. 1. 2. Aufl., Berlin 1980. S. 135 ff.
Koch, Bernd: Die Geschichte des Kampfes um das Weltgeld - Geschichte des Kampfes um die Weltmarktvorherrschaft. Dissertation FU Berlin. Berlin 1980 (Anhang: "Das Monopol und die Theorie des Stamokap", S. 342 ff.)
Projekt Klassenanalyse: Stamokap in der Krise. Berlin 1975.
Wirth, Margaret: Kapitalismustheorie in der DDR. 2. Aufl. Frankfurt/Main 1973.

2) Heininger, Horst/Hess, Peter: Zur Aktualität der Leninschen Imperialismuskritik. Frankfurt/Main 1970. S. 28 ff.

untergraben, der auf dem Durchschnittsprofit beruhende Mechanismus würde untergraben, der die einzelnen Produzenten spontan den ökonomischen Gesetzen entsprechend handeln ließ und die Verteilung des Profits entsprechend der Kapitalgröße herbeiführte. An die Stelle der freien Konkurrenz und neben sie würden ökonomische und außerökonomische Macht und Gewalt der Monopole treten.

Der Profit reguliert sich demnach nicht mehr nach ökonomischen Gesetzmäßigkeiten; der Monopolprofit - so FRED OELSSNER - ist "ein riesiger Tribut, den das Finanzkapital der gesamten Gesellschaft auferlegt" (1). Er bezeichnet sogar den Versuch, den Monopolprofit des Finanzkapitals aus rein ökonomischen Gesetzen erklären zu wollen, als "hoffnungslos" (2). Das Monopolkapital hat - so JÖRG HUFFSCHMIDT - die Fähigkeit, sich der Überproduktionskrise zu entziehen, indem es sich Profite von nichtmonopolisierten kleinen und mittleren Kapitalen zwangsweise aneignet (3).

Die Stamokap-Theoretiker konstatieren einerseits, daß der Imperialismus Fäulnis und Stagnation bedeutet, sich die Monopole vor allem bereichern, indem sie nichtmonopolisierten Bereichen Tribut auferlegen; andererseits stellen sie fest, daß nämlich auch und gerade die großen Unternehmen akkumulieren und die Produktivität fortentwickeln. Sie lösen diesen Widerspruch in ihrer Argumentation mit der Behauptung auf, daß die 'Systemkonkurrenz' zwischen dem 'sozialistischen Lager' und der imperialistischen Welt letztere von außen zur Weiterentwicklung der Produktivkräfte vermittels der 'technisch-wissenschaftlichen Revolution' zwinge (4).

1) Oelßner, Fred: Beitrag zur Monopoltheorie. In: Probleme der politischen Ökonomie. Band III. Berlin (DDR) 1960. S. 88.
2) ebd., S. 89.
3) Huffschmidt, Jörg: Begründung und Bedeutung des Monopolbegriffs in der marxistischen Ökonomie. In: Zur Theorie des Monopols - Staat und Monopole (I). Argument-Sonderband 6. Berlin 1975. S. 141 ff.
4) Braunsdorf/Löffler: Kapitalbegriff und Monopol. Berlin 1976. S. 141 ff.

In der Stamokap-Theorie wird der Vergesellschaftungsprozeß auf die Konzentration und Zentralisation des Kapitals verengt (1), wobei aber die Konzentration und Zentralisation nur ein Moment der Kapitalakkumulation ist. Auch zeitweilig entstehende Monopole können sich den Reproduktionsbedingungen nicht entziehen. Der Aneignung von Monopolprofit - als Extraprofit, der über einen gewissen Zeitraum erhalten bleibt - sind stofflich und in der Fähigkeit der Machtpreissetzung Grenzen gesetzt. Die Vergesellschaftung der Produktion wirkt dahingehend, zeitweilige Monopolprofite zu verallgemeinern. Das Konzept eines dauerhaften Monopolprofits und einer hierarchischen Struktur der Profitraten läßt unberücksichtigt, daß über den Mechanismus des Durchschnittsprofits sich große Kapitale über den Preismechanismus Teile des Profits kleiner Kapitale aneignen. Dieser Mechanismus sowie die Fähigkeit, größere Profitmassen zu produzieren und zu mobilisieren, haben zur Folge, daß größere Kapitale eine höhere Investitionskraft besitzen und darum auch stetiger akkumulieren können und darüber die Konzentration und Zentralisation beschleunigen. Im strengen Sinne kann von einer 'Monopoltheorie' nicht die Rede sein, weil diese Erscheinungen der Kapitalakkumulation inhärent sind. Man kann nur von ihr sprechen, wenn man - wie die Stamokap-Theorie - von der Ablösung des 'Konkurrenzkapitalismus' durch den 'Monopolkapitalismus' ausgeht, der nicht mehr durch ökonomische Gesetze, die in der Konkurrenz exekutiert werden, reguliert wird, sondern durch außerökonomische Macht und Gewalt.

Untersuchungen über den Zusammenhang zwischen Größenklassen von Unternehmen und Profitraten haben bisher keinen Beweis über das Vorhandensein einer vorherrschenden Monopolprofitrate erbracht (2).

---

1) Siehe dazu:
Altvater/Hoffmann/Semmler: A.a.O. S. 150 ff.

2) ebd., S. 148 ff.
Siehe dazu auch Kapitel 2.1.1.

Die Stamokap-Theoretiker formulieren eine allgemeine Theorie der Bankenentwicklung (1), die durch folgende Strukturmerkmale des Imperialismus gekennzeichnet werden:

a) Die Monopolisierung des Bankwesens wird als gegeben vorausgesetzt. Gegenstand ihrer Untersuchungen sind dann nur noch die 'Monopolbanken' (2), die als finanzkapitalistische Machtzusammenballungen definiert werden. CASPAR SCHIRMEISTER sieht die finanzkapitalistische Macht in der BRD in fünf Monopolbanken konzentriert, die "ungeheure Profite" machen. Warum nur fünf und nicht mehr, bleibt im Dunkeln. Ebenfalls wird ein Vergleich zu anderen Banksektoren, z.B. um die Monopolstellung dieser fünf Banken zu belegen, nicht gezogen. Der Beweis für die "ungeheuren Profite" steht gleichfalls auf schwachen Beinen. Das 'Betriebsergebnis' der fünf Banken wird umstandslos in Profit transformiert und die Beweiskraft des Arguments lediglich durch die Höhe der Summe nahegelegt.

b) Das Finanzkapital stellt sich heute in einer Reihe von Gruppen miteinander verflochtener Industrie-, Bank- und anderer Monopole dar (3). Diese Finanzgruppen seien die Zentren des Finanzkapitals und stellten eine qualitativ neue Stufe der Monopolisierung des Kapitals dar im Vergleich zu Kartellen und Konzernen. In den USA bestünden 25 solcher Finanzgruppen, in Großbritannien und Frankreich je

---

1) Grundlagen und Formen der Herrschaft des Finanzkapitals. IPW-Forschungshefte. Band 3/1974. Berlin (DDR) 1974. Hummel, G.: Zur Rolle der Banken im Imperialismus. In: Wirtschaftswissenschaften. Berlin 1972. S. 1503 ff. Usoskin, W.M./Chesin, E.S./Shenajew, W.N./Judanow, J.I.: Finanzkapital und Finanzoligarchie im heutigen Kapitalismus. In: IPW-Berichte. Heft 10/1973. S. 7 ff.

2) Schirmeister, Caspar: Profitquellen von BRD-Monopolbanken. In: IPW-Berichte, Heft 13/1973. S. 46 ff.

3) Usoskin et al: A.a.O. S. 8 f.

15 und in der BRD und Japan je 10. Die Konkurrenz zwischen diesen Finanzgruppen sei zwar eingeschränkt, die Großbanken, die über den Kredit eine "allseitige Kontrolle" ausüben würden, hätten sämtliche Fäden in der Hand. Zwischen den Banken würden immer engere Interessen entstehen (1). Das gemeinsame Profitinteresse veranlasse sie, sich über Aufteilung der Quoten in Bankenkonsortien zu verständigen. Die zur Vereinigung strebenden Großbanken würden auch den Anstoß für die Zusammenarbeit und schließlich Fusion rivalisierender Kapitalgruppen geben.

GOSSWEILER stützt seine Fraktionstheorie in seiner Untersuchung über Ökonomie und Politik in Deutschland der Weimarer Jahre ausschließlich auf Äußerungen führender Vertreter der Banken und der Industrie, anstatt die materiellen Verwertungsbedingungen dieser Industrien, ihre Veränderungen und ihr Gewicht zueinander genauer zu untersuchen.

Die "Allmacht des Finanzkapitals" (2) wird von einer Handvoll Finanzoligarchen ausgeübt, den Spitzen der Bank- und Industriemonopole. Wirtschaftsgeschichte wird reduziert auf die Machenschaften der Abs, Klasens usw. (3).

GOSSWEILER stellt die interessante und gemäß seiner Logik zweifellos konsequente Frage, warum die Großbanken nicht schon längst zu einer einzigen Großbank zusammengeschlossen seien (4). Der universelle Charakter ihrer Geschäftstätigkeit und geringere Hemmschwellen in der Zentralisation des Kapitals gegenüber der

---

1) Gossweiler, Kurt: Großbanken - Industriemonopole - Staat. Ökonomie und Politik des staatsmonopolistischen Kapitalismus in Deutschland 1914-1932. Berlin (DDR) 1971. S 37.

2) Usoskin et al: A.a.O. S. 8.

3) Der Imperialismus in der BRD. Hrsg. vom Institut für Gesellschaftswissenschaften beim ZK der SED. Frankfurt/Main 1971. S. 151 ff.

4) Gossweiler, Kurt: A.a.O. S. 37.

Industrie lege diesen Schluß nahe. GOSSWEILER beantwortet seine Frage dahingehend, daß jede Großbank durch ihre Vergangenheit geprägt sei und die geschäftlichen Schwerpunkte ihrer Jugendzeit bis in die Gegenwart hineinwirken würden. Deshalb seien die von einzelnen Großbanken verfochtenen Interessen nicht deckungsgleich mit dem monopolistischen Gesamtinteresse, wenngleich sie sich diesem viel stärker annähern würden als ein beliebiger Industriekonzern.

Diese Antwort offenbart das theoretische Dilemma der Stamokap-Theoretiker, das konsequent weitergedacht zum 'Generalkartell' HILFERDINGS führen muß. Die Stamokap-Theorie hält einer Prüfung ihrer theoretischen Grundlagen nicht stand. Ihre Monopoltheorie steht im Widerspruch zur kapitalistischen Wirklichkeit. Bezüglich der Banken beansprucht sie eine allgemeine Theorie zu haben. Die Empirie wird auf die theoretischen und politischen Bedürfnisse zurechtgestutzt. Die Banken sind Monopolbanken, Finanzgruppen beherrschen die Gesellschaft. Die Macht des Finanzkapitals wird auf die Allmacht weniger Personen, die die 'Kommandohöhen der Wirtschaft' besetzen, reduziert.

1.4. JÜRGENS/LINDNER: ZUR FUNKTION UND MACHT DER BANKEN

Der Aufsatz "Zur Funktion und Macht der Banken" (1) ist von ULRICH JÜRGENS und GUDRUN LINDNER 1974 veröffentlicht worden. Er ist in neuerer Zeit die einzige marxistische, nicht Stamokap-orientierte Arbeit, der sich mit zentralen Fragestellungen des Bankwesens beschäftigt.

Die Autoren weisen darauf hin, daß die Banken im Kontext gesellschaftlicher Herrschaftsstrukturen bisher kaum untersucht worden seien. Seit Erscheinen ihres Aufsatzes ist die Monopolkommission in mehreren ihrer Hauptgutachten auf Konzentrationsbewegungen im Bankwesen eingegangen (2). 1979 hat die Studienkommission "Grundsatzfragen der Kreditwirtschaft" ihren Bericht vorgelegt (3). Im Kapitel 2.4. werde ich der Frage nachgehen, ob diese Gutachten die bis dahin vorhandene Forschungslücke haben schließen können. JÜRGENS/LINDNER gehen davon aus, daß die marxistische Literatur über Banken weitgehend am Kernproblem vorbeigegangen sei. Dieses bestünde nicht in einer etwaigen Machtzusammenballung bei den Banken qua Aufsichtsratsmandaten und Aktienbesitz. Die Rolle der Banken müsse aus der Funktion des Kredits in der kapitalistischen Gesellschaft abgeleitet werden. Ihre Hauptthese ist, daß die Banken zwar einerseits über abstrakten Reichtum verfügen, andererseits aber die Verfügungsgewalt über diesen Reichtum durch die Kapitalbewegung bestimmt ist und letztlich dem Willen der Banken entzogen ist. Bezüglich des Verhältnisses zwischen Banken und Industrie meinen sie, daß die Banken die Entscheidungen der Industrieunternehmen bezüglich deren Geschäftspolitik, wie sie den Mehrwert realisieren und akkumulieren, nicht kontrollieren können.

---

1) Jürgens, Ulrich/Lindner,Grudrun: A.a.O.

2) Monopolkommission: Hauptgutachten I. A.a.O.
Dies.: Hauptgutachten II. A.a.O.

3) Bericht der Studienkommission - Grundsatzfragen der Kreditwirtschaft. A.a.O.

Dadurch daß sie die grundlegenden ökonomischen Prozesse registrieren und vermitteln würden, entstünde der Schein, daß sie auch diese Prozesse regulieren und kontrollieren würden. Die These von der wachsenden Kreditabhängigkeit des industriellen Kapitals von den Banken sei durch die steigende 'Selbstfinanzierung', d.h. der Akkumulation aus eigener Mehrwertmasse, zunichte gemacht worden. Gleichfalls habe die Außenfinanzierung großer Kapitalgesellschaften durch Aktienemission an Bedeutung verloren, damit sei auch der Gründergewinn als Profitquelle der Banken heute nahezu ohne Bedeutung. Strukturmerkmal des modernen Kapitalismus sei viel eher die Bezuschussung der großen Kapitale durch den Staat. Die Unabhängigkeit der Industrie von den Banken über eine hohe Eigenfinanzierung würde durch die Möglichkeit für Industrieunternehmen, auf ausländische Geldmärkte auszuweichen, bestärkt. Weiterhin würden sich die Unternehmen zunehmend gegenseitig kreditieren (Lieferantenkredit) und nicht nur als Schuldner der Banken, sondern gleichfalls als Gläubiger den Banken gegenübertreten.

Gegen das Argument, die Banken würden über Aufsichtsratsmandate bei Aktiengesellschaften Industrieunternehmen kontrollieren, führen die Autoren an, daß der Aufsichtsrat einer AG tatsächlich die ihm vom Aktiengesetz zugeschriebene Rolle als Kontrollorgan gar nicht ausfüllen könne. Das tatsächliche Entscheidungszentrum sei der Geschäftsvorstand, der aufgrund einer detaillierten Kenntnis sämtlicher Geschäftsvorgänge am längeren Hebel sitze. Die Hauptfunktion des Aufsichtsrates bestehe dagegen darin, das Unternehmen über alle Faktoren, die von außen auf das Unternehmen wirken, wie Konjunktur, spezifische Lage der Abnehmer usw., zu informieren.

Soweit die Banken Abhängigkeitsverhältnisse installieren könnten, geschehe dies über den Kredit und nicht über Personenbeziehungen. Die Entscheidungen, die die Unternehmen treffen müßten, seien im wesentlichen objektiv, d.h. durch die jeweiligen Verwertungsverhältnisse bestimmt. Die Autoren wenden sich gegen die These von der höheren Rationalität des Bankwesens, wie sie explizit von

ANDREW SHONFIELD thematisiert wurde (1). Dieser Schein entstünde dadurch, daß die Banken einen unmittelbaren Einblick in alle Branchen hätten und eine unmittelbare Sanktionsmöglichkeit gegenüber ihren Schuldnern in Form der Kreditverweigerung. Einer Gestaltung und 'Organisierung' des Kapitalismus seien aber den Banken von zwei Seiten mehr oder weniger enge Grenzen gezogen. Zum einen hätten sich die Industrieunternehmen gegenüber ihren Geldgebern über hohe Eigenfinanzierung und Finanzierungsmöglichkeiten im Ausland emanzipiert. Zum anderen seien die Banken selber Kapitale, die in Konkurrenz zueinander stünden. Die Kehrseite der Rationalität, nämlich Schwindel und Spekulation, offenbare sich in der Krise, wenn Banken ihre Bonitätsanforderungen heruntersetzen würden und damit Krisen bestimmter Industrien (wie der Bauindustrie) befördern und sich selber mit in die Krise ziehen lassen würden. Aus 'Kommandohöhen der Wirtschaft' würden sie dann spätestens selber zu Objekten der Krise. Die Autoren bemerken, daß alle Argumentationen (wie die HILFERDINGS) das Element der Konkurrenz unter den Banken geringschätzen und stattdessen die Einheitlichkeit und Organisiertheit des Bankkapitals betonen würden, das dann seinen Ausdruck in der Bezeichnung 'Bankapparat' finden würde.

Abschließend und zusammenfassend bemerken die Autoren, daß die Macht der Banken, wie sie von HILFERDING und seinen Nachfolgern behauptet wurde, in Zweifel zu ziehen ist. Die Banken seien heute kaum anders als Vermittler des Kredits einzuschätzen. Darum sei die Wirkung einer Nationalisierung der Banken bezüglich einer Kontrolle und Planung der Wirtschaft gering zu bewerten.

JÜRGENS/LINDNER beanspruchen nicht, eine ausgefeilte Theorie über die Funktion und Rolle der Banken zu liefern, sondern auf Grundlage vorhandenen Materials Fragestellungen zu entwickeln, die durch theoretisch fragwürdige Erklärungsversuche wie die These vom Finanzkapital bisher zumindestens zugedeckt wurden. Ich gehe an dieser Stelle nicht auf ihre Fragestellungen weiter

---

1) Shonfield, Andrew: Geplanter Kapitalismus. Köln/Berlin 1968

ein, weil sie sich im großen und ganzen mit den Fragestellungen dieser Arbeit decken. Zu bemerken ist, daß das von ihnen herangezogene empirische Material für eine abschließende bzw. fundierte Beurteilung nicht ausreichend ist. Damit ist aber auch das Forschungsprogramm formuliert.

1.5. DER KREDIT IM SYSTEM DER KRITIK DER POLITISCHEN ÖKONOMIE

Gegenüber der Theorie über das 'Finanzkapital', die von RUDOLF HILFERDING entworfen wurde und heute von den Theoretikern des staatsmonopolistischen Kapitalismus vertreten wird, erscheinen die Ausführungen von MARX über das Kreditwesen wenig konkret.

Die mangelnde Konkretion hat methodische und inhaltliche Gründe, die aus dem Charakter des Kredits in der kapitalistischen Produktionsweise resultieren (1). MARX führt im 'Kapital' dazu aus, daß die eingehende Analyse des Kreditwesens und der Instrumente, die es sich schaffe, außerhalb seines Planes läge. Es seien darum nur einige wenige Punkte hervorzuheben, die zur Charakterisierung der kapitalistischen Produktionsweise notwendig seien (2). Es komme nur darauf an zu zeigen, daß die Entwicklung des Kapitals selber zur Spaltung des Mehrwerts in industriellen Profit und Zins und zur Verselbständigung des Zinses gegen den Profit führen müsse (3). MARX leitet die Möglichkeit des Kredits aus der inneren Bewegung des Kapitals ab. Der Kredit bleibt aber nicht nur Möglichkeit. Im Reproduktionsprozeß des Kapitals wird der Kredit zur Notwendigkeit. Es ist die Wahrung der Kontinuität des Produktionsprozesses ohne die Vermittlung durch den Kredit undenkbar. Mit der Entwickeltheit der kapitalistischen Produktionsweise nimmt auch die Notwendigkeit des Kredits für ihr Funktionieren zu. Das Kreditwesen vermag zwar, Schranken der kapitalistischen Produktion zeitweilig zu überwinden, indem z.B. Unternehmen über ihre eigene Akkumulationsfähigkeit hinaus Geldkapital über den Kredit zur Verfügung gestellt wird, der Kredit bleibt aber seiner Grundlage, der Akkumulation des industriellen Kapitals, verhaftet (4). Nicht

---

1) Siehe dazu:
Rosdolsky, Roman: Zur Entstehungsgeschichte des Marxschen 'Kapital'. Band II. Frankfurt/Main 1969. S. 450 ff.

2) MEW 25, S. 413.

3) ebd., S. 120.

4) Marx, Karl: Grundrisse. A.a.O. S. 443 ff.

der Kredit schafft den Reichtum, er vermittelt lediglich die Zirkulation. Darum ist der Kredit auch abhängig von der Akkumulation des produktiven Kapitals, wenn es auch häufig den Anschein hat, daß sich das Kreditwesen von seiner materiellen Grundlage lösen könnte.

Für die Ausgestaltung des Kreditwesens läßt sich daher auch keine allgemeine Gesetzlichkeit entwickeln. Die grundlegenden Fehler der Theorie vom 'Finanzkapital' liegen darin, erstens eine allgemeine Theorie der Entwicklung des Bankwesens zu behaupten und zweitens dieser Entwicklung des Bankwesens systemverändernde Wirkungen zuzuschreiben. HILFERDING verengt den historischen Gang der kapitalistischen Entwicklung auf die Konzentration des Kapitals, die notwendig die Konkurrenz durch das Monopol ersetze. Initiatoren dieses Prozesses seien die Banken, die das Resultat selber vorwegnehmen würden. Als Ausgangspunkt dieser Bewegung würden sich die Monopolbanken zu Beherrschern der Industrie aufschwingen. HILFERDING revidiert die Marx'sche Theorie grundlegend, indem er die Zirkulationssphäre gegenüber der Produktion verselbständigt. Denn nur darüber läßt sich überhaupt die einseitige Wirkungsweise der Banken auf die Industrie begründen. HILFERDINGS Konzept ist nicht nur theoretisch fragwürdig. Seine empirischen Befunde und Belege beziehen sich auf Erscheinungen in der kapitalistischen Entwicklung Deutschlands um die Jahrhundertwende. Diese Erscheinungen, ein hoher Konzentrationsgrad der Banken bei Dominieren weniger Großbanken und zeitweiliges Aufherrschen ihrer Sonderinteressen gegenüber bestimmten Industriezweigen, ist der besonderen Situation dieser Wirtschaft in einem besonderen Zeitabschnitt - oder anders ausgedrückt - den besonderen Akkumulationsbedingungen des Kapitals im Reichsdeutschland dieser Zeit geschuldet. Der Vergleich zur Entwicklung anderer kapitalistischer Länder sowie zur Folgezeit widerspricht der Verallgemeinerbarkeit der Thesen HILFERDINGS.

Die Theorie über das 'Finanzkapital' ist in der Theorie des staatsmonopolistischen Kapitalismus (Stamokap) ausformuliert worden. Die Prämissen HILFERDINGS, das Monopol als Strukturmerkmal gegenüber der Konkurrenz und die Dominanz des Bankkapitals über die übrige Wirtschaft in Gestalt des Finanzkapitals, sind mit Modifikationen übernommen worden. An die Stelle der in der Konkurrenz wirkenden Gesetze tritt die ökonomische und außerökonomische Macht und Gewalt der Monopole. Dieses Konzept verengt die empirischen Untersuchungen. So ist z.B. nur noch von Bankmonopolen die Rede; die Banken werden nicht mehr als Einzelunternehmen, als Kapitale, gefaßt; stattdessen ist nur noch vom Bankapparat, an deren Spitze die Bankmonopole stehen und diesem Apparat vorstehen, die Rede. Herrschaftsverhältnisse als einseitiges Einwirken dieser Bankmonopole auf die übrige Wirtschaft werden mit personellen Verflechtungen (z.B. über Aufsichtsratsmandate) oder durch Einzelfälle, die verallgemeinert werden, begründet.

Die Theorie über das Finanzkapital ist theoretisch fragwürdig; ihre Prämissen verhindern eine Untersuchung des Verhältnisses zwischen Banken und Industrie, indem sie dieses Verhältnis a priori als einseitige Wirkungsweise definieren und zum Dogma erklären.

Ebensowenig wie Monopolisierungstendenzen als Ablösung der Konkurrenz durch das Monopol zu bewerten sind und darum auch nicht die Überführung der Marx'schen Kapitalismusanalyse in eine allgemeine 'Monopoltheorie' begründen können, kann eine allgemeine 'Banktheorie' begründet werden, die beansprucht, ein Gesetz über die Bankenentwicklung, verstanden als historische Notwendigkeit, zu formulieren.
Eine eigenständige Theorie über die Banken als Beschreibung und Verallgemeinerung der Wirklichkeit muß mit dieser in Konflikt geraten, weil die Banken nicht als selbständige Wirtschaftssubjekte, die von sich aus den von ihnen scheinbar abhängigen Objekten ihren Willen aufherrschen können, fungieren.

Die kapitalistische Entwicklung vollzieht sich als Prozeß zunehmender Vergesellschaftung, wenn auch dieser Prozeß nicht bruchlos verläuft. Das Kreditwesen befördert die Vergesellschaftung, obgleich es in bestimmten Konjunkturkonstellationen auch Krisen beschleunigt. Dieser Prozeß bewirkt Veränderungen bei den institutionellen Trägern des Kreditwesens, den Banken. Es ist jedoch falsch, diese Veränderungen - wie es in der Finanzkapital-These formuliert wird - als die Konstituierung neuer Herrschaftsverhältnisse zu begreifen. So ist es verkürzt, die Expansion des sog. Mengengeschäfts nur auf das Streben der Banken nach Höchstprofit zu reduzieren. Vielmehr kommt darin auch zum Ausdruck, daß der Konsumtionsfonds der Lohnabhängigen in Ansätzen in einen gesellschaftlichen Konsumtionsfonds überführt wird, der in Grenzen die private Beschränktheit aufhebt. Dieser Prozeß vollzieht sich im Rahmen des kapitalistisch organisierten Kreditsystems, das wiederum diesen Prozeß mitprägt, ihn also steuert bzw. versucht zu steuern nach eigenen Rentabilitätsgesichtspunkten.

Die Frage nach der Rolle der Banken, ihrem Verhältnis zur Industrie, muß von der marxistischen Theorie neu beantwortet werden. Die Kritik vorherrschender theoretischer Konzeptionen - wie die Theorie des staatsmonopolistischen Kapitalismus - ist notwendig, um den Weg für Forschungsfragestellungen wieder frei zu machen. Sie ist ebenso notwendig in Hinblick auf die politisch bestimmte Auseinandersetzung über die Rolle der Banken, da die dort vorhandenen Positionen aus Forschungsergebnissen gespeist werden, auch wenn sich deren Prämissen als obsolet herausstellen. Der in dieser Arbeit entwickelte Ansatz schließt die Kritik vorhandener Konzepte - vor allem der Finanzkapital-These - ein. Eine ihrer grundlegenden Konstruktionen ist die Behauptung, daß der Bankensektor Monopolstrukturen aufweisen würde. Diese angenommene Monopolstellung ermögliche den (Monopol)Banken überhaupt nur, ihre Macht gegenüber anderen Wirtschaftsbereichen auszuüben. Diese Position ist theoretisch nicht haltbar. Sie bedarf aber auch der empirischen Widerlegung. Positiv soll dargestellt werden, daß sich die Strukturveränderungen im westdeutschen Bankwesen nicht auf Konzentrationsbewegungen reduzieren lassen, wobei noch fragwürdig ist, ob eine zunehmende

Konzentration und Zentralisation des Kapitals nicht unter Umständen die Konkurrenz entfalten. Die Strukturveränderungen beziehen sich auf das Vordringen einzelner Bankengruppen in bisher für sie fremde Geschäftsbereiche. Dieser Prozeß ist m.E. treffend mit dem Begriff der Universalisierung der Banken beschrieben worden.

Im zweiten Teil dieses Kapitels werde ich die Profitentwicklung der westdeutschen Banken behandeln. Von Seiten der Finanzkapital-These wird ja behauptet, daß die Monopolbanken aufgrund ihrer Dominanz einen überdurchschnittlichen Profit (Monopolprofit) auf sich ziehen können. Fragwürdig ist dieser Ansatz schon deshalb, weil er den Bankensektor als ein Bankkapital auffaßt, wobei ausgehend von einer kleinen Zahl von 'Monopolbanken' Schlußfolgerungen gezogen werden. Erstens aber müssen die Banken, in betriebswirtschaftlicher Sicht, als Einzelunternehmungen unsucht werden. Zweitens gibt es Hinweise darauf, daß sich die Spitzenbanken, gemessen an ihrer Geschäfts- und Rentabilitätsentwicklung, keineswegs als homogene Gruppe darstellen. Drittens führt dieser Ansatz zum Ausschluß wichtiger Bankengruppen, Institutsgruppen, also Banken gleichen Typs wie z.B. die Genossenschaftsbanken, die möglicherweise Monopolisierungstendenzen entgegenwirken.

Die Darstellung der Profitentwicklung der Banken kann auch Aufschluß geben über die Zyklusabhängigkeit der Banken, d.h. ihrem Bezug zur Kapitalakkumulation.

Der Zins ist Teil des industriellen Profits und die Hauptquelle des Bankiersprofit (an dieser Stelle soll davon abgesehen werden, daß der Zins auch aus anderen Kreditbereichen wie z.B. der Staatsschuld bezogen wird). Das Teilungsverhältnis bestimmt sich im wesentlichen aus Angebot an und Nachfrage nach Leihkapital. Angebot an und Nachfrage nach Leihkapital sind Variable der Kapitalakkumulation. Nach der Finanzkapital-Theorie vermögen die Banken, einen immer größeren Teil des industriellen Profits als Zins sich anzueignen. Auch in dieser Argumentation bleibt, abgesehen von den falschen Prämissen, die Zyklizität der Kapitalakkumulation außer Betracht. Einschränkend muß festgestellt werden, daß aus methodischen wie aus inhaltlichen Gründen ein Vergleich der Entwicklung der gesellschaftlichen Zinsrate, woraus der Bankiersprofit zu extrapolieren wäre, und der gesellschaftlichen industriellen Profitrate nicht möglich ist. ALTVATER/HOFFMANN/SEMMLER, die bisher im deutschen Sprachraum die fundiertesten Ergebnisse einer Profitratenberechnung vorgelegt haben (1), beschränken sich auf die Darstellung branchenbezogener Profitraten auf der Grundlage gesamtwirtschaftlicher Daten, wobei die Rentabilitätsentwicklung als Indikator der Profitratenentwicklung herangezogen wird. In diesem Bezugsrahmen ist aber ein Vergleich zur Zinsrate nicht möglich. Ausgehend von der Gewinnentwicklung der Banken können zur Zeit lediglich Hinweise auf die Beziehung zwischen Zins- und Profitentwicklung gegeben werden.

Bezüglich des Verhältnisses zwischen Banken und Industrie sind die Kreditbeziehungen von ausschlaggebender Bedeutung. Als Indikator dieser Beziehungen wird die Selbst- bzw. Fremdfinanzierungsrate der Unternehmen benutzt. Eine abnehmende Eigenfinanzierungsrate der industriellen Unternehmen scheint auf eine stärkere Abhängigkeit von den Banken hinzuweisen. Jedoch muß diese Argumentation aus verschiedenen Gründen einer kritischen Prüfung unterzogen werden. Denn erstens weist die Eigenfinanzierungsquote einen zyklischen Verlauf auf. Zweitens differiert diese Rate zwischen den Größenklassen, Branchen und Einzelunternehmungen stark. Drittens muß das Finanzierungsverhalten der Unternehmen, z.B. die Bildung von Bankeneinlagen, Berücksichtigung finden. Viertens muß die Art und Weise der Fremdfinanzierung untersucht werden; um welche Kredite handelt es sich? Denn die Unternehmen verschulden sich zum Beispiel über Lieferantenkredite untereinander; große Unternehmen haben und nutzen die Möglichkeit, sich im Ausland oder direkt an internationalen Finanzmärkten zu verschulden. Fünftens treten die Banken dem Unternehmenssektor

---

1) Altvater/Hoffmann/Semmler: A.a.O. S. 84 ff.

nicht als monolithischer Block gegenüber. Diese Fragen thematisieren gleichzeitig Fragestellungen für die Untersuchung. In diesem Zusammenhang muß nachgefragt werden, ob die - jedenfalls der Tendenz nach - steigende Fremdfinanzierungsrate nicht Ausdruck der Vergesellschaftung ist in der Weise, daß die Kapitale als Einzelunternehmungen die Grenzen ihrer eigenen Akkumulationsfähigkeit aufheben und sich zunehmend tatsächlich auf das Gesamtkapital beziehen, real Teil dessen werden.

Ungeklärt sind die Ursachen für die zunehmende Fremdfinanzierung der Unternehmen. Zu prüfen ist, ob sie Ausdruck der abnehmenden Rentabilität mit der Wirkung verminderter Akkumulation, abnehmender Wachstumsraten, ist. Die Überakkumulation von Kapital muß dazu nicht in Widerspruch stehen, denn erstens vollzieht sie sich periodisch und kann unter Umständen ihren Ausdruck in verstärkter Einlagenbildung finden, und zweitens kann eine starke Verschuldung einhergehen mit Überreichlichkeit an Kapital, das ja nicht nur in flüssiger Form vorhanden ist, sondern in Warenform gebunden sein kann. Darüberhinaus sind die Bankkredite an Unternehmen teilweise langfristig verliehen und darum auch in Perioden hoher Liquidität den Unternehmen nicht aufkündbar oder numerisch gegen Einlagen aufzurechnen.

Die von MARX formulierte Vergesellschaftungswirkung des Kredits soll an einzelwirtschaftlichen Vorgängen erläutert werden. Die konkrete Beziehung zwischen Banken und Industrie- bzw. Handelsunternehmen entzieht sich in der Regel dem Einblick der Öffentlichkeit. Eine Verallgemeinerung öffentlich bekannt gewordener Fälle führt schnell zu Trugschlüssen, weil gerade diese Fälle häufig spektakulär sind und der Normalfall unbeachtet bleiben muß. Die gegenteilige Schlußfolgerung führt aber dazu, nur Möglichkeiten des Einwirkungsvermögens der einen oder anderen Seite zu formulieren und auf Aussagen zu verzichten. Dieses Dilemma, das sich in Forschungslücken offenbart, ist nicht vollständig aufzulösen. Ob Schlußfolgerungen aus Fallstudien richtig, d.h. wahrheitsgetreu, sind oder nicht, entscheidet nicht der Fall sondern die Prämissen. Die Auseinandersetzung um den krisengeschüttelten AEG-Telefunken-Konzern belegt nicht die Autonomie-These über die Banken. Vielmehr ist zu fragen, welche objektiven Schranken sind den Banken, auch wenn sie vermittels Beteiligungen und Kreditierung einen dominierenden Einfluß auf die Geschäftspolitik eines Unternehmens haben, gezogen. Dieser Fall begründet Zweifel an der Rationalitäts-These über die Banken.

In einem anderen Fall, der Übernahme Neckermanns durch die Karstadt AG, an der Banken federführend beteiligt waren, stellt sich die Frage, ob die Banken nicht in bestimmten Fällen Exekutoren der Vergesellschaftung sind, auch wenn dieser Prozeß reguliert wird über den Zins. Deutlich wird daran, daß die beteiligten Banken ihr Handeln nicht allein durch eigene Rentabilitätserwägungen haben leiten können, sondern sich Konzentrations- und Zentralisationsbewegungen aus der Akkumulation des Kapitals notwendig ergeben. Auch ist zu fragen, ob die beteiligten Banken einheitlich aufgetreten sind oder ob die Konkurrenz zwischen den Banken gemeinsame Interessen überlagert hat. Das Engagement der Großbanken im Kaufhausbereich hat in der Vergangenheit häufig Stoff für die Diskussion über die 'Macht der Banken' abgegeben. Diese Sichtweise, die von einem autonom bestimmten und einseitig wirkenden Handeln der Banken ausging, mußte in jüngster Zeit durch den teilweise schon vollzogenen Rückzug der Großbanken aus diesem Bereich, jedenfalls bezüglich ihres Beteiligungsbesitzes, in Erklärungsschwierigkeiten geraten.
Ebenfalls vielgestaltig stellt sich das Verhältnis zwischen den Banken und den Klein- und Mittelunternehmen dar. Denn einerseits sind die Banken nicht unbeteiligt an der Konkurswelle in diesem Größenbereich, andererseits aber wird dadurch ein Teil besonders lukrativer Kundschaft beseitigt. Auch in diesem Bereich läßt sich die Beziehung zwischen den Banken und ihren Kunden nicht auf ein Beherrschungsverhältnis reduzieren.

Mitte der 70er Jahre ist die Monopolkommission eingerichtet und beauftragt worden, u.a. die Konzentration im Bankensektor und deren Auswirkungen auf andere Wirtschaftsbereiche zu untersuchen.

Zur gleichen Zeit wurde vom Bundesfinanzminister die Studienkommission 'Grundsatzfragen der Kreditwirtschaft' einberufen, um in Hinblick auf ein geplantes KWG-Änderungsgesetz u.a. die Industriebeziehungen der Banken auf möglicherweise vorhandene Beherrschungshinweise zu prüfen. Die Untersuchungsergebnisse beider Kommissionen liegen vor. Es soll hinterfragt werden, ob ihre Ergebnisse neue Erkenntnisse bezüglich der Fragestellungen dieser Arbeit eröffnen.

2. DAS VERHÄLTNIS ZWISCHEN BANKEN UND NICHTBANKENUNTERNEHMEN

2.1. ZENTRALISATION UND PROFITENTWICKLUNG IM WESTDEUTSCHEN BANKENSEKTOR

2.1.1. KONZENTRATION UND ZENTRALISATION IM BANKENSEKTOR

In der Finanzkapital-Theorie werden die Banken als ein Bankkapital aufgefaßt, das monopolistisch strukturiert ist. Die Macht der Banken gegenüber anderen Wirtschaftssektoren wird hergeleitet aus dem Vermögen der Banken, als Monopol, als einheitliches Ganzes der übrigen Wirtschaft gegenübertreten zu können. Ich habe im vorherigen Abschnitt nachgewiesen, daß dieses Theorem in sich nicht haltbar ist. Im folgenden soll empirisch untersucht werden, wie sich heute im westdeutschen Bankenwesen die Konkurrenzverhältnisse gestalten.

In der Kritik der Politischen Ökonomie wird zwischen Konzentration und Zentralisation des Kapitals unterschieden. Unter 'Konzentration' wird die Anhäufung der gesellschaftlichen Produktionsmittel in den Händen einzelner Kapitalisten verstanden, unter 'Zentralisation' die Zusammenfassung bereits bestehender Einzelkapitale zu größeren Kapitaleinheiten. Die Konzentration ist unmittelbare Folge der Akkumulation. Das Wachsen des gesellschaftlichen Kapitals vollzieht sich im Wachstum vieler individueller Kapitale. Die Akkumulation beinhaltet einerseits die Konzentration der Produktionsmittel in den Händenen vorhandener Kapitale, wie sie andererseits auch auch das Moment der Repulsion, der Entstehung neuer Kapitale und ihrer Zersplitterung enthält. Währenddessen beinhaltet die Zentralisation nur eine andere Verteilung bereits vorhandener und funktionierender Kapitale. Das Kapital wird in wenigen Händen zentralisiert, indem es an anderen Stellen der Verfügung einzelner Kapitalisten entzogen wird. Hebel der Zentralisation sind die Konkurrenz und auch der Kredit.

In der Konzentrationsforschung wird die Kapitalkonzentration in Hinblick auf die Fähigkeit zur Ausübung von Macht untersucht. Konzentration wird verstanden als Ballung von wirtschaftlichen oder wirtschaftlich relevanten Größen einschließlich der Verfügungsmacht über Produktionsfaktoren (1). Macht wird - nach MAX WEBER - definiert als Möglichkeit, von anderen Wirtschaftssubjekten ein Tun oder Unterlassen gegen deren Interessen zu fordern und zu veranlassen (2).

Das wirtschaftliche Tun der Unternehmen zielt auf Gewinnmaximierung. Im Verständnis auch der vorher zitierten Konzentrationstheorie wird angenommen, daß Kapitalkonzentration die Fähigkeit zur Ausübung von Macht zum Zwecke der Realisierung von Monopolgewinnen erhöht. Auch in der marxistisch orientierten klassischen wie eher modernen Monopoltheorie wird dieser Zusammenhang als erwiesen angesehen. So stellten PETER FLIESHARDT et al die These auf, daß auch in der Bundesrepublik die Konzentration und Zentralisation zu einer Hierarchie der Profitrate geführt habe (3). Ebenfalls schließen sich die Autoren des 'Memorandum: Alternativen der Wirtschaftspolitik'

---

1) Arndt, Helmut/Ollenburg, Gunter: Begriff und Arten der Konzentration. In: Die Konzentration in der Wirtschaft. Hrsg. v. Arndt, Helmut. Schriften des Vereins für Socialpolitik. N.F. Band 20/I.2., völlig neu bearbeitete Aufl. Berlin 1971. S. 7.

2) Siehe dazu:
Weber, Max: Wirtschaft und Gesellschaft . 1. Halbband. Köln-Berlin 1964. S. 38.

3) Flieshart, Peter et al: Profitratenanalyse - Methoden und Ergebnisse. In: Aaronovitch, S. et al: Das Monopol - ökonomischer Kern des heutigen Kapitalismus. Frankfurt/Mai 1976, S. 130 ff.
Die Autoren stellen dort die These auf, daß die Monopole in der Lage seien, "aufgrund der 'Beherrschung der Bedingungen des Reproduktionsprozesses' dauerhaft eine überdurchschnittliche Profitrate zu erzielen".

dieser Argumentationsweise an (1).

Neuere empirische Untersuchungen von PETER SASS, WILLI SEMMLER und ELMAR ALTVATER/JÜRGEN HOFFMANN/CARLOS MAYA kommen zu dem Ergebnis, daß zwischen Konzentrationsgrad und Profitratendifferenzierung keine Abhängigkeit besteht (2).

SEMMLER hat (3) für das Jahr 1973 auf Grundlage der von ROLF KRENGEL veröffentlichten Daten (4) und des 1. Hauptgutachtens der Monopolkommission eine Querschnittsanalyse durchgeführt, um zu prüfen, ob erstens ein Zusammenhang zwischen Konzentration und Produktionsbedingungen besteht, ob zweitens unterschiedliche Konzentrationsgrade unterschiedliche Profitraten in den Branchen zur Folge haben und ob drittens Branchenprofitraten nicht sehr viel stärker von anderen Faktoren

---

1) Memorandum 1978: Memorandum, Altvernativen der Wirtschaftspolitik. Köln 1978:
"Es bildet sich eine Profitratenhierarchie heraus, die von wenigen Ausnahmen abgesehen, im Zeitablauf eine beachtliche Stabilität aufweist." (S. 83)
"Die Rendite nimmt mit wachsendem Konzentrationsgrad der Branche und mit wachsendem Umsatzanteil der Unternehmen innerhalb der Branche zu." (S. 84)

2) Saß, Peter: Die Untersuchung der Profitratenunterschiede zwischen den westdeutschen Industriebranchen nach dem 2. Weltkrieg. Tübingen 1975.
Ders.: Das Großkapital und der Monopolprofit - Industrielle Unternehmensgröße und Profitrate in der BRD. Hamburg 1978.
Semmler, Willi: Konzentration und Profitratendifferenzierung? Empirische Ergebnisse zur Industrie der BRD. In: WSI-Mitteilungen, Nr. 3/1980, S. 133 ff.
Ders.: Oligopoly, Differentials of Profitrates and Stagnation? The Empirical Evidence for Western Countries. In: Konjunkturpolitik, Nr. 3/1979, S. 180 ff.
Altvater, Elmar/Hoffmann, Jürgen/Maya, Carlos: Konzentration als Ursache von Profitratendifferenzen? Ein Auseinandersetzung mit der These vom positiven Zusammenhang zwischen Konzentration und Profitraten im 'Memorandum'. In: WSI-Mitteilungen, Nr. 4/1980, S. 196 ff.

3) Semmler, Willi: Konzentration und Profitratendifferenzierung. A.a.O.

4) Krengel, Rolf: Produktionsvolumen und -potential. Produktionsfaktoren der Industrie im Gebiet der Bundesrepublik Deutschland. 19. Folge. Berlin 1977.

als dem des Konzentrationsgrades geschuldet sind.

SEMMLER stellt fest, daß Branchenprofitratendifferenzen nicht von den Differenzen in den Konzentrationsgraden beeinflußt werden. Profitratenhierarchien sind aufgrund der Konzentration nicht feststellbar. Bei Berücksichtigung der Weltmarktkonkurrenz würde sich die wirkliche Höhe der Konzentrationsgrade noch weiter reduzieren und einen angenommenen Zusammenhang zwischen Konzentrationsgrad und Profitrate noch weiter abschwächen. SEMMLER stellt die These auf, daß Profitratendifferenzen eher auf unterschiedliche Produktionsbedingungen in den Branchen, wie unterschiedliche Wertzusammensetzung, unterschiedliche Profitraten hervorrufen als die Konzentration auf den Märkten (1).

In der Literatur werden im wesentlichen drei Formen von Konzentration unterschieden (2):

- die horizontale Konzentration oder Marktkonzentration, d.h. Kapitalkonzentration innerhalb einer Produktgruppe oder Industriezweigs;
- die vertikale und konglomerale Konzentration, d.h. zwischen

---

1) Der Einwand von Brosius, Gerhard/Huffschmid, Jörg/Schui, Herbert, Mitverfasser des 'Memorandum' und Verfechter der Monopoltheorie,ist wenig geeignet, die hier zitierten empirischen Ergebnisse zu entkräften:
"Der Hinweis, es existierten auch Untersuchungen mit gegenteiligen Ergebnissen, kann allein nicht überzeugen. Denn zuviel steht für die marktwirtschaftliche Ideologie auf dem Spiele, als daß nicht versucht würde, der Bestätigung des postulierten Zusammenhanges mit seiner Widerlegung zu begegnen, was ja technisch um so eher möglich ist, um so komplexer das Phänomen 'Monopolisierung' ist und umso spärlicher die ökonometrisch verwertbaren Informationen hierüber sind."
(Theoretische und empirische Aspekte des Zusammenhangs von Monopolisierung und Verlauf der Krise seit 1973. In: WSI-Mitteilungen, Nr. 4/1980, S. 186 ff., Zitat S. 193)

2) Siehe dazu:
Blair, John M.: Economic Concentration. Structure , Behavior and Public Policy. New York 1972.

vor- und nachgelagerten Produktionsstufen bzw. zwischen verschiedenartigen Märkten und Branchen;

- die aggregierte Konzentration, d.h. die absolute wirtschaftliche Macht einer oder mehrerer Unternehmen aufgrund deren Kapitalgröße, Umsatzvolumen oder Beschäftigtenzahl im Verhältnis zur Gesamtwirtschaft.

In diesem Kapitel will ich mich auf die Darstellung der Konzentration und Zentralisation im Bankensektor beschränken. Die Übergänge zwischen den oben beschriebenen Konzentrationsformen sind teilweise fließend. Innerhalb des Marktes, auf welchem die Banken tätig sind, gibt es auch klar abgrenzbare Teilmärkte. Die Tendenz zur Herausbildung von Universalbanken, die Verflechtung zwischen Universalbanken und Spezialbanken sowie die nichtvorhandene stoffliche Gebundenheit von Geld- und Kreditmärkten im Gegensatz zu Warenmärkten läßt die Zugangssperren für diese Teilmärkte immer niedriger erscheinen.

Die Herausbildung von Universalbanken befördert erst einmal die Konkurrenz, weil sich die Banken nicht nur auf Teilmärkten gegenüberstehen, sondern aufgrund der Teilhabe vieler Banken an allen Märkten die Anzahl der Marktteilnehmer vergrößert. Eine Einschränkung in der Bewertung der Konzentration und Zentralisation der Banken in Hinblick auf ihr Machtpotential ist darum gegeben, weil die vertikale und konglomerale Konzentration zwischen Banken und Nichtbankenunternehmen zur Bewertung des Machtpotentials der Banken notwendig ist. Das soll in den folgenden Kapiteln untersucht werden.

In der sog. Konzentrationsenquête (1), eine von der Bundesregierung in Auftrag gegebene und 1964 veröffentlichte Untersuchung über die Konzentration in der westdeutschen

---

1) Bericht über das Ergebnis einer Untersuchung der Konzentration in der Wirtschaft, vom 29.2.1964, erstattet vom Bundesamt für gewerbliche Wirtschaft in Frankfurt a.M. Drucksache des Deutschen Bundestages IV/2320 vom 5.6.1964.

Wirtschaft, sowie in den Hauptgutachten der Monopolkommission (1) wird das Geschäftsvolumen als Indikator, als Maßgröße für den Anteil, den die Banken an Bankleistungsmärkten haben, benutzt. Die Monopolkommission weist mit Recht darauf hin, daß diese Maßgröße Mängel habe (2). Relevante nichtbilanzwirksame Positionen werden nicht erfaßt (z.B. Emissionsgeschäft); Zentralisation auf Regionalmärkten bleibt unberücksichtigt.

Eine annähernd gesicherte Aussage über den Zusammenhang zwischen Kapitalzentralisation und Machtpotential läßt sich aber nur aus der Zusammenschau mehrerer Indikatoren machen, soweit nicht eindeutige Monopole vorgefunden werden, was in der Wirklichkeit selten der Fall ist.

Im folgenden soll die Entwicklung der Institutsgruppen (3) entsprechend der Bundesbankstatistik untersucht werden. Die Institutsgruppen weisen unterschiedliche Homogenitätsgrade auf. Der Sparkassensektor weist aufgrund des Regionalprinzips und Arbeitsteilung zwischen Sparkassen und Girozentralen sowie der Deutschen Girozentrale/Deutsche Kommunalbank als Spitzeninstitut einen hohen Homogenitätsgrad auf. Einen etwas niedrigeren Homogenitätsgrad haben die Genossenschaftsbanken, die auf der unteren Ebene agrarorientierte Kreditinstitute (Raiffeisen-Banken) und gewerblich orientierte Institute (Volksbanken) sowie berufsgruppenorientierte Banken (z.B. Deutsche Apothekerbank) in sich vereinigen. Vom Gesichtspunkt der Konkurrenz ist die Institutsgruppe 'Kreditbanken' problematisch. Denn sie enthält in sich verschiedenartige Gruppen wie z.B. die Großbanken und Privatbankiers.

---

1) Monopolkommission: Hauptgutachten I. A.a.O.

2) ebd., Tz 370, S. 200.

3) Siehe zur Struktur des westdeutschen Bankwesens: Mülhaupt, Ludwig: Einführung in die BWL der Banken. Struktur und Grundprobleme des Bankbetriebs. 2. überarb. Aufl. Wiesbaden 1980. S. 77-122.

Innerhalb dieser Gruppen stehen die einzelnen Institute häufig - wie die Großbanken - in unmittelbarer Konkurrenz zueinander. Ein Vergleich der Entwicklung des Anteils der Institutsgruppen am Geschäftsvolumen muß unter diesem Gesichtspunkt betrachtet werden.

Auch unter diesem Vorbehalt läßt sich nicht eine Vorrangstellung einer Institutsgruppe (und damit implizit einer einzelnen Bank) in Hinblick auf eine Marktbeherrschung (horizontale Konzentration) oder absoluter wirtschaftlicher Macht aufgrund der Größe behaupten. Die Entwicklung seit 1950 weist erhebliche Verschiebungen auf (1). Der Anteil der Großbanken am Geschäftsvolumen aller Banken hat von 19,4 % im Jahre 1950 bis 1978 sich fast halbiert, vor allem zugunsten der Sparkassen- und Genossenschaftssektoren, die beide die höchsten Zuwachsraten aufweisen (2). Diese Verschiebungen lassen sich auch auf den Teilmärkten mit unterschiedlicher Entwicklungsrichtung nachweisen. Beim kurzfristigen Kredit - früher Domäne der Kreditbanken - haben diese einschließlich der Großbanken gegenüber dem Sparkassen- und Genossenschaftssektor an Terrain erheblich verloren (3). Beim mittel- und langfristigen Kredit (4) haben die Kreditbanken ihren Anteil am Markt vergrößern können, der Anteil des Sparkassensektors ist konstant geblieben, die Genossenschaftsbanken haben ihren Anteil gleichfalls vergrößern können, Verlierer sind die öffentlich-rechtlichen Realkreditinstitute.

---

1) Siehe Anlage 1: Entwicklung des Geschäftsvolumens der einzelnen Bankengruppen 1950 bis 1978.
und Anlage 2: Anteil der einzelnen Bankengruppen am Geschäftsvolumen aller Banken 1950 bis 1978.

2) Siehe Anlage 3: Zuwachsraten der Geschäftsvolumen der Bankengruppen von 1952 bis 1960 und von 1960 bis 1970.

3) Siehe Anlage 4: Anteil der einzelnen Bankengruppen am kurzfristigen Kredit 1958 bis 1978.

4) Siehe Anlage 5: Anteil der einzelnen Bankengruppen am mittel- und langfristigen Kredit an inländische Nichtbanken 1958 bis 1978.

Ebenfalls sind erhebliche Verschiebungen der Anteile der Institutsgruppen an den Refinanzierungsmärkten offensichtlich. Die Kreditbanken haben Anteile, vor allem zugunsten der Genossenschaftsbanken, bei den Sichteinlagen verloren (1). Ihren Anteil an Spareinlagen haben die Kreditbanken ausweiten können, während die Sparkassen in ihrem Hauptbetätigungsfeld Einbußen hinnehmen mußten; die Genossenschaftsbanken konnten ihren Anteil erheblich ausweiten (2).

Ergebnis dieser Verschiebungen und Strukturwandlungen (3) im westdeutschen Bankwesen sind zwei sich ergänzende Tendenzen: einerseits sind der Sparkassensektor und die Kreditgenossenschaftsbanken in traditionelle Märkte der Kreditbanken eingedrungen wie auf den Markt für Industriekredite und ins Auslandsgeschäft. Andererseits haben die Kreditbanken im Bereich der Spareinlagen als eine immer wichtiger werdende Refinanzierungsquelle den Sparkassen Anteile wegnehmen können. Diese Entwicklung ist allerdings weniger einer Zunahme der Intensität der Konkurrenz als Folge der Zentralisation von Kapital als der Konzentration von Kapital auf der Grundlage des außerordentlichen Wachstums des Bankkapitals gegenüber anderen Kapitalsorten geschuldet (4).

Zur Messung des Grades der Zentralisation wird am häufigsten

---

1) Siehe Anlage 6: Sichteinlagen von inländischen Nichtbanken bei den Bankengruppen 1958 bis 1978.

2) Siehe Anlage 8: Spareinlagen der einzelnen Bankengruppen 1950 bis 1978;
und Anlage 9: Entwicklung der Spareinlagen ausgewählter Bankengruppen in Westberlin 1960 bis 1978.

3) Zu den Ursachen dieses Strukturwandels siehe:
Mülhaupt, Ludwig: Strukturwandlungen im westdeutschen Bankwesen. Schriftenreihe des Instituts für Kreditwesen an der Westfälischen Wilhelms Universität. Band 1. Wiesbaden 1971.
Ders.: Einführung ... A.a.O. S. 124-248.

4) Siehe dazu:
Monopolkommission: Hauptgutachten I. A.a.O. Tz. 386-389, S. 307 f.

- so vom statistischen Bundesamt in der Auswertung des 'Konzentrationsprogramms des Zensus im Produktiven Gewerbe' wie auch von der Monopolkommission - der 'concentration ratio' (Konzentrationsrate) verwendet. Diese Rate gibt die Marktanteile führender Unternehmen einer Branche an. Die Beobachtung des concentration ratio über mehrere Jahre läßt Entwicklungslinien erkennen (1).

Die Monopolkommission hat die 50 größten Kreditbanken (bezogen auf das Geschäftsvolumen) untersucht. Die 50 Institute werden in vier Rangklassen eingeteilt (2). Die 50 größten Institute hatten Ende 1973 einen Anteil am Geschäftsvolumen aller berichtspflichtigen Kreditinstitute von 55,83 %; die ersten fünf hatten einen Anteil von 18,04 %.

Vergleicht man das Jahr 1963 - auf Grundlage der Ergebnisse aus der sog. Konzentrationsenquête - mit 1973, so hat sich der concentration ratio für die 50 größten Banken um 0,25 % erhöht, von 55,58 auf 55,83 %. In der Spitzengruppe der 5 größten Banken hat sich die Rate kaum erhöht (um 0,15 %). Am stärksten ist sie in der 2. Rangklasse (6. bis 10.) und der 3. Rangklasse (11. bis 15. größte Institute), während sie in der 4. Rangklasse (16. bis 50. größte Institute) um 2,15 % gefallen ist. Diese Verschiebungen sind vor allem durch Fusionen im Bereich der Girozentralen, Zentralkassen und Hypothekenbanken erfolgt.

Vergleicht man die concentration ratios zwischen den Institutsgruppen, so weist der Genossenschaftssektor die höchste Wachstumsrate auf. Diese erklärt sich aus dem traditionell vorgefundenen

---

1) Zu Methoden der Konzentrationsmessung siehe: Müller, Jürgen/Hochreiter, Rolf: Stand und Entwicklungstendenzen der Konzentration in der Bundesrepublik Deutschland. Schriften der Kommission für wirtschaftlichen und sozialen Wandel. Band 107. Göttingen 1975. S. 32 ff.

2) Monopolkommission: Hauptgutachten I. A.a.O. Tz 397 ff., S. 211 ff.

Vorhandensein einer Vielzahl von kleinen selbständigen Instituten. Der Zwang der Kostenminimierung hat sich durch die Zusammenlegung kleiner Institute auf der unteren Ebene wie die Verringerung der Zahl der Zentralkassen geltend gemacht. Trotz dieser hohen Wachstumsrate - viermal größer als bei den Privatbanken - weist der Genossenschaftsbankensektor - im Vergleich zum Sparkassensektor - noch eine größere Zersplitterung auf (1).

Die Monopolkommission wertet die concentration ratio als nicht überzogen (2). Vielmehr hätte sich der Wettbewerb insgesamt durch die Universalierung des Bankengeschäfts verbessert. Die konstatierten höheren concentration ratios führt die Monopolkommission erstens darauf zurück, daß das Kapitalminimum für eine einzelne Bank hätte wachsen müssen, um Kostensteigerungen auffangen zu können (Einführung der EDV-Technik). Zweitens hätten gesetzliche Maßnahmen, wie die durch das Kreditwesengesetz geforderte Eigenkapitalbindung, nur durch größere Unternehmenseinheiten realisiert werden können.

In den letzten Jahren gibt es Hinweise dafür, daß die Zentralisation im Bankensektor erheblich zunimmt. Er weist im Vergleich zu anderen Wirtschaftszweigen die höchste Fusionrate auf. Im Zeitraum von 1973 bis 1978 sind dem Bundeskartellamt nach § 23 des Kartellgesetzes 2.338 Unternehmenszusammenschlüsse angezeigt worden (3). Davon entfallen 245 Zusammenschlüsse auf den Bankensektor, das sind 10,48 %. Von diesen 245 Fusionen

---

1) Siehe Anlage 19: Größenklassengliederung der Sparkassen und Kreditgenossenschaften 1978;
und Anlage 20: Größenklassengliederung der Sparkassen und Kreditgenossenschaften 1978 - Verteilung in Prozent.

2) Monopolkommission: Hauptgutachten I. A.a.O. Tz 410, S. 217.

3) Bericht des Bundeskartellamtes über seine Tätigkeit im Jahre 1978 sowie über Lage und Entwicklung auf seinem Aufgabengebiet (§ 50 GWB). Bundestags-Drucksache 8/2980. Bonn 1979. S. 120/121.

beziehen sich 95, d.h. 38,48 % der Fusionen, ausschließlich auf den Bankensektor.

Mangel der Konzentrationsmessung ist, daß Verflechtungen zwischen Unternehmen nur ungenügend berücksichtigt werden. Sie finden nur soweit Berücksichtigung, wie von Konzernen mit konsolidierten Bilanzen ausgegangen wird.

Die Monopolkommission stellt fest, daß zwischen 1960 und 1973 hinsichtlich der Zahl der Beteiligungspositionen und der gesamten Nominalwerte der Interbankbeteiligungen ein starkes Wachstum zu beobachten sei (1). An der Spitze der Interbankbeteiligungen stehen mit 31,2 % des Nominalwertes die Großbanken. Die Großbanken haben Anfang der 70er Jahre ihre Besitzverhältnisse an den privaten Hypothekenbanken bereinigt. Sie haben weiterhin ihren Anteilsbesitz durch Zukauf von Fremdanteilen aufgestockt; Ende 1975 hatten die drei Großbanken - gemessen an der zusammengefaßten Bilanzsumme - einen Anteil von 47,9 % an allen privaten Hypothekenbanken (2).

Ebenfalls weisen die Teilzahlungsbanken eine enge Verflechtung zu größeren Banken auf. Diese Beteiligungen sind in der Regel Mehrheitsbeteiligungen durch andere Banken (3).

Diese Verflechtungen müssen nicht unbedingt zu einer Marktbeherrschung führen. Sie können unter Umständen die Konkurrenz beleben. Z. B. haben die Großbanken ihren Beteiligungsbesitz an den privaten Hypothekenbanken u.a. bereinigt, um schlagkräftiger dem Sparkassensektor im Hypothekengeschäft

---

1) Monopolkommission: Hauptgutachten I. A.a.O. Tz 487. S. 260.

2) Siehe Anlage 10: Beteiligungen von Kreditinstituten an den privaten Hypothekenbanken 1975.

3) Monopolkommission: Hauptgutachten I. A.a.O. Tz 496/497, S. 262;
siehe auch Anlage 12: Gesellschafter der 22 größten Teilzahlungsbanken im Bankenfachverband Konsumenten- und gewerbliche Spezialkredite (Stand Ende 1978).

Konkurrenz machen zu können (1). Zudem war die Austauschaktion zwischen den Großbanken nur ein vorübergehender Waffenstillstand. 1978 verhinderte die Commerzbank AG durch Aufkauf einer Schachtelbeteiligung an der Lübecker Hypothekenbank, daß die Deutsche Bank ihre Mehrheitsbeteiligung auf über 75 % am Stammkapital aufstocken konnte (2).

Wie auf der einen Seite das Vorhandensein nur weniger Kapitale nicht automatisch zu einer Ausschaltung oder Minderung der Konkurrenz führen muß, sondern unter bestimmten Umständen die gegenteilige Wirkung haben kann, gewährleistet eine Vielzahl von Konkurrenten nicht das Ausbleiben von 'Macht'.

Denn bezogen auf die Bankmärkte muß das sog. Marktpotential der Nachfrager miteinbezogen werden. In den Markttheorien wird zwischen Märkten für Kunden mit geringer, mit mäßiger und mit erheblicher Verhandlungsmacht unterschieden. Am Markt für Spareinlagen, der wichtigsten Refinanzierungsquelle der Banken, herrscht auf der Seite der Nachfrage durch die Vielzahl der Institute augenscheinlich rege Konkurrenz. Ein Vergleich der Zinsentwicklung alternativer Geldanlagen (3) zeigt, daß sich der Sparzins immer an der unteren Marke bewegt (4). MÜLHAUPT weist nach (5), daß die einzelnen Institute keine selbständige Preispolitik machen, 95 % handeln auf Weisung der Verbände.

---

1) Siehe Anlage 11: Pfandbrief-und Kommunalobligationsrendite und -absatz, Hypothekarkredite der privaten Hypothekenbanken und Sparkassen 1973 bis 1978.

2) Handelsbank Lübeck. Commerzbank kauft Schachtel. In: Das Handelsblatt, Düsseldorf, vom 20.12.1978.

3) Siehe Anlage 21: Entwicklung ausgewählter Zinssätze 1973 bis 1978;
und Anlage 15: Effektive und inflationsbereinigte Zinsen für Spareinlagen und Ratenkredite sowie Umlaufrendite 1968 bis 1978.

4) Mülhaupt, Ludwig: Strukturwandlungen ... A.a.O., S. 54.

5) Das Argument der Bankenverbände, daß Spareinlagen höhere Kosten als andere Refinanzierungsarten verursachen, bedürfte der Beweisführung durch die Vorlage der Kostenrechnung der Banken.

Wenn auch nicht direkte Preisabsprachen zwischen den Verbänden bestehen mögen, so doch stillschweigende Übereinkunft, 'barometrische Preisführerschaft' (WITTGEN), zum Nutzen der Banken und zu Lasten der Sparer, die aufgrund ihrer Zersplitterung eine geringe Verhandlungsmacht haben (1).

Ein ähnlicher Sachverhalt ist bei den Konsumentenkrediten zu beobachten. Die geringe Verhandlungsmacht der Kunden gegenüber den Banken äußert sich hier nicht allgemein in besonders hohen Zinsen. Je nach der Verhandlungsmacht des Kunden, seiner eventuellen Notlage, werden die Zinsen innerhalb eines gegebenen Spektrums gestaltet (2). Der Beteiligungsbesitz an Teilzahlungsbanken ermöglicht es großen Banken, die Zinspolitik in diesem Sektor entsprechend dem Macht- bzw. Ohnmachtpotential der Nachfrager zu gestalten.

Ohne eine abschließende Würdigung der Konkurrenzverhältnisse im westdeutschen Bankensektor vornehmen zu können (3), ist festzuhalten, daß Theorien, die Monopolverhältnisse im Bankensektor behaupten, und schon daraus eine außerordentliche Macht der Banken gegenüber anderen Wirtschaftssektoren ableiten, sich empirisch nicht belegen lassen. Insgesamt kann konstatiert werden, daß in der Geschichte der BRD die Konzentration und Zentralisation des Bankkapitals zugenommen hat, ein Vorherrschen oder Beherrschen dieses Sektors durch eine kleine Zahl vermeintlicher Monopolbanken läßt sich empirisch nicht nachweisen. Dieses Ergebnis schließt nicht aus, daß die Banken auf bestimmten Märkten Kunden gegenüber einheitlich auftreten. Auf dieser Ebene kann auch nicht geklärt werden, ob sich nicht

---

1) Siehe Anlage 17: Wirkung der Inflation auf ein Modell-Sparkonto (DM 1.000) 1969 bis 1978.

2) Siehe Anlage 16: Zinsen für einen 3.000-DM-Ratenkredit bei 24 Monatsraten (Stand November 1975).

3) Die Monopolkommission (ebd., Tz 547, S. 284) kommt zu dem Schluß, daß sich durch die Tendenz der Universalbank eine Intensivierung des Wettbewerbs zwischen den Institutsgruppen ergeben hätte.

unter bestimmten Umständen Beherrschungsverhältnisse herausbilden können. Diese bedürfen aber erstens eines Nachweises und ermöglichen zweitens nicht eine Verallgemeinerung.

2.1.2. DIE PROFITENTWICKLUNG DER BANKEN

Quintessenz der Theorie vom Finanzkapital ist, daß wenige Monopolbanken aufgrund des von ihnen ausgeübten Herrschaftsverhältnisses einen Monopolprofit zu beziehen vermögen. Im vorangegangenen Kapitel war nachgewiesen worden, daß im westdeutschen Bankensystem keine vorherrschenden Monopolstrukturen vorhanden sind. Von Interesse für die Fragestellung dieser Arbeit, dem Verhältnis zwischen Banken und Industrie, ist diese Untersuchung von doppeltem Belang. Ein Beherrschungsverhältnis der Industrie durch die Banken setzt einen einheitlich handelnden 'Bankenapparat' voraus. Der empirische Befund zeigt aber, daß sich die Banken als Einzelkapitale verhalten, wenn sie auch auf Teilmärkten eng kooperieren. In diesem Kapitel soll untersucht werden, ob die theoretische Annahme eines von den (Monopol)Banken realisierten Monopolprofits auch empirisch beweisbar ist.

Ein Vergleich zwischen Bankenprofitrate und industrieller Profitrate ist - wie schon an anderer Stelle ausgeführt - nicht durchführbar. Aber auch die Nachzeichnung der Bankenprofitrate, wobei auf ihre statistische Aufbereitung im folgenden noch näher eingegangen werden soll, gibt Aufschluß über die Frage, ob sich die Banken - qua Macht - außerhalb der Gesetze der kapitalistischen Produktionsweise bewegen können oder ob sie - positiv ausgedrückt - in die Akkumulationsbewegung des Kapitals eingebunden sind.

Statistische Reihen über die Entwicklung der Bankenrentabilität lassen sich erst vom Jahre 1968 ab aussagefähig bilden. Nach Erlaß des Aktiengesetzes von 1965 wurden die Formblätter für die Abschlußbilanzen und Erfolgsrechnung durch die Rechtsverordnung des Bundesfinanzministers vom 20.12.1967 grundlegend neu gestaltet. Bis 1967 war den Aktienbanken kein GuV-Schema vorgeschrieben. Erst durch die Publizierungsrichtlinien wurde ermöglicht, einigermaßen fundierte Aussagen über die Bankenrentabilität zu machen. Das bis dato gültige Gliederungsschema der Gewinn- und Verlustrechnung sah vor, daß Aufwendungen und Erträge gegeneinander aufgerechnet ausgewiesen werden (Nettoprinzip).

Einige methodische Erläuterungen zum Begriff der Bankenprofitrate sind notwendig. Die Profitrate bringt die Verwertung des eingesetzten Kapitals zum Ausdruck. Unter diesem Gesichtspunkt, dem der Maßzahl, sind industrielle und Bankprofitrate vergleichbar. Jedoch ist der ökonomische Inhalt beider Verhältniszahlen unterschiedlich.

Der industrielle Profit steht in direktier Abhängigkeit vom eingesetzten Kapital. Er wird erstens bestimmt durch die Mehrwertrate, also dem vorfindbaren Verhältnis zwischen bezahlter und Mehrarbeit. Zweitens geht in die Profitrate die organische Zusammensetzung des Kapitals ein, d.h. die der wertmäßigen Zusammensetzung des fungierenden Kapitals unter dem Gesichtspunkt der Wertübertragung. Drittens geht die Häufigkeit des Kapitalumschlags ein.Die industrielle Profitrate wird durch das Wertgesetz reguliert (1).

Der Bankiersprofit steht dagegen nicht in direkter Abhängigkeit vom eingesetzten Kapital. Zwar wirkt das 'fungierende' Kapital der Banken (Personal- und Sachaufwendungen) auf ihre Profitrate, jedoch wird die Höhe des Profits im wesentlichen durch die Marktverhältnisse reguliert. Der Bankiersprofit besteht zum überwiegenden Teil aus Zins, nämlich aus der Differenz zwischen empfangenen und gezahlten Zinsen. Der Zins wird - anders als der industrielle Profit - ausschließlich durch Anbebot von und Nachfrage nach Leihkapital bestimmt.

In den seit 1976 regelmäßig erscheinenden Untersuchungen (2)

---

1) Siehe dazu: MEW 25. 1. Abschnitt, S. 33 ff.

2) Grundsätzliche Erläuterungen zur Methodik ihrer Berechnung siehe:
Deutsche Bundesbank: Ertragsentwicklung im Bankgewerbe. In: Monatsberichte derselben. 28. Jg. (1976), Nr. 11 (Nov), S. 16 ff.

über die Ertragsentwicklung der Banken verwendet die Deutsche Bundesbank zwei Größen zur Beschreibung der Ertragslage. Das Betriebsergebnis setzt sich zusammen aus Zinsüberschuß und Provisionsüberschuß, abzüglich Verwaltungsaufwand. Der Jahresüberschuß (nach Steuern) ist mit dem von den Banken ausgewiesenen Bilanzgewinn identisch. In den Jahresüberschuß gehen zusätzlich zum Betriebsgewinn, der sich in der Gewinn- und Verlustrechnung als Zwischensaldo ermitteln läßt, "Abschreibungen und Wertberichtigungen auf Forderungen und Wertpapiere sowie Zuführungen zu Rückstellungen im Kreditgeschäft" und andererseits "von anderen Erträgen einschließlich der Erträge aus der Auflösung von Rückstellungen im Kreditgeschäft" ein. Diese zusätzlichen Elemente haben zwei Ursprünge. Abschreibungen und Wertberichtigungen müssen erfolgen, wenn die Kursbewegungen von Wertpapieren erheblich schwanken. Ein Kursverfall führt zu einer Abwertung der Wertpapiere, eine Kurssteigerung zu einer Höherbewertung, soweit diese nicht durch das Niederstwertprinzip verhindert wird. Diese Schwankungen sind der allgemeinen wertung des Bankkapitals zur Folge hat. Zweitens haben die Banken in der Rechtsform der Aktiengesellschaft oder der Kommanditgesellschaft auf Aktien die Möglichkeit nach § 26a KWG, bei Forderungen und Wertpapieren in der Bilanz durch Unterbewertung stille Reserven in praktisch unbegrenzter Höhe zu bilden (1), soweit diese Bewertung "nach vernünftiger kaufmännischer Beurteilung zur Sicherung gegen die besonderen Risiken des Geschäftszweigs der Kreditinstitute notwendig ist".

Einerseits enthält das Betriebsergebnis wichtige Größen der Ertragslage der Banken nicht, andererseits gehen in den Jahresüberschuß Transaktionen der Banken ein, die zu einer jahresverschobenen Ergebnisverlagerung führen.

---

1) Siehe dazu:
Kruk, Max: Warum stille Reserven bei den Banken? In: Frankfurter Allgemeine Zeitung, Frankfurt/Main vom 20.7.1981.

Die Bundesbank verwendet beide Größen zur Beschreibung der Ertragsentwicklung der Banken, da beide Größen einen unterschiedlichen Aussagewert haben.

Die Bundesbank bezieht diese beiden Größen in ihrer Darstellung auf das durchschnittliche Geschäftsvolumen der Banken. Die 'Ertragsspanne' sagt aus, in welchem Maße sich das gesamte Bankkapital verwertet hat. Es ist ein Spezifikum des Bankkapitals, daß es als Vermittler von Kapital fungiert. Darum ist das Eigenkapital im Vergleich zum industriellen Kapital gering. Das Bankkapital mißt aber seine Verwertung an dem Verhältnis zwischen Profit und eigenem Kapital, denn dieses Kapital hat faktisch Anspruch auf den Ertrag. Ab 1979 stellt denn auch die Bundesbank wiederholt fest, daß die "Rentabilität im Bankgeschäft" nicht am Geschäftsvolumen, sondern am eingesetzten Eigenkapital (1) bzw. dem jahresdurchschnittlichen Kapital der Kreditinstitute (einschließlich offener Rücklagen gemäß § 10 KWG) zu messen ist (2).

Die Kennziffer Betriebsergebnis/Jahresüberschuß zu Eigenkapital ist nicht ohne Problematik. Die Sparkassen besitzen außer den Rücklagen kein gesondert ausgewiesenes Eigenkapital. Bei den Kreditgenossenschaften geht der Haftsummenzuschlag, der als haftendes Eigenkapital gilt, ebenfalls nicht in die Bilanz ein. Die obige Verhältniszahl gibt zwar nicht exakt die Profitrate der Banken wieder, sie ist aber geeignet, Trends anzugeben.

Die Rentabilität der Banken weist von 1968 bis 1980 einen zyklischen Verlauf auf (siehe Schaubild 2a). Noch ausgeprägter als die Bewegung aller Banken ist der Zyklus bei den

---

1) Deutsche Bundesbank: Die Ertragslage der Kreditinstitute im Jahre 1978. In: Monatsberichte derselben. 31. Jg. (1979), Nr. 10 (Okt.), S. 12.

2) Deutsche Bundesbank: Die Ertragslage der Kreditinstitute im Jahre 1979. In: Monatsberichte derselben. 32. Jg. (1980), Nr. 8 (Aug.), S. 19.

Tabelle 1:

Wichtige Komponenten der Gewinn- und Verlustrechnungen der Kreditinstitute nach Bankengruppen

% des durchschnittlichen Geschäftsvolumens

Position	Zeit	Großbanken 1)	Regionalbanken u. sonstige Kreditbanken 1)	Zweigstellen ausländischer Banken	Privatbankiers	Girozentralen 1) 2)	Sparkassen	Genossenschaftliche Zentralbanken 3)	Kreditgenossenschaften	Private Hypothekenbanken	Öffentlich-rechtliche Grundkreditanstalten	Teilzahlungskreditinstitute	Kreditinstitute mit Sonderaufgaben
Zinserträge 4)	1970	7,20	7,73	8,28	7,97	6,38	7,17	6,50	7,88	6,53	3,19	13,41	3,14
	1971	6,24	6,91	6,67	6,67	6,28	7,06	6,17	7,58	6,68	3,29	13,11	4,00
	1972	5,42	6,24	5,67	5,88	5,96	6,84	5,81	7,23	6,77	3,21	12,20	4,03
	1973	7,74	8,65	8,36	8,76	7,20	8,07	7,41	8,76	7,25	3,37	13,43	4,55
	1974	9,19	9,41	9,75	9,51	7,78	8,73	8,05	9,41	7,38	3,53	14,10	4,91
	1975	7,37	7,29	6,76	6,94	7,00	7,79	6,91	8,00	7,54	3,93	12,94	4,76
	1976	5,94	6,40	5,42	5,95	6,68	6,97	5,96	7,12	7,59	4,28	12,42	4,64
	1977	5,85	6,29	5,39	5,59	6,64	6,67	5,80	6,79	7,56	4,43	11,88	4,70
	1978	5,78	5,94	5,27	5,18	6,32	6,19	5,51	6,28	7,29	4,41	11,31	4,53
	1979	6,65	6,84	6,50	6,45	6,40	6,48	6,06	6,67	7,15	4,45	11,22	4,73
	1980 p)	8,55	8,45	8,71	8,73	7,25	7,65	7,82	8,24	7,29	4,65	12,36	5,27
Zinsaufwendungen	1970	4,53	5,74	7,17	5,84	5,69	4,42	5,66	4,36	5,51	2,21	7,27	2,59
	1971	3,78	5,01	5,38	4,82	5,50	4,25	5,12	4,26	5,73	2,36	6,20	3,41
	1972	3,12	4,32	4,12	3,98	5,15	3,89	4,62	3,93	5,88	2,19	5,09	3,46
	1973	5,68	7,00	6,68	6,96	6,46	5,09	6,55	5,24	6,18	2,22	8,00	3,95
	1974	6,12	7,24	8,32	7,16	7,00	5,54	7,04	5,74	6,38	2,45	8,14	4,29
	1975	4,14	4,96	5,20	4,49	6,13	4,38	5,44	4,42	6,73	2,94	5,60	4,07
	1976	3,30	4,26	4,15	3,82	5,82	3,73	4,73	3,74	6,80	3,44	4,59	3,96
	1977	3,32	4,27	4,19	3,54	5,78	3,44	4,76	3,47	6,77	3,74	4,54	4,01
	1978	3,46	4,00	4,07	3,14	5,43	3,00	4,48	3,08	6,51	3,80	4,04	3,82
	1979	4,46	5,12	5,54	4,50	5,70	3,49	5,30	3,57	6,36	3,85	4,81	4,13
	1980 p)	6,44	6,81	7,65	6,69	6,67	4,72	7,09	4,95	6,53	4,06	6,57	4,73
Saldo der Zinserträge und -aufwendungen = Zinsüberschuß	1970	2,67	1,99	1,11	2,13	0,69	2,75	0,84	3,52	1,02	0,98	6,14	0,55
	1971	2,46	1,90	1,29	1,85	0,78	2,81	1,05	3,32	0,95	0,93	6,91	0,59
	1972	2,30	1,92	1,55	1,90	0,81	2,95	1,19	3,30	0,89	1,02	7,11	0,57
	1973	2,06	1,65	1,68	1,80	0,74	2,98	0,86	3,52	1,07	1,15	5,43	0,60
	1974	3,07	2,17	1,43	2,35	0,78	3,19	1,01	3,67	1,00	1,08	5,96	0,62
	1975	3,23	2,33	1,56	2,45	0,87	3,41	1,47	3,58	0,81	0,99	7,34	0,69
	1976	2,64	2,14	1,27	2,13	0,86	3,24	1,23	3,38	0,79	0,84	7,83	0,68
	1977	2,53	2,02	1,20	2,05	0,86	3,23	1,04	3,32	0,79	0,69	7,34	0,69
	1978	2,32	1,94	1,20	2,04	0,89	3,19	1,03	3,20	0,78	0,61	7,27	0,71
	1979	2,19	1,72	0,96	1,95	0,70	2,99	0,76	3,10	0,79	0,60	6,41	0,60
	1980 p)	2,11	1,64	1,06	2,04	0,58	2,93	0,73	3,29	0,76	0,59	5,79	0,54
Saldo aus Provisionserträgen und -aufwendungen = Provisionsüberschuß	1970	0,76	0,50	0,35	0,75	0,11	0,16	0,14	0,35	0,06	— 0,08	0,11	0,08
	1971	0,78	0,52	0,41	0,73	0,11	0,18	0,14	0,35	0,05	— 0,04	0,15	0,08
	1972	0,84	0,54	0,30	0,70	0,11	0,23	0,16	0,36	0,05	— 0,22	0,11	0,11
	1973	0,81	0,54	0,33	0,85	0,12	0,26	0,17	0,36	0,02	— 0,00	0,27	0,13
	1974	0,86	0,51	0,46	0,78	0,11	0,28	0,16	0,36	0,02	— 0,04	0,33	0,12
	1975	0,93	0,53	0,34	0,83	0,12	0,28	0,18	0,35	0,03	— 0,01	0,34	0,12
	1976	0,78	0,47	0,33	0,74	0,12	0,27	0,18	0,35	0,04	— 0,04	— 0,08	0,10
	1977	0,72	0,44	0,44	0,70	0,12	0,27	0,18	0,34	0,03	— 0,02	— 0,06	0,12
	1978	0,69	0,43	0,41	0,71	0,12	0,26	0,22	0,34	0,03	— 0,02	— 0,30	0,11
	1979	0,64	0,41	0,50	0,64	0,11	0,28	0,23	0,36	0,00	— 0,03	— 0,06	0,10
	1980 p)	0,69	0,42	0,54	0,70	0,12	0,31	0,18	0,37	— 0,00	— 0,02	— 0,06	0,12
Verwaltungsaufwand 5)	1970	2,90	1,91	0,96	1,96	0,56	2,16	0,66	2,72	0,29	0,22	4,05	0,30
	1971	2,96	1,88	0,90	1,97	0,56	2,32	0,72	2,80	0,29	0,23	4,10	0,31
	1972	2,88	1,84	0,94	1,90	0,51	2,29	0,77	2,76	0,29	0,28	3,93	0,31
	1973	2,73	1,77	0,95	2,02	0,55	2,40	0,84	2,84	0,28	0,28	3,92	0,32
	1974	3,16	1,90	0,98	2,28	0,55	2,51	0,75	3,03	0,29	0,31	4,19	0,36
	1975	3,30	1,99	1,14	2,41	0,56	2,42	0,67	3,00	0,26	0,29	4,57	0,35
	1976	2,86	1,86	1,16	2,35	0,61	2,44	0,74	3,00	0,26	0,26	4,58	0,35
	1977	2,64	1,79	1,21	2,25	0,57	2,36	0,69	2,90	0,24	0,26	4,43	0,37
	1978	2,47	1,71	1,21	2,06	0,55	2,27	0,71	2,78	0,24	0,26	4,33	0,36
	1979	2,40	1,62	1,17	2,03	0,52	2,21	0,68	2,66	0,23	0,24	3,91	0,34
	1980 p)	2,40	1,65	1,28	1,98	0,51	2,23	0,67	2,66	0,23	0,25	3,94	0,33
darunter: Personalaufwand 6)	1970	2,01	1,30	0,52	1,29	0,39	1,48	0,44	1,63	0,18	0,17	2,22	0,20
	1971	2,02	1,27	0,50	1,28	0,39	1,61	0,49	1,71	0,18	0,18	2,22	0,23
	1972	2,04	1,23	0,50	1,24	0,34	1,59	0,50	1,72	0,17	0,22	2,16	0,22
	1973	1,99	1,23	0,48	1,33	0,37	1,70	0,53	1,80	0,18	0,22	2,18	0,24
	1974	2,34	1,33	0,51	1,51	0,37	1,79	0,48	1,94	0,19	0,24	2,37	0,27
	1975	2,39	1,39	0,59	1,58	0,37	1,71	0,43	1,94	0,16	0,22	2,54	0,25
	1976	2,03	1,29	0,61	1,49	0,40	1,71	0,45	1,96	0,16	0,20	2,50	0,24
	1977	1,90	1,23	0,61	1,49	0,38	1,64	0,42	1,88	0,15	0,19	2,38	0,24
	1978	1,76	1,17	0,59	1,36	0,37	1,57	0,43	1,80	0,15	0,19	2,33	0,24
	1979	1,69	1,10	0,60	1,35	0,36	1,51	0,40	1,71	0,15	0,19	2,23	0,23
	1980 p)	1,73	1,10	0,65	1,34	0,35	1,54	0,41	1,72	0,15	0,20	2,25	0,23
Betriebsergebnis	1970	0,53	0,58	0,50	0,92	0,24	0,75	0,32	1,15	0,79	0,68	2,20	0,33
	1971	0,28	0,54	0,80	0,61	0,33	0,67	0,47	0,87	0,71	0,66	2,96	0,36
	1972	0,26	0,62	0,91	0,70	0,41	0,89	0,58	0,90	0,65	0,52	3,29	0,37
	1973	0,14	0,42	1,06	0,63	0,31	0,84	0,19	1,04	0,81	0,87	1,78	0,41
	1974	0,77	0,78	0,91	0,85	0,34	0,96	0,42	1,00	0,73	0,73	2,10	0,38
	1975	0,86	0,87	0,76	0,87	0,43	1,27	0,98	0,93	0,58	0,69	3,11	0,46
	1976	0,56	0,75	0,44	0,52	0,37	1,07	0,67	0,73	0,57	0,54	3,17	0,43
	1977	0,61	0,67	0,43	0,50	0,41	1,14	0,53	0,76	0,58	0,41	2,85	0,44
	1978	0,54	0,66	0,40	0,69	0,46	1,18	0,54	0,76	0,57	0,33	2,64	0,46
	1979	0,43	0,51	0,29	0,56	0,29	1,06	0,31	0,80	0,56	0,33	2,44	0,36
	1980 p)	0,40	0,41	0,32	0,76	0,19	1,01	0,24	1,00	0,53	0,32	1,79	0,33

1 Ab Geschäftsjahr 1976 (Großbanken sowie Regionalbanken und sonstige Kreditbanken) bzw. 1979 (Girozentralen) umfaßt das als Bezugsgröße dienende durchschnittliche Geschäftsvolumen auch die Auslandsfilialen; vgl. hierzu Anm. 8 und 9 der Tabelle auf der Seite 20 f. – 2 Einschl. Deutsche Girozentrale. – 3 Einschl. Deutsche Genossenschaftsbank. – 4 Zinsen und zinsähnliche Erträge aus Kredit- und Geldmarktgeschäften sowie laufende Erträge aus Wertpapieren (einschl. Schuldbuchforderungen) und Beteiligungen. – 5 Ohne Steuern vom Einkommen, vom Ertrag und vom Vermögen aber einschl. sonstiger Steuern. – 6 Gehälter und Löhne, soziale Abgaben sowie Aufwendungen für Altersversorgung und Unterstützung. – p Vorläufig.
Differenzen in den Summen durch Runden der Zahlen.

aus: Monatsberichte der Deutschen Bundesbank, Nr. 8/1981, S. 24.

Schaubild 1:

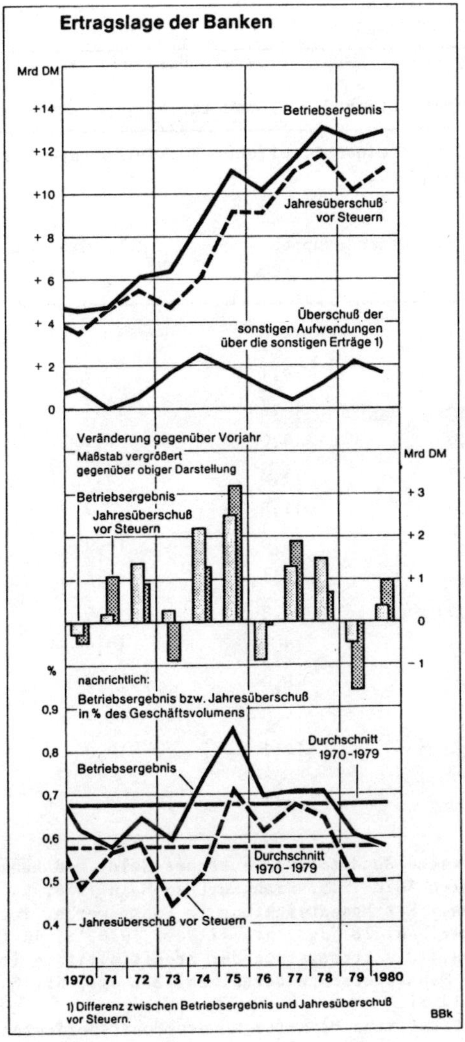

aus: Monatsberichte der Deutschen Bundesbank, Nr. 8/1981, S. 13.

Tabelle 2: Rentabilitätskennziffern bei den Banken insgesamt und den Großbanken 1968 bis 1980

a $\dfrac{\text{Betriebsergebnis}}{\text{Kapital (einschl. offener Rücklagen gem. § 10 KWG)}}$ (in %)

b $\dfrac{\text{Jahresüberschuß vor Steuern}}{\text{Kapital (einschl. offener Rücklagen gem. § 10 KWG)}}$ (in %)

	Alle Bankengruppen		Großbanken	
Jahr	a	b	a	b
1968	18,1	19,0	10,2	21,7
1969	18,8	16,1	13,9	18,6
1970	15,6	12,2	12,2	14,4
1971	15,0	14,6	6,2	14,3
1972	16,9	15,3	5,7	13,6
1973	16,0	11,8	3,2	10,2
1974	19,7	14,0	16,9	16,2
1975	23,0	19,1	16,6	18,2
1976	18,8	16,8	12,0	16,5
1977	19,3	18,5	13,6	18,0
1978	20,0	18,0	12,9	17,4
1979	17,5	14,3	10,4	13,6
1980	16,4	14,7	10,0	11,8

Quelle: Deutsche Bundesbank: Deutsches Geld- und Bankwesen in Zahlen 1876-1975. Frankfurt am Main 1976. S. 137.
Dies.: Ertragsentwicklung im Bankgewerbe. In: Monatsberichte derselben. 28. Jg., Nr. 11(Nov. 1976, S. 16 ff.
Dies.: Die Ertragslage der Kreditinstitute im Jahre 1980. in: Monatsberichte derselben. 33. Jg., Nr. 8 (Aug. 1981), S. 12 ff.
Statitstische Beihefte zu den Monatsberichten der Deutschen Bundesbank. Reihe 1, Aug. 1981, Nr. 8, S. 21 und 23.

Eigene Berechnungen

Schaubild 2a: Entwicklung der Rentabilität der Banken (alle Bankengruppen) 1968 bis 1980

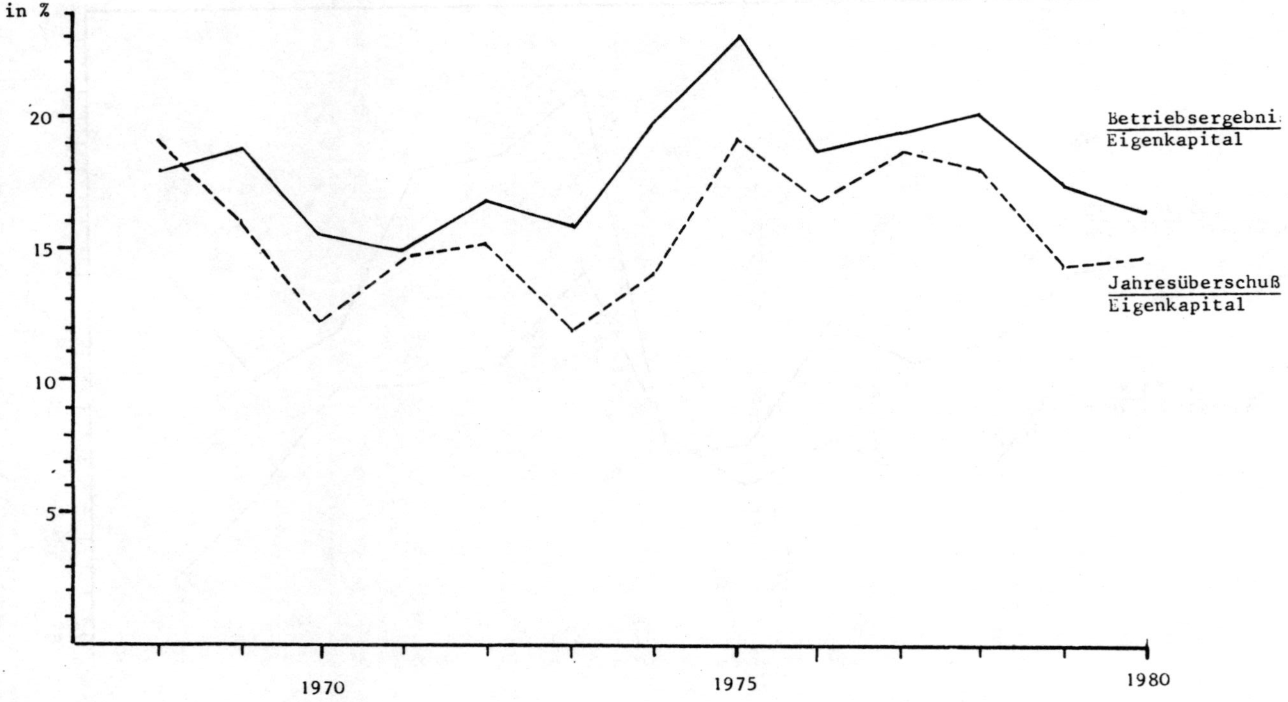

Quelle: siehe Tabelle 1

Schaubild 2b: Entwicklung der Rentabilität der Großbanken 1968 bis 1980

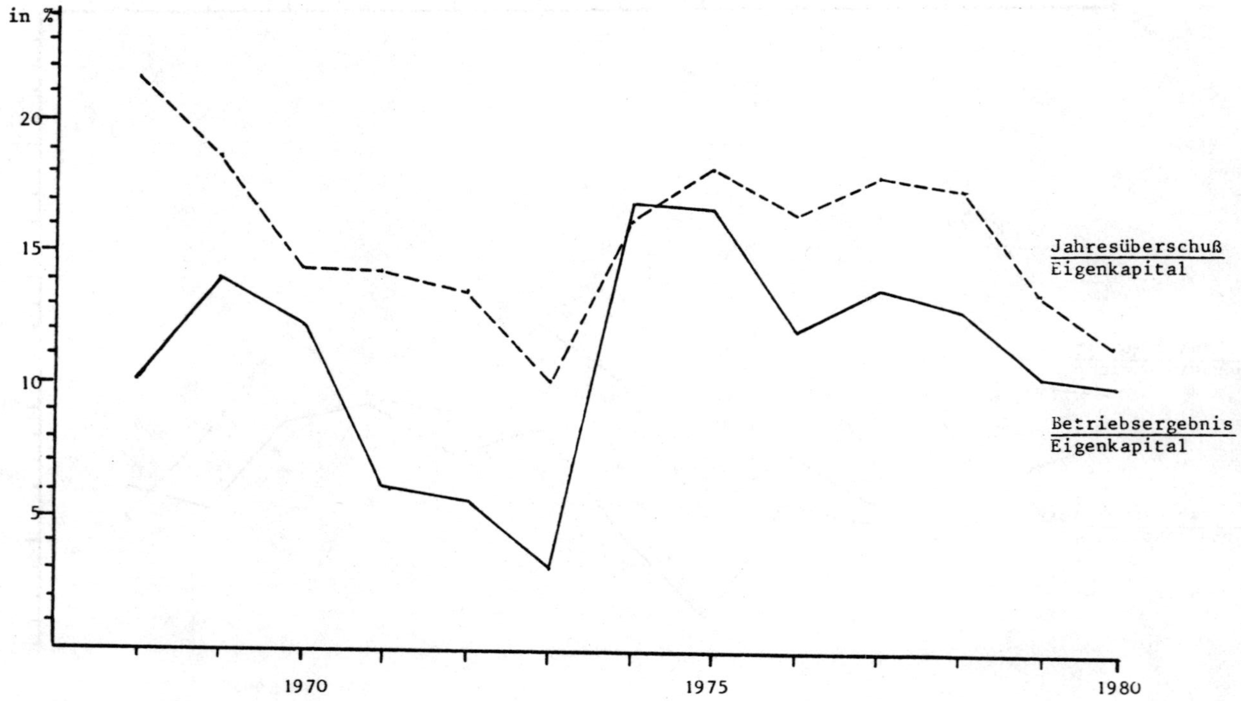

Quelle: siehe Tabelle 1

Großbanken (Schaubild 2b). Bei den Großbanken ist anzunehmen, daß sich im Jahresüberschuß in den meisten Jahren erhebliche stille Reserven verbergen, was den fast durchgängig höheren Jahresüberschuß gegenüber dem Betriebsergebnis erklären könnte; jedoch weisen beide Kennziffern eine ausgesprochene Zyklizität auf. Die Annahme, daß die drei Großbanken als 'Monopolbanken' eine Monopolprofitrate beziehen, läßt sich empirisch nicht beweisen.

Die Verlaufsform der Bankenrentabilität als verzerrtes Spiegelbild der Bankenprofitrate zeigt vielmehr die Abhängigkeit der Banken von der Akkumulationsbewegung des Kapitals, wenn sie auch eine reziproke Erscheinungsform findet (1).

Gleichfalls verläuft die Verhältniszahl Betriebsergebnis bzw. Jahresüberschuß zu Geschäftsvolumen zyklisch (Schaubild 1). Die Rentabilitätsentwicklung verläuft nicht bei allen Institutsgruppen synchron (2). Sogar bei Instituten derselben Gruppe, wie bei den Großbanken, ergibt sich zeitweilig ein differenziertes Bild. Von 1968 bis 1975 stieg das Betriebsergebnis kontinuierlich, während der Jahresüberschuß vor Steuern 1973 gesunken ist. Bis Anfang 1973 vermochten die Banken insgesamt stille Reserven zu bilden. 1973 und 1974 dagegen deutet das

---

1) So stellt MAX KRUK für 1979 verwundert fest: "Es ist paradox: Liegt die Wirtschaft darnieder, dann haben die Banken gut lachen, ihre Gewinne steigen, doch wenn sich die Konjunktur belebt, geht es mit ihnen bergab, die Erträge schmelzen dahin. Das war schon so zu Beginn der siebziger Jahre, das Jahr 1973 lebt in der Erinnerung der Banken noch heute als 'katastrophal' fort. Das gleiche Wechselbad hat sich jetzt ereignet." (Die Banken haben ein Jahr des Leidens hinter sich. Der Restriktionskurs der Bundesbank hat 1979 zu Ertragseinbußen geführt/Die F.A.Z.-Bankenstatistik. In: F.A.Z. - Blick durch die Wirtschaft, Frankfurt/Main, vom 12.6.80)

2) Siehe dazu auch:
Mertin, Klaus: Ergebnisstrukturen des Kreditgewerbes. In: Die Bank, Nr. 2/1977. S. 4 ff.

Sinken des Jahresüberschusses darauf hin, daß stille Reserven zur Deckung von Verlusten aufgelöst werden mußten. Zwei Entwicklungslinien sind bemerkenswert. Während die privaten Hypothekenbanken und Kreditgenossenschaften eine kontinuierliche Entwicklung aufweisen, weisen die genossenschaftlichen Zentralbanken, die Großbanken und die Girozentralen große Schwankungen auf. Bankengruppen mit relativ hohem Anteil am kurzfristigen Kredit weisen eine hohe Zinsreagibilität auf, während Banken im langfristigen Kredit feste Zinskonditionen haben und deshalb weniger konjunkturreagibel sind. Dies erklärt u.a. die hohen Wachstumsunterschiede bei den Kreditbanken, einschließlich der Großbanken.

Zweitens sind Niveauunterschiede beim Betriebsergebnis in bezug auf die Betriebsgröße feststellbar (1). Kleinere Institute benötigen ein relativ höheres Betriebsergebnis. Das verminderte Wachstum des Betriebsergebnisses 1973 hatte dann auch u.a. die Pleite kleinerer Institute (vor allem Privatbankiers) zur Folge. Gleichfalls wurden die Teilzahlungsbanken durch diese Entwicklung in vielen Fällen zur Fusion mit größeren Instituten gezwungen.

Eine vorrangige Ursache der kleinen Bankenkrise 1973 vor der allgemeinen Krise in den beiden Folgejahren liegt in der Verminderung der Kreditnachfrage, die mit einem erheblichen Wachstum des Zinsniveaus einherging. Dieses Wachstum des Zinsniveaus hatte weniger interne als Weltwährungsgründe. Devisenspekulationen führen zudem zu Spekulationen gewaltigen Ausmaßes, die wiederum die Liquidität der Banken einschnürte und in vielen Fällen zu großen Verlusten führte.

In den Folgejahren 1976 und 1977 wurde die Profitentwicklung

---

1) Deutsche Bundesbank: Ertragsentwicklung im Bankgewerbe. A.a.O. S. 23.

der Banken getragen durch die Staatsverschuldung (1). 1976 ist die Zinsspanne bei allen Banken gesunken. Die nachlassende Kreditnachfrage durch die Kapitalisten führte zu verschärfter Konkurrenz zwischen den Banken, die eine Senkung der Zinsspanne zur Folge hatte. Mehr als ausgeglichen werden konnte dies durch das Geschäft mit Staatskrediten. Unterdurchschnittliche Wachstumsraten wiesen die typischen Universalbanken auf, während die privaten Hypothekenbanken, deren Schwerpunkt im langfristigen Kredit liegt, hohe Wachstumsraten verzeichneten. Dieses Faktum erklärt das Interesse der Großbanken an Beteiligungen an privaten Hypothekenbanken. 1977 versuchten die Banken, das sinkende Zinsniveau durch Expansion des Volumens auszugleichen.

1978 ist der Zinsüberschuß wieder gestiegen, während hohe Wertpapierabschreibungen vorgenommen werden mußten.

1979 hat sich die Ertragslage der Banken insgesamt erheblich verschlechtert. Die Konkurrenz im sog. Mengengeschäft hatte zu unflexiblen Kreditkonditionen geführt. Bei niedrigem Zinsniveau waren die Banken dazu übergegangen, langfristige Kredite mit niedriger Zinszusage durch kurzfristige Kredite, die zuerst billig waren, zu refinanzieren. Als das Zinsniveau im Zusammenhang mit der konjunkturellen Entwicklung stieg, d.h. verstärkter Nachfrage der industriellen Kapitalisten nach Kredit und dem international bedingten Anstieg des Zinsniveaus, konnten viele Banken keine ertragsadäquate Zinsanpassung vornehmen. Zudem war der Verwaltungsaufwand wieder erheblich gestiegen. Um zu rationalisieren, hatten die Banken hohe Investitionen im Bereich der Datenverarbeitung gemacht. Hinzu kam die Notwendigkeit, hohe Abschreibungen im Wertpapiergeschäft

---

1) Siehe Anlage 24: Anteil der Bankkredite an der öffentlichen Verschuldung 1950 bis 1978;
und Anlage 25: Kredite der Banken an inländische Nichtbanken (Unternehmen/Privatpersonen und öffentliche Haushalte) 1970 bis 1978.

vornehmen zu müssen. Ertragseinbußen hatten die Universalbanken hinzunehmen, und hier vor allem diejenigen Banken, die eine in Zeiten hohen Zinsniveaus ungünstige Refinanzierungsstruktur haben, sich vorrangig über Festgelder und Interbankgelder refinanzieren.

1980 wurde die rückläufige Entwicklung zwar gestoppt, allersings einhergehend mit einer starken Differenzierung zwischen den Bankengruppen. Unterdurchschnittliche Wachstumsraten wiesen die Großbanken und Girozentralen auf. Die Bundesbank führt dies u.a. darauf zurück, daß die Kunden dieser Banken, vor allem industrielle Großkunden, in der Kreditaufnahme auf zinsgünstigere Euromärkte ausweichen können und zudem 'zinsbewußter' reagieren, also unter Umständen die Bank wechseln können (1). Währenddessen haben die traditionellen Kunden der Sparkassen und Kreditgenossenschaften nicht die Möglichkeit, auf Euromärkte auszuweichen und sind daher stärker an ihre Hausbanken gebunden.

Selbst innerhalb einer Institutsgruppe sind erhebliche Unterschiede vorhanden. Während die Deutsche Bank aufgrund ihrer günstigen Refinanzierungsstruktur und Profiten im internationalen Geschäft ihr Betriebsergebnis bzw. Jahresüberschuß sogar 1979 bis 1981 erheblich ausweiten konnte, mußte die Commerzbank einen Großteil ihrer stillen Reserven auflösen (2).

Die Profitentwicklung der Banken der vergangenen zwölf Jahre zeigt erstens, daß die Banken nicht als einheitlicher Block zu betrachten sind. Zwischen den Banken besteht Konkurrenz. Eine starre Hierarchisierung der Profitraten, wozu hier die Bankenrentabilität als Kennziffer verwendet wurde, ist nicht

---

1) Deutsche Bundesbank: Die Ertragslage der Kreditinstitute im Jahre 1980. In: Monatsberichte derselben. 33. Jg. (1981), Nr. 8 (Aug.). S. 18.

2) Kruk, Max: Die Bankenwelt ist 1980 aus den Fugen geraten. In: F.A.Z. - Blick durch die Wirtschaft. Frankfurt/Main, vom 16.6.1981.

feststellbar. Die Höhe der Profitrate hängt nicht von der Betriebsgröße ab. Selbst innerhalb des Sektors der Großbanken ergibt sich ein differenziertes Bild. In den letzten Jahren klafft die Entwicklung der drei Großbanken auseinander. Zweitens können die Banken ihre Rentabilitätsentwicklung nicht autonom gestalten. Sie sind von der Akkumulationsbewegung des Kapitals sowie vom Weltmarktzusammenhang, vermittelt über die internationalen Geld- und Kreditmärkte, abhängig. Mitte der 70er Jahre haben die Banken zwar über die erheblich ausgeweitete Staatsverschuldung erhebliche Profite realisieren können in einer Phase, in der die industrielle Nachfrage gering war. Die Ausweitung des Staatskredits stößt aber auf Grenzen und birgt für die Banken die Gefahr in sich, eine tiefe Krise der Geld- und Kreditmärkte hervorzurufen. Ähnliches gilt für die Überspannung der internationalen Geld- und Kreditmärkte, an denen vor allem die Großbanken über Jahre reichlich profitiert haben. Drittens zeigt die Entwicklung, daß die Banken ihre Geschäftspolitik nicht durchgängig bewußt steuern können. Die Devisengeschäfte 1973/74 entwickelten sich nicht nur bei kleinen Banken wie Herstatt immer mehr zum Glücksspiel. Die Konkurrenz um Anteile am Kreditmarkt Ende der 70er Jahre hatte Züge von Spekulation, wie die neueste Entwicklung beispielsweise der Commerzbank, aber auch der Dresdner Bank beweist.

2.2. DIE FINANZENTWICKLUNG DER UNTERNEHMEN

2.2.1. DIE EIGENKAPITALAUSSTATTUNG DER UNTERNEHMEN

Die Banken fungieren als Hauptgläubiger der Unternehmen. Stellungnahmen und Untersuchungen über die Macht der Banken bezüglich Nichtbankenunternehmen in der Bundesrepublik haben sich nahezu durchweg auf den Beteiligungsbesitz der Banken, das Depotstimmrecht, die Präsenz ihrer Vertreter in den Aufsichtsräten verbundener Unternehmen, sowie das Emissionsrecht neuer Aktien konzentriert. Diese Ansätze verkennen aber, daß die Grundlage des Verhältnisses zwischen Banken und Industrie die Kreditbeziehungen sind. Auch wenn die oben beschriebenen Einwirkungsmöglichkeiten nicht unterschätzt werden sollen, müssen im Zentrum der Untersuchung die Kreditbeziehungen stehen (1). Denn von den oben beschriebenen Einwirkungsmöglichkeiten sind ausschließlich nur Aktiengesellschaften angesprochen, während Nichtaktiengesellschaften ausgeklammert

---

1) LUDWIG POULLAIN, sicherlich kein radikaler Kritiker des Bankensystems, führt in seinen 'Memoiren' dazu aus: "Vom Depotstimmrecht als einem Instrument der Macht der Banken will ich in diesem Buch nicht schreiben, es liegt in der Randzone; auch die Beteiligungen an Industrieunternehmen an sich sind kein Problem der Bankenmacht. Über beide kann man jedoch so schön reden, denn sie haben nun einmal eine gute Plakatwirkung. Die Taktik der Banken, die Diskussion über die Macht der Banken immer wieder auf diese eher vordergründigen Themen zu lenken, finde ich klug. Damit bleibt der Kern des Problems außerhalb des Fadenkreuzes.
Die eigentliche, die wirksame Macht der Banken, entzieht sich dem indirekten Zugriff; damit ist sie auch kaum greifbar. Sie liegt in der Kenntnis von Zusammenhängen und der Fähigkeit, auch über mehrere Stationen flüssig kombinieren zu können; sie liegt in der Bereitschaft, zu geben und dafür zu nehmen. Sie resultiert aus Initiativen und der Kunst, Fäden zu weben und sie zu Knoten zu schnüren. Sie liegt auch in der Möglichkeit, Geld und Macht zu transferieren."
(Poullain, Ludwig: "Tätigkeitsbericht", Teil IV. In: Die Wirtschaftswoche, Düsseldorf, vom 9.7.1979).

werden. Zweitens haben auch bei Aktiengesellschaften die Finanzierungsverhältnisse, die wiederum wesentlich vom Kredit mitbestimmt werden, eine tiefergehende Wirkung auf die Geschäftspolitik.

Betrachtet man die Eigenkapitalausstattung bzw. Fremdfinanzierungsquote der Unternehmen als Indikatoren für die Bedeutung des Kredits bei kommerziellen und industriellen Unternehmungen, bezogen auf die wirtschaftliche Entwicklung der Bundesrepublik, erscheint eine Bedeutungszunahme der Banken naheliegend. Ist aus der steigenden Kreditfinanzierungsquote eine Zunahme der Macht der Banken über das kommerzielle und industrielle Kapital zu schlußfolgern?

Diese Fragestellung, so einfach sie klingen mag, ist aber nicht so einfach zu beantworten, da verschiedenartige Bestimmungsgründe in diese Entwicklung eingehen.

Für die Jahre ab 1965 bzw. 1969 veröffentlicht die Deutsche Bundesbank aggregierte Zahlenreihen über die Jahresabschlüsse der Unternehmen (1). Diese Zahlen sind aussagekräftiger als die Veröffentlichungen des Statistischen Bundesamtes über die Jahresabschlüsse der Unternehmen, da die Bundesbank aus der Bonitätsprüfung bei Wechselannahme die nichtveröffentlichten Steuerbilanzen vor allem kleiner und mittlerer Unternehmen miteinbezieht. Die Untersuchungen beginnen erst mit dem Jahre 1965, da die Reform des Aktiengesetzes aus diesem Jahre für die Gewinn- und Verlustrechnung grundsätzlich das Bruttoprinzip vorschreibt, d.h. Aufwendungen dürfen nicht gegen ihnen konforme Erträge saldiert werden.

Durch den großen Kreis der Unternehmen, die in der Untersuchung der Bundesbank ausgewertet werden, ist ein hoher Grad an

---

1) Deutsche Bundesbank: Jahresabschlüsse der Unternehmen in der Bundesrepublik Deutschland 1965 bis 1978. Sonderdruck Nr. 5, Frankfurt/Main, 2. Aufl., Juli 1978. Sowie regelmäßig in ihren Monatsberichten.

Verallgemeinerung möglich geworden. Eine Einschränkung erfährt die Untersuchung dadurch, daß Unternehmen, die keine Wechsel einreichen, nicht mit eingehen. Diese Unternehmen werden in der Regel eine ungünstigere Bonität haben. Das Ergebnis stellt sich dadurch etwas günstiger dar, weil diese Unternehmen unberücksichtigt bleiben müssen.

Dieses Verfahren, von aggregierten Größen des Unternehmenssektors auszugehen, hat den Mangel, konkrete Beziehungen zwischen Einzelbanken und Einzelunternehmen nicht erfassen zu können. Die Untersuchung ausgewählter Einzelunternehmen, wobei sowieso nur publizitätspflichtige Unternehmen in Frage kommen, anhand von Bilanzkennziffern ist theoretisch fragwürdig, wenn sie verallgemeinert werden. Denn die Kreditbeziehungen, das je konkrete Verhalten der Banken und der Unternehmen, möglicherweise Druck und Gegendruck, sind der Öffentlichkeit nicht zugänglich. Wenn ja, dann nur in einigen spektakulären Fällen, die aber kaum verallgemeinerbar sind. Die sektorbezogene Untersuchung hat aber den Erkenntnisvorteil, die Rahmenbedingungen im Verhältnis zwischen Banken als hauptsächlichen Kreditgebern und Unternehmen als Kreditnehmern zu erfassen. Weiterhin ist dieses Verfahren geeignet, die gesamtwirtschaftlichen Bestimmungsgründe, die Gesetzmäßigkeiten und ihre konkreten Verlaufsformen näher zu kennzeichnen.

Von marxistischen Autoren ist lange das Vorurteil genährt worden, Bilanzen würden eher die tatsächlichen Verhältnisse (1)

---

1) Exemplarisch für die Ignoranz grundlegender Zusammenhänge des Rechnungswesens ist der Artikel von Mitarbeitern der Arbeitsgruppe Großunternehmen an der Universität Bremen: Flieshardt, Peter/Huffschmid, Jörg/Sablotny, Reinhard/Sörgel, Angelika: Die Legende vom Gewinnverfall. Eine Untersuchung der Spitzengruppe westdeutscher Großunternehmen. In: WSI-Mitteilungen. Nr. 1/1978. S. 19 ff.
Zur Kritik daran siehe:
Scheibe-Lange, Ingrid: Die Legende von der realistischen Ermittlung der Profite. Replik zum Aufsatz der Arbeitsgruppe Großunternehmen: "Die Legende vom Gewinnverfall". In: WSI-Mitteilungen. Nr. 3/1978. S. 175 ff.

verschleiern als aufdecken. Vor allem sei die Höhe des ausgewiesenen Gewinns immer zu niedrig angesetzt.

Die Bilanz ist das Abschlußkonto der Finanzbuchhaltung, das die gesamten Vermögens- und Kapitalbestände einer Unternehmung erfaßt und gegenüberstellt. Die Bilanz hat ökonomisch im wesentlichen drei Funktionen. Sie dient dem Gläubigerschutz, der Prüfung der Kreditwürdigkeit des Unternehmens; sie dient als Grundlage der Steuerermittlung, und sie dient, soweit es sich um publizitätspflichtige Unternehmen wie Aktiengesellschaften handelt, als Bestandsaufnahme der wirtschaftlichen Lage des Unternehmens. Bezüglich des Gläubigerschutzes ist es das Interesse des Unternehmens, den Gewinn möglichst hoch auszuweisen, während es das Interesse hinsichtlich der Steuerzahlung ist, den Gewinn möglichst niedrig erscheinen zu lassen (1). Bewertungen verschiedener Positionen der Bilanz können nicht willkürlich vorgenommen werden. Sie bieten einen Spielraum, weil erstens die Bewertung z.B. des Anlagevermögens nicht exakt auf Heller und Pfennig vorgenommen werden kann und zweitens - z.B. die Bildung stiller Reserven - Höher- und Niedrigbewertungen nur zeitweiligen Charakter haben können. Generell stellt sich bei der Bewertung von Unternehmen das Problem, dem sich gleichfalls ein marxistischer Ansatz gegenübersieht, daß sich der Wert, da er sowieso eine gesellschaftliche Durchschnittsgröße ist, nicht exakt fixieren läßt.

Die Bilanz stellt eine Bestandsaufnahme des Kapitals eines Unternehmens dar. Auf der Aktivseite werden die Geldwerte der verschiedenen Kapitalbestandteile erfaßt, im Anlagevermögen wesentlich das fixe Kapital (Sachanlagen), in den Finanzanlagen Ertragstitel an anderen Unternehmungen (Beteiligungen) sowie Kredite mit einer Laufzeit von mehr als vier Jahren. Im

---

1) Siehe dazu:
Leffson, Ulrich: Grundsätze ordnungsgemäßer Buchführung. 5. v"llig neubearb. Aufl. Düsseldorf 1980. S. 13 ff.

Umlaufvermögen sind die Vorräte zirkulierendes Kapital, ebenfalls sind hier die Kredite mit niedriger Laufzeit, Wertpapierkredite usw. untergebracht. Die Aktivseite der Bilanz enthält also das Kapital des Unternehmens in seinen verschiedenen Erscheinungsformen: Geldkapital, produktives Kapital, Warenkapital, ausgedrückt in Preisen.

Auf der Passivseite der Bilanz sind die Eigentumsrechte am Kapital fixiert, Eigenkapital und Fremdkapital, sowie der Bilanzgewinn. Auskunft über die Herkunft des Bilanzgewinnes gibt die Erfolgsrechnung bzw. Gewinn- und Verlustrechnung. Die GuV-Rechnung ist eine Periodenrechnung, während die Bilanz eine Bestandsrechnung ist, die aber auch den in einem Jahreszeitraum gemachten Bilanzgewinn ausweist.

Die GuV-Rechnung nimmt zum Ausgangspunkt die Umsatzerlöse eines Jahres, davon werden die dem Unternehmen entstandenen 'Kosten' in Abzug gebracht, Löhne und Gehälter als verauslagtes variables Kapital, für das konstante Kapital im wesentlichen Aufwendungen für Roh-, Hilfs- und Betriebsstoffe sowie für bezogene Waren sowie Abschreibungen auf Sachanlagen. Von den Erträgen werden im wesentlichen die Zahlungen für Leihkapital als Zinsaufwendungen und Steuerzahlungen abgezogen. Der Jahresüberschuß, reduziert um Einstellungen in die freien Rücklagen als Profitbestandteile, die unmittelbar wieder in die Akkumulation des Unternehmens eingehen, wird als Bilanzgewinn (oder Bilanzverlust auf der Aktivseite) auf der Passivseite der Bilanz ausgewiesen.

In der Tabelle/Schaubild 3 ist die Entwicklung der Kapitalrentabilität der Unternehmen von 1965 bis 1979 aufgezeigt. Der Jahresüberschuß (vor und nach Steuern) ist zur Bilanzsumme ins Verhältnis gesetzt. Bemerkenswert ist die Parallelität des Verlaufs dieser Zeitrate zur Profitratenberechnung marxistischer Autoren (siehe Anlage 26). Die obere Kurve beschreibt den Verlauf des Jahresüberschusses vor Steuern im Verhältnis zur Bilanzsumme. Der Jahresüberschuß kann als Indikator für den industriellen Profit vor Abzug der Zinszahlungen und der

Tabelle 3: **Jahresüberschuß der Unternehmen im Verhältnis zu ihrer Bilanzsumme 1965 bis 1979**

	1965	1966	1967	1968	1969	1970	1971	1972	1973	1974	1975	1976	1977	1978	1979[2]
Bilanzsumme in Mrd. DM	583,7	619,1	619,8	677,7	773,9	868,5	962,4	1056,4	1134,5	1186,1	1222,3	1331,1	1381,0	1470,6	1609,5
Jahresüberschuß[1] vor Steuern in Mrd. DM	83,3	81,4	82,2	72,9	84,0	87,1	90,6	98,1	97,9	94,2	95,6	120,2	122,9	129,3	141,5
Jahresüberschuß nach Steuern in Mrd. DM	34,9	32,4	32,2	36,3	44,6	47,4	46,8	48,7	44,2	40,6	41,6	57,5	54,9	58,1	62,5
Jahresüberschuß v.St. in % der Bilanzsumme	*14,26*	*13,15*	*13,26*	*10,75*	*10,85*	*10,02*	*9,41*	*9,28*	*8,63*	*7,94*	*7,82*	*8,83*	*8,90*	*8,79*	*8,79*
Jahresüberschuß n.St. in % der Bilanzsumme	*5,98*	*5,23*	*5,20*	*5,37*	*5,76*	*5,46*	*4,86*	*4,61*	*3,90*	*3,42*	*3,41*	*4,32*	*3,98*	*3,95*	*3,88*

Anmerkungen: 1 *nachrichtlich*
2 *hochgerechnete Ergebnisse*

Quelle: *Deutsche Bundesbank: Jahresabschlüsse der Unternehmen in der Bundesrepublik Deutschland 1965 bis 1978, Sonderdruck Nr. 5, Frankfurt/M., 3. Aufl., Juli 1978, S. 8.*
Diess.: Ertragslage und Finanzierungsverhältnisse der Unternehmen im Jahre 1978. In: Monatsberichte derselben. 31. Jahrgang (1979), Heft 11 (November), S. 16–25, Zahlen S. 23.
Diess.: Ertragslage und Finanzierungsverhältnisse der Unternehmen im Jahre 1979. In: Monatsberichte derselben. 32. Jahrgang (1980), Heft 11 (November), S. 15–24, Zahlen S. 16 und 18.

Eigene Berechnungen

Schaubild 3: Entwicklung der Kapitalrentabilität der Unternehmen 1965 bis 1979

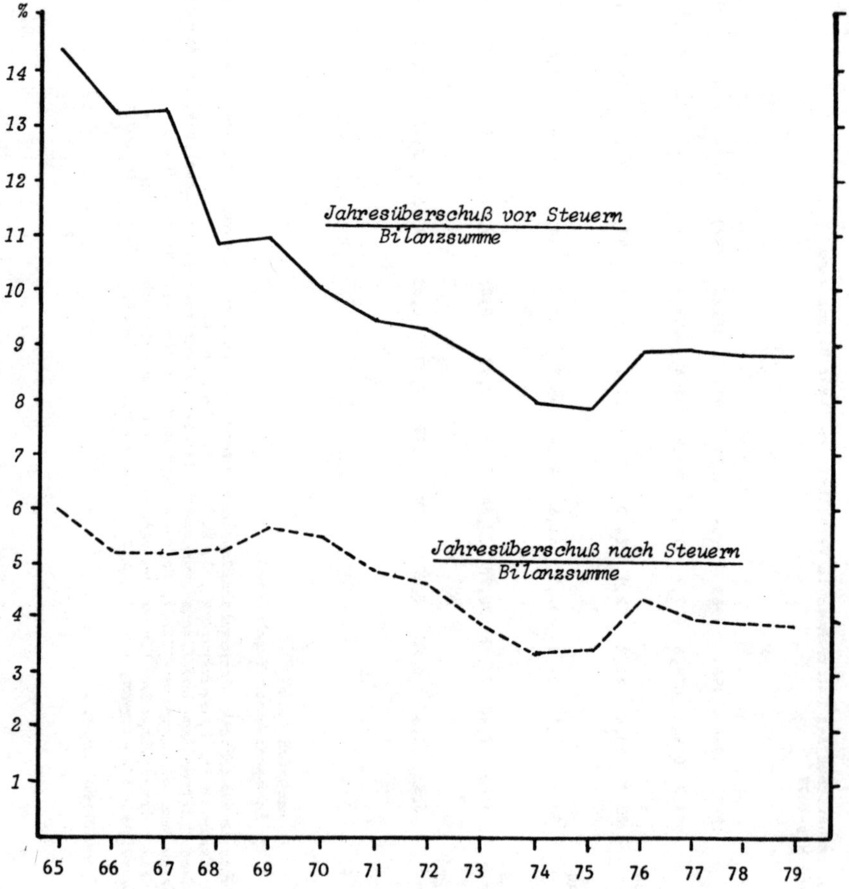

Quelle: siehe Tabelle 3

Steuern gelten. Diese Maßgröße gibt als Indikator an, wie sich das fungierende Kapital eines Unternehmens verwertet hat. Dieser Indikator weist eine deutlich fallende Tendenz auf. Dieser Indikator macht die Profitratenberechnung, wie sie von ALTVATER et al, SOST und HANS-GERHART SCHMIERER vorgenommen wurde, nicht überflüssig. Er gibt nicht Aufschluß über die Ursachen des Falls der Profitrate. Vor allem ist die Mehrwertrate als gesellschaftliche Durchschnittsgröße nicht aus den Jahresabschlüssen der Unternehmen zu entnehmen. Hier soll es aber Zweck sein in Hinblick auf die Thematik dieser Arbeit, die wesentlichen Finanzstrukturen der Unternehmen einschließlich ihrer Kreditbeziehungen zu erfassen. Außerdem belegen diese Zahlen, daß dem Kapital, dessen Dreh- und Angelpunkt seine Verwertung ist, Rentabilitätserwägungen und ihre quantitative Erfassung keineswegs fremd sind.

Die Verhältniszahl Jahresüberschuß nach Steuern zur Bilanzsumme ist eine Maßgröße über die Größe des Profits, der den Unternehmen (abzüglich der Zinsaufwendungen) zur Akkumulation zur Verfügung steht. Der Jahresüberschuß nach Steuern ist der akkumulationsfähige Profit (1).

Die Eigenkapitalquote der Unternehmen weist eine fallende Tendenz auf (Tabelle/Schaubild 4). Das Fallen wird durch Boomphasen der Konjunktur unterbrochen.

Um die näheren Bestimmungsmomente (2) des Verlaufs dieser

---

1) Die Untersuchung der Wirkung der Steuern auf die Kapitalakkumulation liegt außerhalb des Plans dieser Arbeit. Der Verlauf der Zeitreihe Jahresüberschuß nach Steuern zur Bilanzsumme läßt vermuten, daß das Steuersystem die Krisenwirkung für das Kapital abmildert. Eine eingehende Untersuchung wäre notwendig, um die ökonomische Bedeutung der Steuern für die Kapitalakkumulation zu würdigen.

2) Ich nehme im folgenden bezug auf: Altvater, Elmar/Hoffmann, Jürgen/Semmler Willi: Vom Wirtschaftswunder zur Wirtschaftskrise. A.a.O. S. 206-249, Kapitel 9.

Größen erklären zu können, ist der Akkumulationsprozeß in seinem tatsächlichen Verlauf, nämlich als Zyklus, zu untersuchen. Entscheidend für den ökonomischen Verlauf ist der Gang der Profitrate und der Akkumulationsrate des Kapitals. Die Überakkumulation von Kapital führt periodisch zu Krisen, Profitabilität und Akkumulation von Kapital stehen in engem Zusammenhang. Sinkende Profitabilität macht sich nicht bemerkbar als Mangel an Kapital, vielmehr führt sie zur Überproduktion von Kapital, das keine profitable Anlagesphäre findet. Die Überproduktion von Kapital als hervorstechendes Kennzeichen der Krise findet in verschiedenen Erscheinungsformen statt, in der Brachlegung von fungierendem Kapital, geringer Kapazitätsauslastung, Unverkäuflichkeit von Warenkapital (Vorratslager) und der Entwertung von Geldkapital.Die Überproduktion von Kapital wird in der Krise aufgelöst durch Entwertungs- und Vernichtungsprozesse von Kapital, deren augenscheinlichste Formen Firmenbankrotte, Deflation, Warenvernichtungen und die Brachlegung lebendiger Arbeitskraft in Gestalt eines Arbeitslosenheeres sind. Über die Entwertung des Kapitals werden dem Kapital wieder profitable Anlagesphären eröffnet, die einen neuen Boom einleiten.

Die Wirtschaftszyklen in der BRD weisen eine 7-9jährige Dauer auf. Allerdings wiederholen sich die Zyklen nicht mechanisch. Die Konjunkturausschläge vergrößern sich, die Krisen werden schärfer, weil die in den Krisen zutage tretenden Widersprüche in den Krisen immer weniger aufgelöst werden können.

Triebkraft der zyklischen Bewegung sind vor allem die Neuinvestitionen. Ihr Verlauf gibt an, in welchem Maße das Kapital profitable Anlagemöglichkeiten gefunden hat. Als Indikator ist hier der Sachanlagenzugang (netto) gewählt (Tabelle 5/Schaubild 5a). In den Boomphasen ist der Sachanlagenzugang am höchsten. Die hohe Profitrate veranlaßt die Unternehmen zu investieren. Mit Nachlassen der Profitrate geht einher eine Reduzierung der Neuinvestitionen. In der Krise erreichen sie ihren Tiefpunkt, in der Krise 74/75 streben sie sogar gegen Null.

<u>Tabelle 4:</u> **Bilanzsumme, Eigenkapital- und Fremdkapitalausstattung aller Unternehmen 1965 - 1978**

	1965	1966	1967	1968	1969	1970	1971	1972	1973	1974	1975	1976	1977	1978
Bilanzsumme in Mrd. DM	583,7	619,1	619,8	677,7	773,9	868,5	962,4	1056,4	1134,5	1186,1	1222,3	1331,1	1381,0	1470,8
Eigenkapital[1] in Mrd. DM	166,2	177,8	186,5	199,3	212,3	226,1	245,7	258,3	271,6	283,7	292,8	309,6	319,4	331,8
Fremdkapital[2] in Mrd. DM	359,1	381,7	374,9	416,8	492,4	572,3	643,3	719,1	779,0	817,4	836,7	914,4	947,9	1022,3
Eigenkapital in % der Bilanzsumme	*28,5*	*28,7*	*30,0*	*29,4*	*27,4*	*26,0*	*25,5*	*24,4*	*23,9*	*23,9*	*24,0*	*23,2*	*23,2*	*22,6*
Fremdkapital in % der Bilanzsumme	*61,5*	*61,6*	*60,5*	*61,5*	*63,6*	*65,9*	*66,8*	*68,1*	*68,7*	*68,9*	*68,9*	*68,5*	*68,6*	*69,5*

<u>Anmerkungen:</u>

1 *Kapital und Rückstellungen*
2 *Verbindlichkeiten und Rückstellungen*

<u>Quelle:</u> *Deutsche Bundesbank: Jahresabschlüsse der Unternehmen in der Bundesrepublik Deutschland 1965 bis 1976, Sonderdruck Nr. 5, Frankfurt/M., 2. Aufl., Juli 1978, S. 8 und 9.*
Diess.: Ertragslage und Finanzierungsverhältnisse der Unternehmen im Jahre 1979. In: Monatsberichte derselben. 32. Jahrgang (1980), Heft 11 (November), S. 15-24, Zahlen S.21.

Eigene Berechnungen

Schaubild 4: Eigenkapitalausstattung der Unternehmen 1965 bis 1978

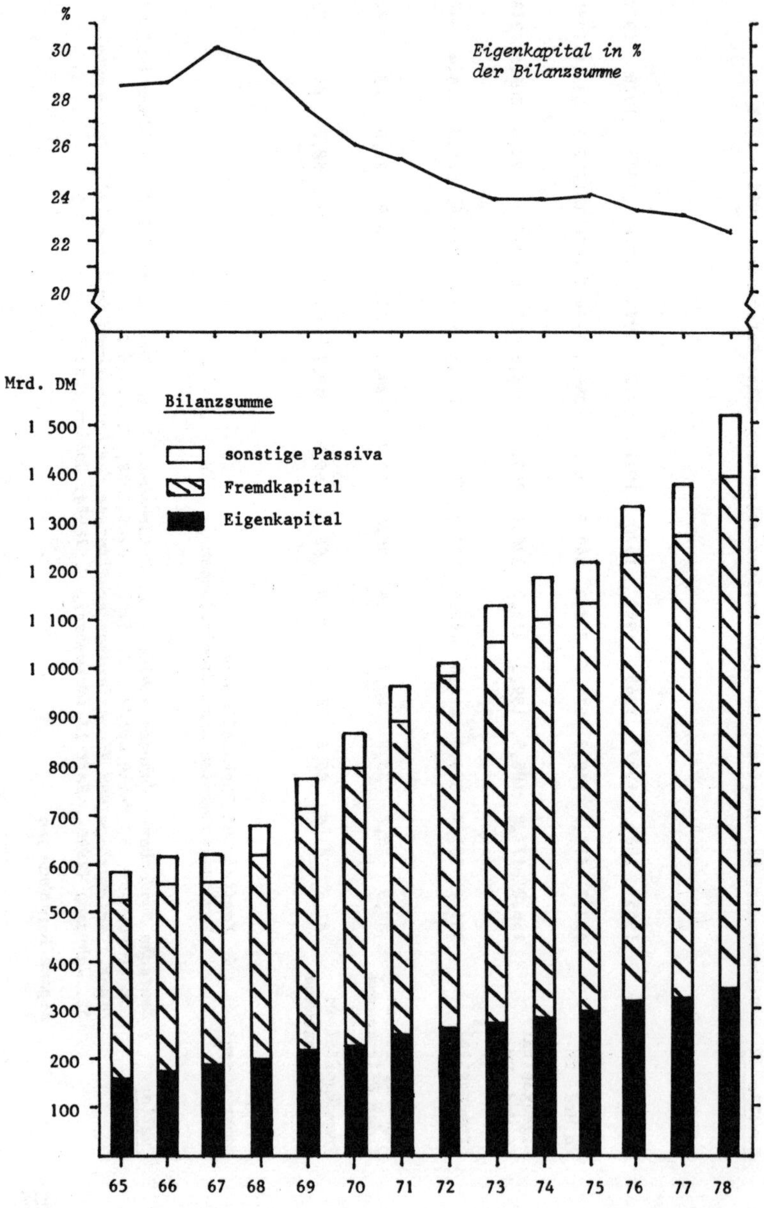

Quelle: siehe Tabelle 30

Tabelle 5: Ausgewählte Positionen aus dem Mittelaufkommen und der Mittelverwendung aller Unternehmen 1969 bis 1979
(in Mrd. DM)

Position	1969	1970	1971	1972	1973	1974	1975	1976	1977	1978	1979
Sachanlagenzugang netto (nachrichtl.)	20,1	33,38	37,01	27,71	21,29	4,44	6,62	25,90	9,2	12,8	26,0
Veränderungen der Verbindlichkeiten	70,1	70,15	60,81	66,21	49,58	24,11	3,10	69,38	18,8	63,0	95,0
Geldvermögensbildung	47,1	37,75	38,45	48,72	28,66	16,02	17,53	52,03	15,8	53,0	63,0
Veränderung der Kassenmittel	0,4	-2,72	6,86	7,30	-1,32	-1,83	8,07	6,56	3,5	7,3	2,0
Veränderung der Forderungen	40,6	36,60	28,75	36,47	25,15	14,20	3,42	35,87	6,0	39,9	52,0
Erwerb von Wertpapieren	0,0	-0,02	0,97	0,58	1,42	0,55	2,19	4,77	1,9	1,5	3,0
Erwerb von Beteiligungen	6,1	3,89	1,87	4,38	3,41	3,11	3,86	4,83	4,4	4,2	6,5

Quelle: *Deutsche Bundesbank: Jahresabschlüsse der Unternehmen in der Bundesrepublik Deutschland 1965 bis 1972, Sonderdruck Nr. 5, Frankfurt/M., 1. Aufl., Jan. 1975, S. 60.*
Dies.: Jahresabschlüsse der Unternehmen in der Bundesrepublik Deutschland 1965 bis 1976, Sonderdruck Nr. 5, Frankfurt/M., 2. Aufl., Juli 1978, S. 80.
Dies.: Ertragslage und Finanzierungsverhältnisse der Unternehmen im Jahre 1979. In: Monatsberichte derselben. 32. Jg. (1980), Heft 11 (November), S. 15-24, hier S. 17.

Schaubild 5a: Sachanlagenzugang netto der Unternehmen (in Mrd. DM) 1969 bis 1979

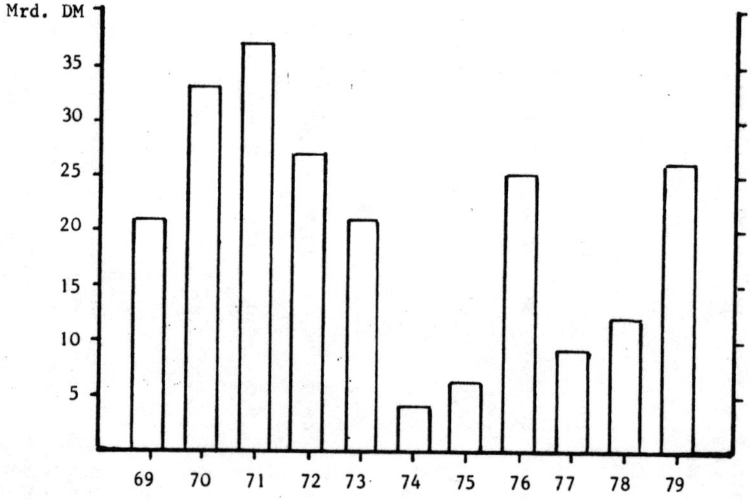

Quelle: siehe Tabelle 5

Schaubild 5b: Veränderungen der Verbindlichkeiten der Unternehmen (in Mrd. DM) 1969 bis 1979

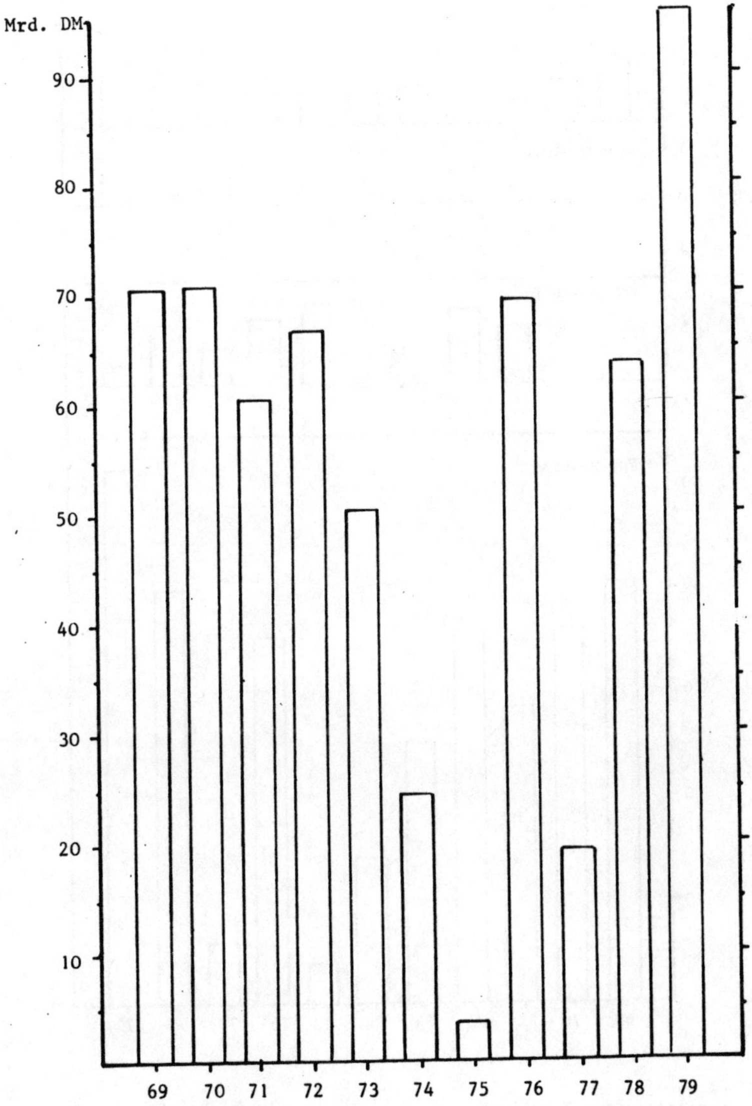

Quelle: siehe Tabelle 5

Schaubild 5c: Veränderungen der Geldvermögensbildung der Unternehmen nach Positionen (in Mrd. DM) 1969 bis 1979

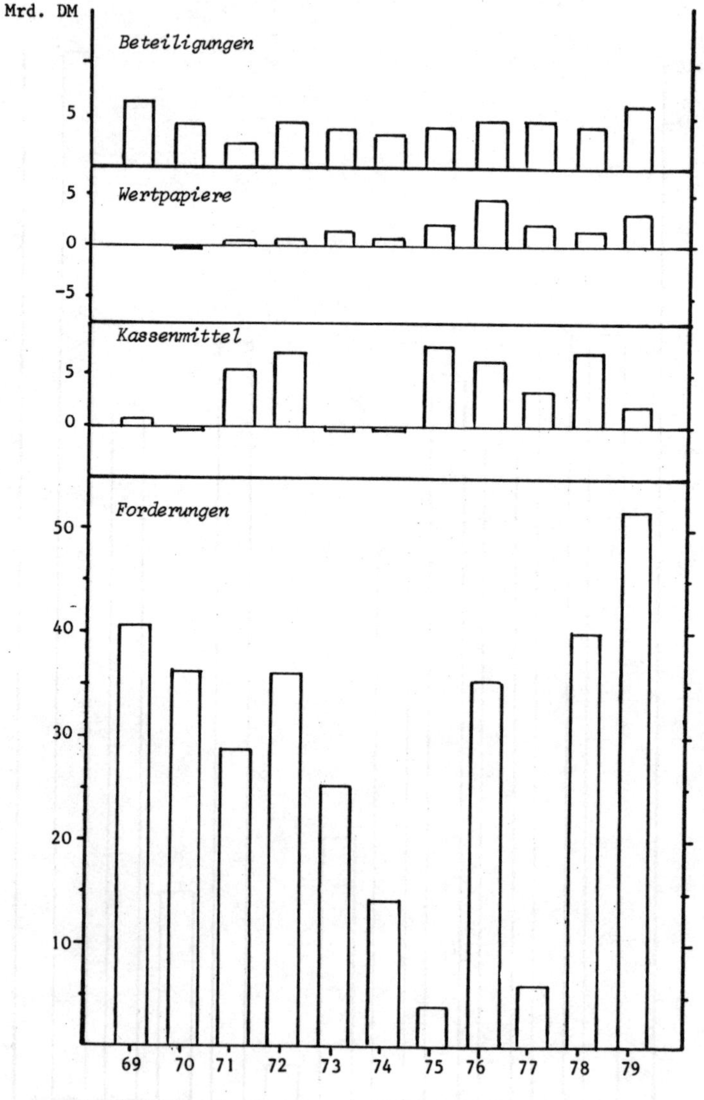

Quelle: siehe Tabelle 5

In engem Zusammenhang dazu stehen die Finanzierungsverhältnisse der Unternehmen. Die Zugänge an Verbindlichkeiten der Unternehmen (Tabelle 5/Schaubild 5b) sind weitgehend zyklusbestimmt. Die Zugänge erreichen im Boom ihren Höhepunkt. Die selber akkumulierten Profite reichen nicht aus, um die Investitionen refinanzieren zu können. Bankkredite werden aufgenommen. Hinzu kommt, daß Zirkulationskredite zwischen den Unternehmen stärker nachgefragt werden. Die Bundesbank stellt fest, daß auch die Lieferantenkredite zwischen den Unternehmen einen dem Bankkredit ähnlichen Verlauf aufweisen (1). Die Zunahme der Lieferantenkredite schlägt sich sowohl bei den Verbindlichkeiten wie den Forderungen der Unternehmen nieder. Die zunehmende Kreditverflechtung der Unternehmen in dieser Zyklusphase hat aber auch häufig eine Ausweitung des Bankkredits zur Folge, um die Lieferantenkredite refinanzieren zu können. Mit Einsetzen der Krise nimmt das Bedürfnis der Kapitalisten nach Zahlungsfähigkeit zu. Die Entwicklung der Kassenmittel (Tabelle 5/Schaubild 5c) zeigt, daß schon vor der Krise die Liquidität der Unternehmen insgesamt fast gleich null ist. Es wird jetzt geborgt, um Zahlungsverpflichtungen nachkommen zu können. Die Krise hat zu Stockungen des Kapitalkreislaufs geführt, bare Zahlung gilt.

Auch wenn die Neuinvestitionsquote, wie im Krisenjahr 1974, gering ist, also kaum noch neuinvestiert wurde, ist der Sockel von neuen Verbindlichkeiten noch erheblich. Diese Kredite dienen nicht der Neuinvestition, sondern fast ausschließlich der Erfüllung von Zahlungsverpflichtungen. Im Folgejahr sind dann die neuen Verbindlichkeiten auf einen fast unerheblichen Betrag reduziert worden.

Die Akkumulationsrate der Unternehmen ist eine Abhängige der

---

1) Deutsche Bundesbank: Ertragslage und Finanzierungsverhältnisse der Unternehmen im Jahre 1976. In: Monatsberichte derselben. 29. Jg. (1977). Heft 11 (Nov.). S. 13 ff. hier S. 16.

Profitabilität. Die Krise drückt auf die Profitrate, weil das brachliegende Kapital sich nicht verwerten kann. Es ist vorgeschossen worden, verwertet sich aber nicht. Die brachliegenden Kapazitäten bleiben im Anlagevermögen und drücken auf die Rentabilität. Auf die Profitrate beginnt auch die Zinsrate zu drücken, sie schnürt in der Krise den Unternehmergewinn, den den Unternehmen nach Abzug der Zinsen verbleibenden Profitteil, ein. Der Zins (1) erreicht vor der Krise seinen Höhepunkt. Das Angebot an Leihkapital, das die Unternehmen in nur geringem Maße noch aufbringen können, korrespondiert mit einer großen Nachfrage nach Leihkapital mit dem Zweck, vor allem Zahlungsschwierigkeiten zu überbrücken. In der Situation, in der die Unternehmen Leihkapital am dringensten benötigen, ist es am teuersten. In der wirtschaftlichen Notlage, die sich ausdrückt in einer erheblichen Zunahme von Insolvenzen, ist die Position der Banken gegenüber den Unternehmen am stärksten.

Mit der Krise tritt mit zeitlicher Verzögerung ein abruptes Nachlassen der Kreditnachfrage seitens der Unternehmen ein. 1975, ein Jahr nach dem Höhepunkt der Krise, ist die Zunahme der Verbindlichkeiten der Unternehmen gering. Die geringe Nachfrage nach Leihkapital, einhergehend mit einem wieder wachsenden Angebot an Leihkapital, weil die Unternehmen Neuinvestitionen noch hinausschieben und stattdessen Teile ihres Kapitals in Geldform als zinstragendes Kapital anlegen, führt zu einem Sinken der Zinsen. Diese Zinssenkung bedeutet eine Entwertung des Bankkapitals.

In der Aufschwungphase von 1975 bis 1976, die begleitet wurde von einer kräftigen Zunahme der Neuinvestitionen, sind die Bedingungen der Unternehmen für die Akkumulation günstig. Die Profitrate beginnt wieder zu steigen. Die Entwertung in der

---

1) Siehe Anlage 21: Entwicklung ausgewählter Zinssätze seit 1973

Krise hat ihr Werk auch zum Teil getan. Die Kassenmittel als Indikator für die Liquidität der Unternehmen sind 1975 schon wieder gestiegen. Die Unternehmen nehmen wieder Kredite auf. Jetzt aber sind die Zinsen niedrig. Einem hohen Angebot an Leihkapital steht eine geringe Nachfrage nach Leihkapital gegenüber. Außerdem steigt die innersektorale Kreditverflechtung der Unternehmen bei Außerachtlassung der Banken wieder. In diesem Jahr haben die Unternehmen verstärkt Wertpapiere, vor allem Staatspapiere, gekauft. 1977 kommt es zu einer Unterbrechung der Aufwärtsentwicklung, die Akkumulationsrate sinkt, der Sachanlagenzugang ist rückläufig. Jedoch führt die im Vergleich zu 1974/75 weniger schwere Krise nicht wieder zu einer ähnlichen Anspannung der Kreditverhältnisse. Die Kapitalrentabilität sinkt nicht ab, sie stagniert. Die Akkumulation ist gebremst, ohne daß es zu einer Kapitalentwertung -und -vernichtung im Ausmaß der Krise 1974/75 kommt.

Beim ersten Augenschein hat der hier beschriebene Zyklus große Ähnlichkeit mit den vorangegangenen (1) und dem folgenden Zyklus. Langfristig ist jedoch nicht einfach eine Wiederholung, sondern eine Verschärfung der Krisenzyklen bemerkbar. Sie äußert sich in langfristig abnehmender Kapitalrentabilität als Indikator für die Tendenz der fallenden Profitrate, abnehmender Akkumulationsfähigkeit, die sich in abnehmender Investitionsquote und abnehmenden Wachstumsraten des Bruttosozialprodukts zeigt. Auch die hier beschriebenen Finanzierungsverhältnisse werden nicht ausschließlich durch das Verhältnis von Bankkapital und Industriekapital bestimmt. Die zunehmende Staatsverschuldung wirkt auf die Kreditverhältnisse. Indem der Staat einen progressiv wachsenden Teil des gesellschaftlichen Leihkapitals in Anspruch nimmt, wirkt er tendenziell auf eine

---

1) Siehe:
Kleinewefers, Henner: Die Politik der Deutschen Bundesbank in dem Konjunkturzyklus 1964-1968. In: Kredit und Kapital, Heft 1/1970, S. 31 ff.

Erhöhung des Zinsniveaus. Die Staatsnachfrage nach Kredit engt zunehmend die Nachfrage der Unternehmen ein, führt für sie zu einer Verteuerung des Fremdkapitals. Der immer lauter werdende Ruf der Unternehmen einschließlich der Banken nach Abbau der Staatsverschuldung hat hierin seine Ursache. Weiterhin wirken die internationalen Zusammenhänge auf die nationalen Kreditverhältnisse. Das langandauernde hohe Niveau der Zinsen zu Beginn der 80er Jahre ist weniger auf interne Faktoren als auf internationale Währungskonstellationen, vor allem der Entwicklung der US-Zinsen und ihrer Wirkung auf den Dollar-Kurs, zurückzuführen. Diese Faktoren wirken jedoch eher in Richtung auf eine weitere Anspannung der Kreditverhältnisse.

Zusammenfassend ist festzuhalten, daß die Banken in die Akkumulationszyklen des Kapitals eingebunden sind. Ihr Zyklus verläuft aber nicht parallel zum Zyklus des industriellen Kapitals, sondern spiegelverkehrt. Diese Verlaufsformen begründen die wechselnde ökonomische Stärke bzw. Schwäche beider Kapitalsorten. In der Krise des industriellen Kapitals ist die Position der Banken relativ stark. Dieser Zusammenhang drückt sich darin aus, daß in der Situation, in der die Profitrate am niedrigsten ist, das Bankkapital absolut wie relativ den größten Anteil am Profit beanspruchen kann. In Tabelle /Schaubild 6 sind die Jahresüberschüsse nach Steuern den saldierten Zinszahlungen gegenübergestellt. Bei Abnahme des Jahresüberschusses 1974 und 1975 wächst der Anteil der Zinszahlungen, ihren höchsten Stand erreichen sie im Krisenjahr 1974. Dieser Tatbestand ist nicht mysteriös. Er erklärt sich aus dem quantitativen Verhältnis von Angebot an und Nachfrage nach Leihkapital. Nach der Krise kehrt sich dieses Verhältnis um. Die Jahresüberschüsse steigen wieder und die Zinszahlungen reduzieren sich. Vermittelt ist dieser Prozeß über die Zinsrate.

Von einer wachsenden Bankenmacht zu sprechen, wäre falsch. Die Banken können sich dem Akkumulationszyklus nicht entziehen. Im Zyklus wechseln die Rollen. Beide Seiten vermögen den zugrunde liegenden ökonomischen Tatbestand durch Druck und Gegendruck,

Tabelle 6: Jahresüberschuß und Zinszahlungen der Unternehmen 1971 bis 1979

	1971	1972	1973	1974	1975	1976	1977	1978	1979[1]
Jahresüberschuß (nach Steuern) in Mrd. DM	46,8	48,7	44,2	40,6	41,6	57,5	54,9	58,1	62,5
Zinsaufwendungen in Mrd. DM	24,2	24,1	33,5	40,0	33,7	30,5	31,5	31	36
Zinserträge in Mrd. DM	6,7	6,6	9,7	10,9	9,0	8,9	9,8	9,7	11,5
nachrichtlich: Zinszahlungen in Mrd. DM	17,5	17,5	23,8	29,1	24,7	21,6	21,7	21,3	24,5
Verhältnis Jahresüberschuß zu Zinszahlungen	*2,68*	*2,78*	*1,86*	*1,39*	*1,68*	*2,66*	*2,53*	*2,73*	*2,55*

1 vorläufig

Quelle: Deutsche Bundesbank: Jahresabschlüsse der Unternehmen in der Bundesrepublik Deutschland 1965 bis 1976, Sonderdruck Nr. 5, Frankfurt/Main, 2. Aufl., Juli 1978, S. 8; Dies.: Ertragslage und Finanzierungsverhältnisse der Unternehmen im Jahre 1978. In: Monatsberichte derselben. 32. Jg. (1980), Heft 11 (Nov.), S. 15-24, hier S. 16.

Schaubild 6: Jahresüberschuß (nach Steuern) und Zinszahlungen der Unternehmen 1971 bis 1979

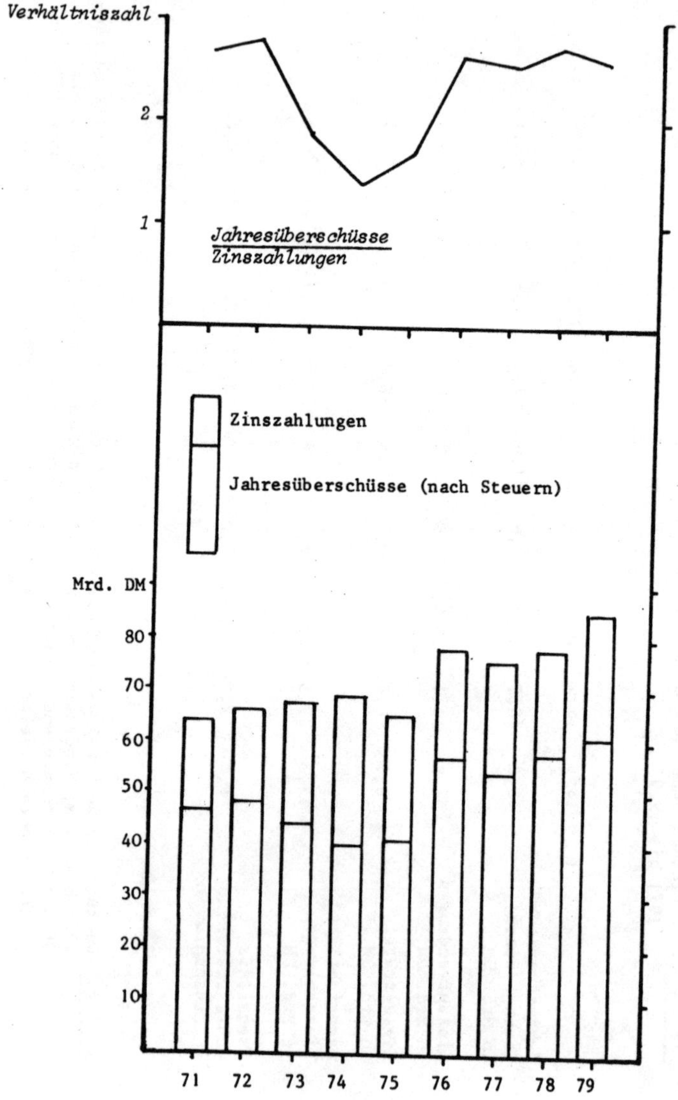

Quelle: siehe Tabelle 6

der sich in der Verhandlungsstärke ausdrückt, auszunutzen.

Langfristig ist eine zunehmende Tendenz zur Kreditfinanzierung festzustellen. Diese Tendenz vermittelt sich aber auch zyklisch. Deutlich wird dies an der Selbstfinanzierungsquote der Unternehmen. Diese Maßgröße beschreibt das Verhältnis von Eigenkapital zu Bruttoinvestitionen. Diese Quote erreicht vor der Krise ihren Höhepunkt, nach der Krise steigt sie wieder.

Nicht alle Fremdmittel der Unternehmen sind Bankkredite. Die Bundesbank schätzt, daß ca. ein Drittel der Verbindlichkeiten und Forderungen der Unternehmen innersektoral sind. Die Kreditverflechtung der Unternehmen untereinander weist ebenfalls einen zyklischen Verlauf auf (1).

Die Eigenkapitalausstattung bzw. Fremdkapitalfinanzierung hat auf die Geschäftslage der Unternehmen Einfluß. Tendenziell bedeutet sie, daß der Anteil der Zinsaufwendungen steigt und die Kapitalrentabilität weiter einschränkt. Eine geringe Eigenkapitalausstattung hat ebenfalls bei Unternehmen, deren Geschäftslage sich als schwierig herausstellt, eine verschärfende Wirkung. Die Bundesbank stellt für 1976 fest, daß viele Zusammenbrüche aufgrund niedrigen Eigenkapitals erfolgt sind (2). Der Sachverständigenrat stellt fest (3), daß sowohl Kreditnehmer wie Kreditgeber der jeweiligen Verschuldung des Unternehmens, besonders wenn sie über Branchendurchschnitt liege, bei Investitionsentscheidungen große Bedeutung zumessen würden.

Wenn in diesem Kapitel von den Banken die Rede war, so muß

---

1) Deutsche Bundesbank: Ertragslage und Finanzierungsverhältnisse der Unternehmen im Jahre 1976. A.a.O. S. 16.

2) ebd., S. 14.

3) Jahresgutachten 1979/80 des Sachverständigenrates zur Begutachtung der gesamtwirtschaftlichen Entwicklung. Drucksache 8/3420 des Deutschen Bundestages. Bonn am 22.11.1979. Tz 360, S. 150.

gleichfalls festgehalten werden, daß sich konkret Einzelunterunternehmen und Einzelbanken gegenüberstehen. Eine höhere Fremdfinanzierungsquote eröffnet der oder den Gläubigerbanken unter Umständen ein höheres Einwirkungsvermögen. Sie schließt aber gleichzeitig die Gefahr der Überkreditierung ein, die im Fall eines starken Sinkens der Rentabilität des Kreditnehmers diese noch mehr einschränkt und einen möglichen Zusammenbruch beschleunigt, oder, um dies zu verhindern, gegebenenfalls zu einem Forderungsverzicht der beteiligten Banken führt. In beiden Fällen wird Bankkapital entwertet, was beides nicht im Interesse der beteiligten Banken ist.

Auch in diesem Zusammenhang ist davon auszugehen, daß sich die Gläubigerbanken als Konkurrenten verhalten. Diese Konkurrenz wird z.B. über Kreditkonditionen ausgetragen.

Die Eigenkapitalquote steht in engem Zusammenhang zur Profitrate der Unternehmen. Die Bundesbank weist in einer Untersuchung darauf hin, daß Unternehmen mit relativ hoher Kapitalproduktivität ebenfalls eine hohe Eigenkapitalausstattung haben (1). Andere Untersuchungen (2) kommen zu ähnlichen Ergebnissen. Eine hohe Kapitalproduktivität als Indikator für die organische

---

1) "Die erwähnte höhere Kapitalausstattung der Kapitalgesellschaften hängt zu einem guten Teil damit zusammen, daß Kapitalgesellschaften gerade für solche Unternehmensaufgaben die 'geborene Rechtsform' sind, die, wie z.B. im Grundstoff- und Produktionsgütergewerbe, im Bergbau sowie in der Energie- und Wasserversorgung, in besonderem Maße kapitalintensiv sind. Gut die Hälfte der von Kapitalgesellschaften bilanzierten Eigenmittel betrafen Firmen in diesen Bereichen, in denen vorwiegend anlageintensiv und in relativ großen Unternehmenseinheiten produziert wird und in denen schon aus technischen Gründen in solchen Größenordnungen produziert werden muß."
(Deutsche Bundesbank: Die Eigenmittelausstattung der Unternehmen. Einzelergebnisse der Statistik der Unternehmensbilanzen der Deutschen Bundesbank. In: Monatsberichte derselben. 30. Jg. (1978). Nr. 10 (Okt.). S. 16 ff., hier S. 17.)

2) Deutsche Gesellschaft für Anlageberatung mbH: Ertragsvergleich 1969-1978. Frankfurt/Main 1979.

Zusammensetzung des Kapitals setzt in der Vergangenheit ein hohes Investitionsniveau voraus, das aber nur Kapitale mit überdurchschnittlicher Akkumulationsfähigkeit finanzieren konnten. Die Akkumulationsrate steht aber wiederum in Abhängigkeit zur Rentabilität. Insgesamt hat die tendenziell abnehmende Eigenkapitalausstattung der Unternehmen ihre Ursache im tendenziellen Fall der Profitrate, der langfristig zur Einschränkung ihrer Akkumulationsfähigkeit führt (1). Der Zwang aber zu akkumulieren macht sich über eine tendenziell wachsende Bedeutung der Kreditfinanzierung geltend.

---

1) Einen Rückgang der Eigenkapitalausstattung der Unternehmen hat die OECD im Zeitraum 1967 bis 1977 auch für Großbritannien, Frankreich, Italien und Japan (Zahlen ab 1970) festgestellt; nur in den USA blieb die Eigenkapitalausstattung nahezu konstant.
(OECD: Financial Statistics 1978/12, Tome I. Tabelle A.211)

2.2.2. DIE KAPITALSTRUKTUR KLEINER UND MITTLERER UNTERNEHMEN

Die Verhandlungsmacht von Unternehmen gegenüber Banken hängt nicht unbedingt von der Unternehmensgröße ab. Welche Kreditkonditionen gewährt werden, oder ob das kreditnehmende Unternehmen sogar zwischen konkurrierenden Banken wählen kann, hängt im wesentlichen von der 'Bonität' des Unternehmens ab. Hauptkriterien der Bonitätsprüfung sind die Rentabilität, Stellung am Markt, Sicherheiten für die Kredite. Zu fragen ist nun, ob kleinere und mittlere Unternehmen im Vergleich zu Großunternehmen eine im Durchschnitt ungünstigere Kapitalstruktur aufweisen, die den Banken eine höhere Verhandlungsmacht gegenüber ihren Kunden gibt. Zu prüfen ist, ob diese Größenklassen einen höheren Verschuldungsgrad aufweisen, der ihre Position gegenüber ihren Gläubigern schwächer erscheinen läßt.

Als Maß der Verschuldung soll der Eigenkapitalkoeffizient untersucht werden. Allerdings muß einleitend gesagt werden, daß verläßliche Größenklassenstatistiken, die einen eindeutigen Bilanzvergleich zulassen, nicht vorliegen. Hinzu kommt, daß weder die Klein- und Mittelbetriebe noch die Großunternehmen in bezug auf ihre Finanzierungsverhältnisse monolithische Blöcke sind. Innerhalb dieser Gliederungen gibt es Streuungen. Aber gerade an deren Rändern herrschen Verhältnisse, die allgemeine Tendenzen akzentuiert zum Ausdruck bringen.

1976 hat die Industriekreditbank AG -Deutsche Industriebank, Berlin/Düsseldorf, (IKB) Bilanzzahlen für den Zeitraum zwischen 1968 und 1975 über kleine und mittlere Unternehmen (1) ihres

---

1) Mees, Dr.: Zur Bilanz und Ertragslage kleiner und mittlerer Industrieunternehmungen. Manuskript zur Pressekonferenz der Industriekreditbank AG - Deutsche Industriebank, Berlin/Düsseldorf, vom 31.8.1976.

Kundenkreises veröffentlicht. In dieser Analyse sind 1.537 bzw. 1.840 Firmen erfaßt worden (1).

In der Tabelle 7 ist dem von der IKB errechneten Eigenkapitalkoeffizienten der 'mittelständischen' Unternehmen der Eigenkapitalkoeffizient der Industrie-Aktiengesellschaften gegenübergestellt. Die Angaben sind der einmal im Jahr in der Zeitschrift 'Wirtschaft und Statistik', herausgegeben vom Statistischen Bundesamt in Wiesbaden, veröffentlichten Untersuchung über Jahresabschlüsse der industriellen Aktiengesellschaften entnommen. Diese Analyse des Statistischen Bundesamtes wiederum fußt auf den jährlich veröffentlichten Bilanzen der industriellen Aktiengesellschaften.

Wie die Tabelle und das Schaubild 7 zeigen, ist das Niveau der Eigenkapitalausstattung erheblich höher in den Vergleichsjahren gegenüber den Ergebnissen der Untersuchungen der Deutschen Bundesbank über die Jahresabschlüsse der Unternehmen. Dies betrifft sowohl die Eigenkapitalausstattung aller Unternehmen wie auch de- verarbeitenden Gewerbes. Da mir jeweils nur die Ergebnisse vorlagen, kann ich nicht klären, ob diese Niveauunterschiede tatsächliche sind, weil ein unterschiedlicher Kreis von Unternehmen jeweils untersucht wurde, oder ob sie ihre Ursache in unterschiedlicher Bewertung von Bilanzzahlen bzw. in unterschiedlicher Erfassung von Bilanzgrößen und ihrer Zuordnung haben.

Deshalb läßt der Zeitreihenvergleich zwischen den IKB-Firme und den Industrie-Aktiengesellschaften verschiedene Interpretationen offen. Auffallend ist, daß Ende der 60er Jahre die Eigenkapitalausstattung der Industrie-AGs um vier Prozentpunkte höher liegt als bei den IKB-Firmen. Der Eigenkapitalkoeffizient

---

1) Siehe dazu:
Müller, Hans-Georg: Hinter gleichen Ergebnissen steht oft ein unvergleichbares Leben. Eine Bilanzanalyse kleiner, mittlerer und großer Unternehmen. In: Handelsblatt, Düsseldorf, vom 18.1.1977.

Tabelle 7: Eigenkapitalkoeffizient[1] bei mittelständischen und Großunternehmen 1969 bis 1974

	1969	1970	1971	1972	1973	1974	1975
IKB-Firmen[2]	34,2	32,7	34,6[4]	34,2	32,9	31,8	-
Industrie-AGs[3]	38,0	36,1	35,0	33,2	33,1	31,9	31,6

Anmerkungen:

1 *Eigenkapital zu Bilanzsumme in %*

2 *Kennziffern aus Bilanzen und GuV-Rechnungen von kleinen und mittleren Firmen der verarbeitenden Industrie 1968 bis 1975, Anlage zu Ausführungen des Herrn Dr. Mees: Zur Bilanz und Ertragslage kleiner und mittlerer Industrieunternehmen, Manuskript zur Pressekonferenz der Industriebank AG-Deutsche Industriebank, Berlin/Düsseldorf, vom 31.8.1976.*

3 *Jahresabschlüsse der Industrie-Aktiengesellschaften, in: Wirtschaft- und Statistik, lfd. Jahrgänge ab 1970.*

4 *Bezogen auf einen Firmenkreis von 1840, vorher 1537.*

Schaubild 7 : Eigenkapitalkoeffizient bei mittelständischen und Großunternehmen 1969 bis 1974

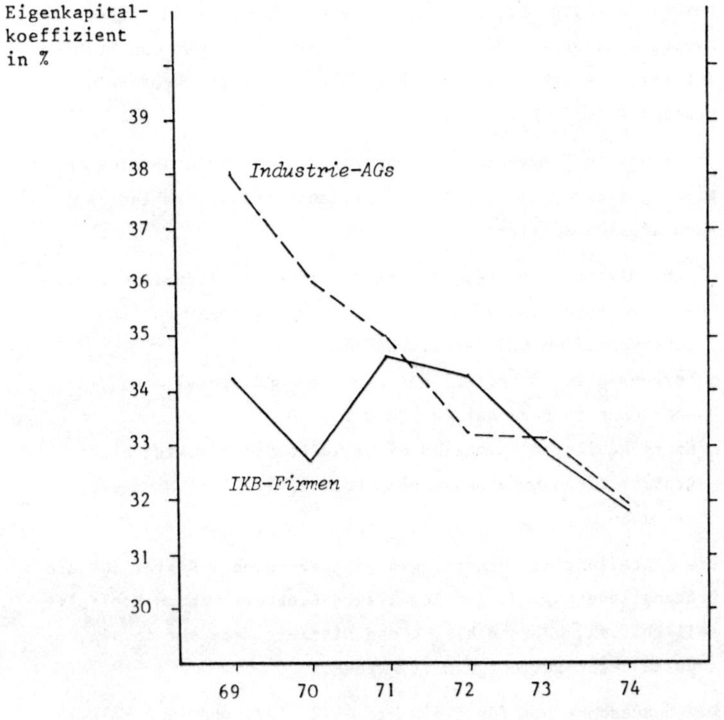

Quelle: *siehe Tabelle 7*

der Industrie-AGs fällt aber stark, unterschreitet den Koeffizienten der IKB-Firmen 1971, um sich diesem dann 1973 nahezu anzugleichen. Ob nun daraus zu folgern ist, daß sich im Zeitverlauf die Eigenkapitalausstattung der industriellen Aktiengesellschaften in den letzten Jahren an das länger bestehende niedrige Niveau der kleinen und mittleren Kapitale, das weiterhin noch fällt, angeglichen hat, kann hier in Anbetracht der methodischen Einwände nicht endgültig geklärt werden. Zu berücksichtigen ist, daß in der Regel eine sinkende Eigenkapitalausstattung den Handlungsspielraum kleiner und mittlerer Betriebe erheblich mehr einschränkt als den großer Unternehmen.

Die Deutsche Bundesbank hat innerhalb ihrer Unternehmensfinanzierungsrechung (1) ausgewählte Bilanzverhältniszahlen nach Rechtsformen sortiert:

- Kapitalgesellschaften, das sind Aktiengesellschaften sowie Kommanditgesellschaften auf Aktienbasis, bergrechtliche Gewerkschaften und Gesellschaften mbH;
- Personalgesellschaften, das sind Kommanditgesellschaften und GmbHs in Form der GmbH und Co. KG;
- Einzelkaufleute, das sind nicht im Handelsregister eingetragene Einzelunternehmungen. Dazu zählen u.a. Handwerksbetriebe.

Die Einteilung in Rechtsformen gibt ein grobes Raster für die Größengliederung. In der Regel sind Großunternehmen Kapitalgesellschaften, während kleine und mittlere Betriebe in den anderen Rechtsformen geführt werden.

Die Bundesbank hat für die Jahre 1972, 1974 und 1976 Bilanzkennzahlen nach diesen Rechtsformen gegliedert veröffentlicht.

---

1) Deutsche Bundesbank: Jahresabschlüsse der Unternehmen in der Bundesrepublik Deutschland 1965 bis 1976. Sonderdruck Nr. 5. 2. Aufl. Frankfurt/Main. Juli 1976.

Tabelle 8: Eigenkapitalkoeffizient des verarbeitenden Gewerbes nach Rechtsformen 1972 - 1974 -1976

	1972	1974	1976
alle Unternehmen	29,0	27,9	27,3
Kapitalgesellschaften	31,3	30,4	29,5
Personalgesellschaften	24,7	23,3	23,0
Einzelkaufleute	26,3	23,9	24,2

Quelle: Deutsche Bundesbank: Jahresabschlüsse der Unternehmen in der Bundesrepublik Deutschland 1965 bis 1976, Sonderdruck Nr. 5, 2. Aufl., Frankfurt/Main, Juli 1978.

Schaubild 8: Eigenkapitalkoeffizient des verarbeitenden Gewerbes nach Rechtsformen 1972 - 1974 - 1976

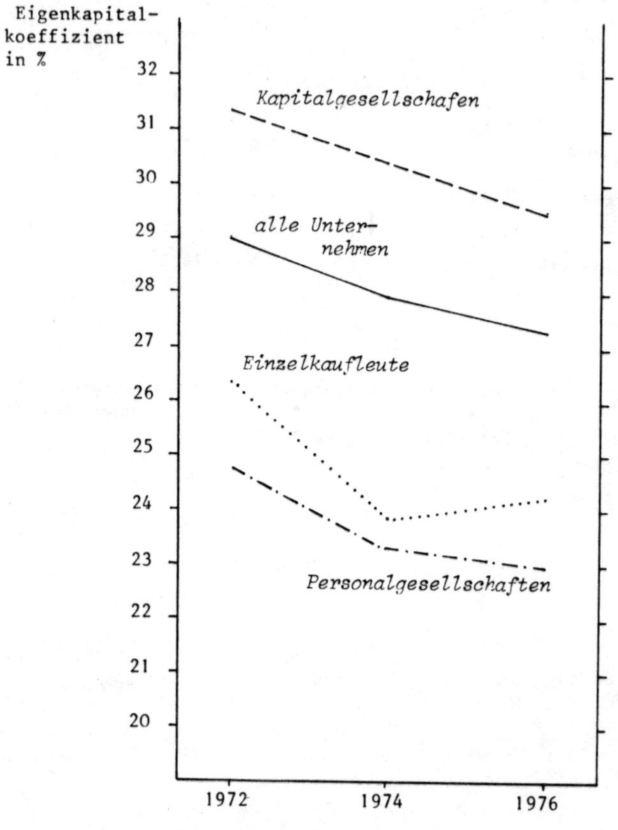

Quelle: *siehe Tabelle* 8

Diese Zahlen lassen eine Trendaussage zu. Eine Einschränkung des Aussagewerts besteht in dem kurzen Zeitraum sowie in jeweils nur drei Auswahljahren im Zweijahresrhythmus. Zyklische Einflüsse sind nicht ablesbar.

In der Tabelle und dem Schaubild 8 sind die Eigenkapitalkoeffizienten der Unternehmen des verarbeitenden Gewerbes dargestellt. Ich habe diesen Sektor gewählt, weil er am ehesten die produktiven Kapitale repräsentiert und zweitens auch in anderer Hinsicht Vergleichsstatistiken vorliegen, z.B. über die innersektorale Streuung der Eigenkapitalkoeffizienten.

Alle Rechtsformen weisen in der Entwicklung des Eigenkapitalkoeffizienten eine fallende Tendenz auf. Die Eigenkapitalausstattung der Kapitalgesellschaften liegt um 3 Prozentpunkte über dem Durchschnitt aller Unternehmen dieses Sektors. Die geringste Eigenkapitalausstattung haben die Personalgesellschaften. Ab 1974 flacht die fallende Tendenz etwas ab. Die Eigenkapitalausstattung der Einzelkaufleute - in diesem Sektor vor allem Handwerksbetriebe - liegt über derjenigen der Personalgesellschaften. Sie weist sogar zwischen 1974 und 1976 eine leicht steigende Tendenz auf.

Eine Interpretation der spezifischen Verlaufsformen ist aufgrund dieser Zeitreihen nicht möglich. Die Tatsache der relativ höchsten Eigenkapitalausstattung der Kapitalgesellschaften erklärt die Bundesbank damit, daß Kapitale mit außerordentlich hoher technischer und organischer Zusammensetzung diese Rechtsformen haben. Sie sind als Aktiengesellschaften organisiert, weil sich nur auf diese Weise Kapital in dieser Größe mobilisieren läßt.

Die Kapitalgesellschaften können ihr Eigenkapital durch Außenfinanzierung,z.B. in Form von Erhöhung des Aktienkapitals, vergrößern. Es handelt sich also um eine Form der 'Außenfinanzierung'. Das Aktienkapital hat auch die Form des Kreditkapitals.

---

1) Siehe dazu Anmerkung 1, S. 125.

Personalgesellschaften können von außen nur Kapital in Form des Kredit aufnehmen. Von daher sind sie also eher auf die Banken angewiesen. Soe stellt der Verein Creditreform in Anbetracht der geringen Eigenkapitalausstattung und den daraus resultierenden Insolvenzen in Krisensituationen fest:

"Angesichts der Tatsache, daß für die mittelständische Industrie als Kreditgeber fast ausschließlich Kreditinstitute in Frage kommen, die ihre hervorragende Aufgabe in Zeiten restriktiver Geld- und Kreditpolitik allerdings nur in beschränktem Maße wahrnehmen können, sollte man auf seiten des Gesetzgebers Möglichkeiten schaffen, die dem Mittelstand zusätzliche Finanzierungsquellen erschließen." (1)

In der Tabelle und dem Schaubild 9 ist die Streuung des Eigenkapitalkoeffizienten im verarbeitenden Gewerbe nach Rechtsformen dargestellt. Der Median oder Zentralwert teilt die der Größe nach geordneten Kennzahlen (hier der Eigenkapitalausstattung) in zwei gleich große Teile. Durch die Quartilswerte werden die Kennzahlen unterhalb und oberhalb des Medians jeweils noch einmal in zwei gleich große Teile geteilt.

Bei den Kapitalgesellschaften liegen 1972 25 % aller Unternehmen unterhalb 12,7 % Eigenkapitalquote; ein Viertel der Personalgesellschaften liegt unter 10,2 %; bei den Einzelkaufleuten liegt der Wert bei 9,6 %. 1976 hat sich der Wert bei den Kapitalgesellschaften um 2,2 % verschlechtert, bei den Personalgesellschaften um 3 %, bei den Einzelkaufleuten liegen sogar ein Viertel aller Betriebe unter 3,6 %.

Bei den Kapitalgesellschaften hatte das obere Viertel der Betriebe 1972 einen Eigenkapitalkoeffizienten von über 38,7 %; 1976 hat er sich geringfügig um 1,6 % nach unten verschoben. Erheblich ist die Eigenkapitalausstattung des oberen Viertels der Personalgesellschaften gesunken, nämlich um 4,4 %.

---

1) Verband der Vereine Creditreform e.V.: Jahresbericht 1974/75. Neuss 1975. S. 7.

Tabelle 9: Streuung des Eigenkapitalkoeffizienten im verarbeitenden Gewerbe nach Rechtsformen 1972 und 1976

	Median		unterer Quartilswert		oberer Quartilswert	
	1972	1976	1972	1976	1972	1976
Kapitalgesellschaften	24,8	23,1	12,7	10,5	38,7	37,1
Personalgesellschaften	21,0	16,9	10,2	7,2	35,6	31,2
Einzelkaufleute	24,7	19,5	9,6	3,6	43,0	40,3

Quelle: Deutsche Bundesbank: Die Eigenmittelausstattung der Unternehmen. Einzelergebnisse der Statistik der Unternehmensbilanz der Deutschen Bundesbank. In: Monatsberichte derselben. 30. Jg. (1978), Nr. 10 (Okt.), S. 16 ff., Zahlen S. 18.

Schaubild 9: Streuung des Eigenkapitalkoeffizienten im verarbeitenden Gewerbe nach Rechtsformen 1972 und 1976

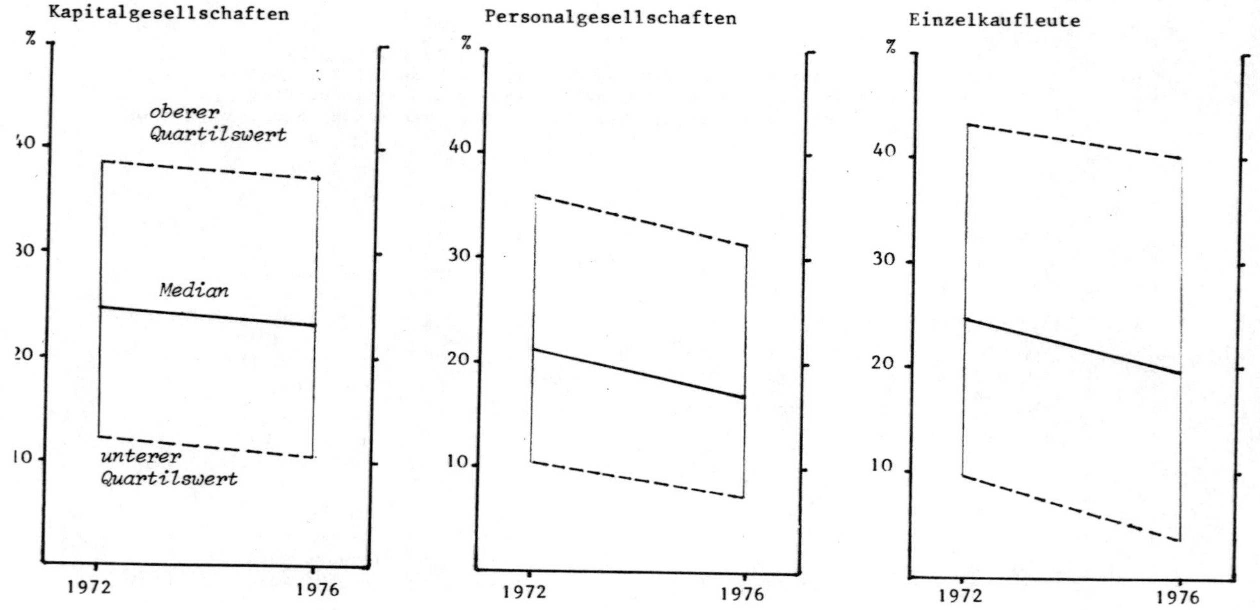

Quelle: *siehe Tabelle 9*

Die Eigenkapitalausstattung des oberen Viertels der Einzelkaufleute lag 1972 oberhalb der Eigenkapitalquote von 43 %. Diese relativ günstige Verteilung bleibt auch 1976 mit einer Quote von 40,3 % bestehen.

Diese Verteilungen zeigen, daß eine generalisierende Aussage, abgeleitet aus dem Verlauf des durchschnittlichen Eigenkapitalkoeffizienten, wenig erklärt. Diese Verteilungen zeigen allerdings, daß ein zunehmender Teil besonders der Klein- und Mittelbetriebe in die Zone der unmittelbaren Existenzgefährdung abgerutscht ist.

1976 hat die Kreditanstalt für Wiederaufbau eine im Hause durchgeführte Untersuchung über die 'Kapitalstruktur und Erfolgskennzahlen kleiner und mittlerer Unternehmen' (1) veröffentlicht. Ausgewertet wurden ca. 6.000 Bilanzen von Betrieben, die bei der Kreditanstalt einen Kreditantrag zur Investitionsfinanzierung gestellt haben und deren Umsatz 150 Mio. DM nicht überschritt. Die Betriebe sind dort nach Beschäftigtengrößenklassen gegliedert.

Das dem Bericht entnommene Schaubild 10 stellt die Verteilung der Eigenkapitalausstattung und Streuung nach Größenklassen für verschiedene Gewerbe dar. Die Kleinbetriebe weisen im Durchschnitt sowie in der Verteilung eine günstigere Eigenkapitalausstattung als die mittleren Betriebe auf. Die Streuung verengt sich mit zunehmender Betriebsgröße und zwar in absteigender Richtung.

Bei dem Vergleich der horizontalen Eigenkapitalquote (siehe Schaubild 11) ergibt sich ein anderes Bild. Hier werden Positionen der Aktivseite der Bilanz der Passivseite gegenübergestellt, um zu prüfen, ob das Anlagevermögen durch Eigenkapital und langfristige Kredite (goldene Finanzregel) vollständig gedeckt ist. Bei ca. einem Drittel der Betriebe im verarbeitenden Gewerbe ist das nicht der Fall. Die Deckung verbessert sich

---

1) Kreditanstalt für Wiederaufbau: 28. Jahresbericht. Geschäftsjahr 1976. Frankfurt/Main 1977. S. 57 ff.

Schaubild 10: Eigenkapitalausstattung nach Beschäftigtengrößenklassen der Unternehmen (Bilanzjahr 1974/75)

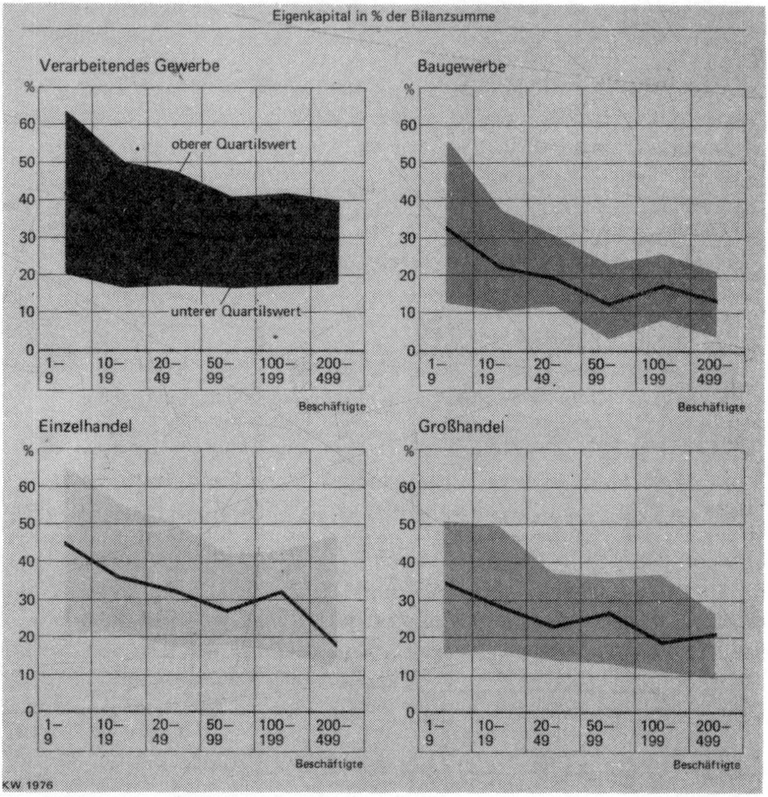

aus: Kreditanstalt für Wiederaufbau: 28. Jahresbericht. Geschäftsjahr 1976, Frankfurt/M. 1977. S. 59.

Schaubild: Deckung des Anlagevermögens durch langfristige Mittel nach Beschäftigungsgrößenklassen der Unternehmen (Bilanzjahr 1974/75)

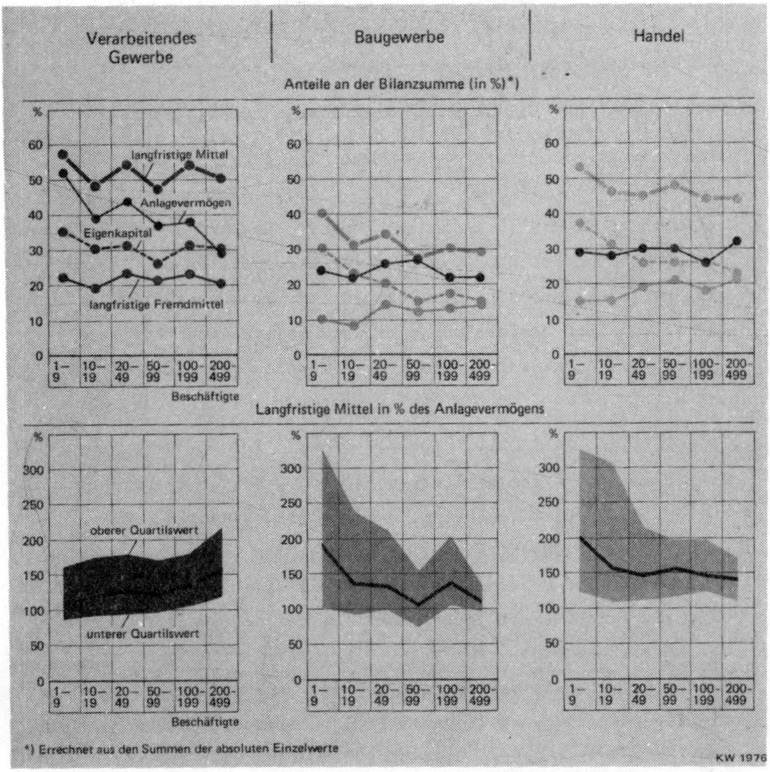

aus: Kreditanstalt für Wiederaufbau: 28. Jahresbericht. Geschäftsjahr 1976. Frankfurt/M. 1977. S. 61

mit der Betriebsgröße. Kleine Betriebe verfügen trotz günstiger Eigenkapitalausstattung nicht über die Kreditmöglichkeiten wie mittlere Unternehmen.

Die Eigenkapitalausstattung nimmt nach vollzogener Investition rapide ab und wird häufig sogar negativ. Je kleiner die Unternehmen sind, umso größer ist dieser Einbruch. Die Banken machen also für die Kreditentscheidung nicht nur die Verhältnisse bei Antragstellung geltend, sondern prüfen, welche finanziellen Verhältnisse nach vollzogener Investition bestehen werden.

"Das 'Atmen' der Bilanzen im Verlauf des Investitionszyklus verdeutlicht aber, daß für die Notwendigkeit einer subsidiären Finanzierung nicht allein der Status zum Zeitpunkt der Antragstellung maßgebend sein kann." (1)

In Fortsetzung der vorgenannten Untersuchung ist in den folgenden Jahren von der Kreditanstalt für Wiederaufbau der Zusammenhang zwischen Investitionsverhalten und Eigenkapitalausstattung und Ertragslage kleiner und mittlerer Unternehmen untersucht worden (2). Ausgewertet wurden die Bilanzen von 7.000 kleinen und mittleren Unternehmen bis zu einem Jahresumsatz von 200 Mio. DM, die Kreditanträge an die Bank stellten.

Im Schaubild 12, dem Bericht entnommen, wird der Zusammenhang zwischen dem relativen Umfang der geplanten Investitionen und der Eigenkapitalausstattung für Unternehmen des verarbeitenden Gewerbes (3.300 Unternehmen) dargestellt. In dem Streuungsdiagramm kennzeichnet jeder Punkt auf der horizontalen Achse den Anteil der geplanten Investitionskosten eines von der Kreditanstalt geförderten Unternehmens. Auf der Vertikalen ist die Eigenkapitalquote (Eigenkapital zu Bilanzsumme) aufgetragen. Weisen Unternehmen dieselben Werte auf, ist der Punkt verstärkt.

---

1) ebd., S. 64.

2) Dies.: 30. Jahresbericht. Geschäftsjahr 1978. Frankfurt/Main 1979. S. 67 ff.

Schaubild 12: **Zusammenhang zwischen dem relativen Umfang der geplanten Investitionen und der Eigenkapitalausstattung für Unternehmen des verarbeitenden Gewerbes**

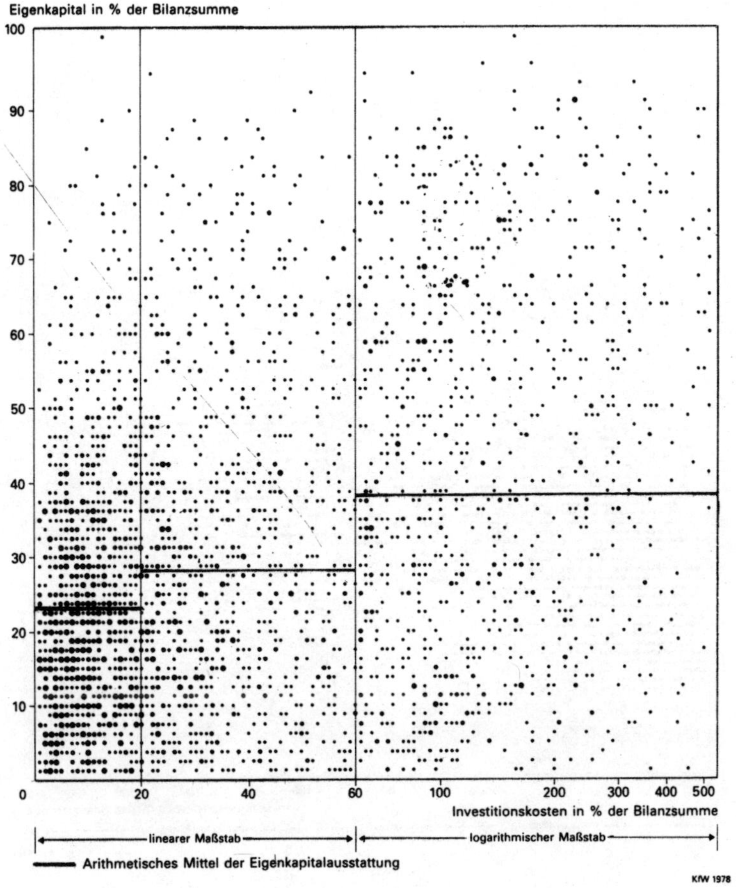

aus: Kreditanstalt für Wiederaufbau: 30. Jahresbericht. Geschäftsjahr 1978. Frankfurt/M. 1979. S. 68

Schaubild 13: Zusammenhang zwischen dem relativen Umfang der geplanten Investitionen und der Ertragslage für Unternehmen des verarbeitenden Gewerbes

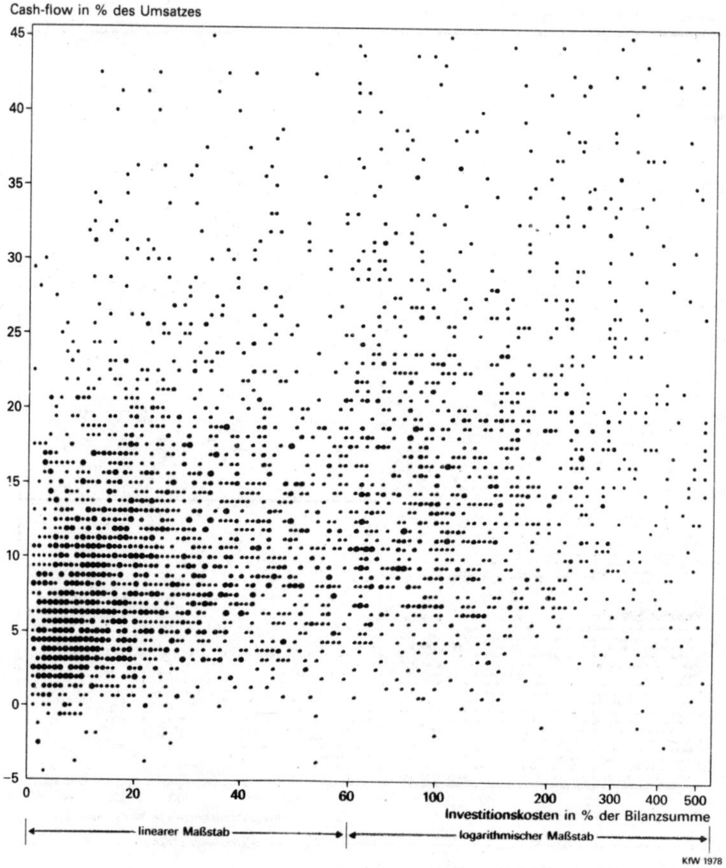

aus: Kreditanstalt für Wiederaufbau: 30. Jahresbericht. Geschäftsjahr 1978. Frankfurt/M. 1979. S. 70

Die Eigenkapitalausstattung ist breitgestreut, wie sich schon aus der Tabelle 9 ergab. Ein Zusammenhang zwischen geplanter Investitionshöhe und Eigenkapitalausstattung existiert nicht. Einer hohen Eigenkapitalausstattung ist nicht durchgängig ein hohes Investitionsvolumen zuzuordnen, wie ebenso einer niedrigen Eigenkapitalausstattung nicht unbedingt ein geringes geplantes Investitionsvolumen entspricht. Der Korrelationskoeffizient beträgt zwischen beiden nur 0,21, so daß auch kein statistischer Zusammenhang nachzuweisen ist. Der rechnerische Höchstwert des Korrelationskoeffizienten r liegt bei 1, in statistischen Analysen wird erst bei 0,7 ein hoher Zusammenhang angenommen.

In dem ebenfalls dem Bericht der Kreditanstalt entnommenen Streuungsdiagramm (Schaubild 13) ist der Zusammenhang zwischen dem relativen Umfang der geplanten Investitionen und der Ertragslage für Unternehmen im verarbeitenden Gewerbe dargestellt. Auf der horizontalen Achse sind wieder die Investitionskosten in Prozent der Bilanzsumme aufgetragen. Auf der vertikalen Achse ist der Cash flow in Prozent des Umsatzes angegeben. Der Cash flow bezeichnet den Umsatz- und Finanzüberschuß, der als Nettozugang an flüssigen Mitteln aus der Umsatztätigkeit und anderen laufenden Operationen innerhalb eines bestimmten Zeitraums im Unternehmen anfällt. Dieser erweiterte Ertragsbegriff ist in den USA in der Aktienanalyse gebräuchlich. Hier wird er als Maßzahl für die Rentabilität der Unternehmen gewertet. Auch in diesem Streuungsdiagramm ist ein Zusammenhang zwischen Rentabilität und geplantem Investitionsvolumen nicht nachweisbar.

Allerdings handelt es sich bei dieser Untersuchung nicht um tatsächlich gemachte Investitionen. Denn der Kapitalist kann von außen diktierte Investitionen nicht abhängig machen von der Höhe der eigenen Profite bzw. von dem Anteil der Kreditfinanzierung. Macht es die Konkurrenz notwendig, z.B. eine bestimmte Maschinerie zwecks Senkung der Produktionskosten anzuschaffen, um 'marktfähig' zu bleiben, so orientiert sich das

Investitionsvorhaben an dem Marktpreis der Maschinerie. Die Kreditanstalt schreibt in ihrem Bericht, daß die Hälfte der Unternehmen Investitionen in Höhe von über 50 % der Bilanzsumme vorhatten, und Investitionen, die die Bilanzsumme überschritten, keine Seltenheit waren (1). Das steigende Kapitalminimum hebt ständig die untere Marke der Investitionsvorhaben. Ob die Bank die geplanten Investitionen auch tatsächlich kreditfinanziert, ist eine ganz andere Frage. Die Bank wird dieses von den Rentabilitätsaussichten der Investitionen abhängig machen. Und die Bank wird die bisherige Rentabilität und vor allem die Eigenkapitalausstattung als Sicherheit mit in die Kalkulation aufnehmen. So bemerkt die Kreditanstalt zum Abschluß ihres Berichts:

"Gleichwohl kann nicht übersehen werden, daß aus der eingangs beschriebenen Verschlechterung der Kapitalstruktur und der Ertragslage Restriktionen erwachsen, die auch bei verbesserten Erwartungen nicht ohne weiteres übersprungen werden können." (2)

Ebenso wie in der Krise 1966/67 hat die Krise 1974/75 eine Pleitenwelle ausgelöst. Von 1972 bis 1973 erhöhte sich die Zahl der Insolvenzen um 29 % (siehe Tabelle 10). Im Jahr darauf verdoppelte sich fast die Zahl der Firmenzusammenbrüche. Anders als in vorangegangenen Zyklen sank das außerordentlich hohe Niveau der Zusammenbrüche kaum ab. Dabei nahm der Anteil der Konkurse gegenüber Vergleichsverfahren ständig zu.

Ein noch schrofferes Bild weisen die durch Insolvenzen verursachten Verluste auf (siehe Schaubild 14). Sie erreichten 1974, bedingt durch spektakuläre Zusammenbrüche wie dem der Herstatt-Bank, 6,8 Mrd. DM, zu denen die durch nichtregistrierte Insolvenzen, wie außerordentliche Vergleichsverfahren, hervorgerufenen Verluste hinzu zu zählen sind, die nach Schätzungen noch einmal diesen Betrag ergeben.

---

1) ebd., S. 69

2) ebd., S. 71.

Tabelle 10: Entwicklung der Insolvenzen im Unternehmensbereich 1970 bis 1978

Jahr	Insolvenzen insgesamt	Konkurse	Vergleichs-verfahren	Insolvenzquote[1]	Insolvenzverluste[2]
	Zahl	Zahl	Zahl	%	Mio. DM
1970	2716	2478	298	1,7	1146,9
1971	2971	2800	237	1,8	1235,3
1972	3097	2945	196	1,9	1077,5
1973	4000	3777	282	2,5	2938,0
1974	5976	5628	434	3,8	6831,0
1975	6953	6709	336	4,4	4385,0
1976	6808	6677	171	4,3	5685,3
1977	6929	6818	139	4,3	
1978	5949	5876	94	3,7	

Anmerkungen: 1 Insolvenzen je 1000 Unternehmen

2 festgestellte Insolvenzverluste; Zahlen für 1977 und 1978 lagen noch nicht vor

Quelle: Statistische Bundesamt, Fachserie J, Reihe 3; Fachserie 2, Reihe 4.1

Schaubild 14: Entwicklung der Insolvenzen im Unternehmensbereich 1970 bis 1978

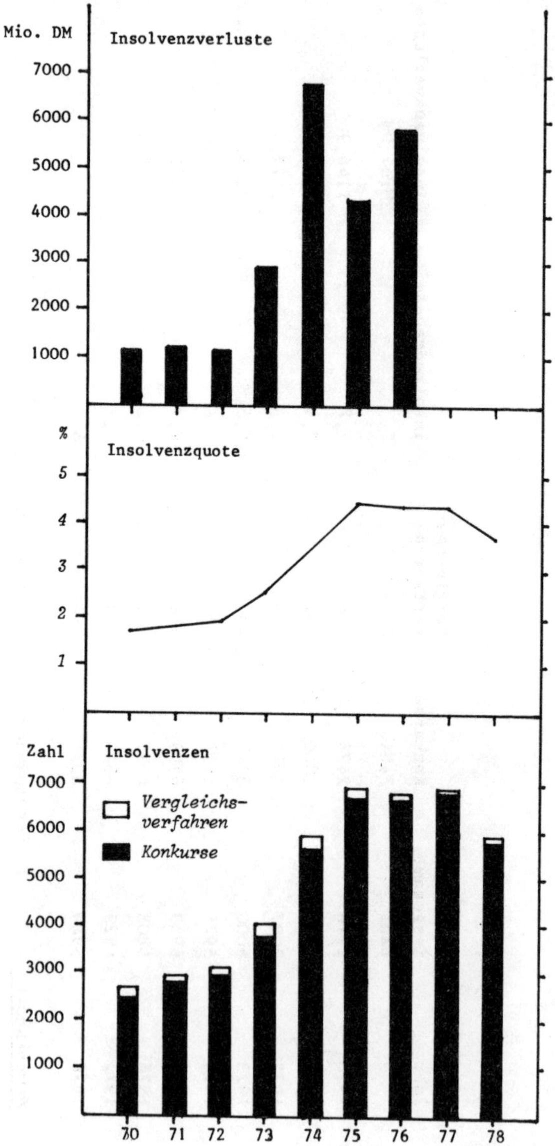

Quelle: *siehe Tabelle* 10

Die eröffneten und mangels Masse abgelehnten Konkurse nehmen ständig zu. 1973 machten sie - gemessen an den Insolvenzen insgesamt - 50,8 % aus, 1976 schon 70,7 % (1).

Die mangelnde Eigenkapitalausstattung ist auch die vorrangige Ursache für Firmenzusammenbrüche. Dazu stellt der Verband der Vereine Creditreform in seinem Jahresbericht 1974/75 fest:

"Im Mittelstand treten die meisten Firmenzusammenbrüche auf. Daß die Hauptursache in mangelnder und weiterhin abnehmender Eigenkapitaldecke zu suchen sind, ist an anderer Stelle bereits ausgeführt worden. Erschwerend aber in diesem Zusammenhang kommt noch ein Weiteres hinzu. Durch tiefgreifende Strukturveränderungen, einhergehend mit einer ungewöhnlich hohen Konzentrationswelle, hat sich die Lage mittelständischer Betriebe zusätzlich verschlechtert. Um die Wettbewerbsfähigkeit erhalten zu können, sind bedeutende Rationalisierungsinvestitionen notwendig. Das bringt zwangsläufig eine Erhöhung der Kapitalintensität mit sich, d.h. die Kapitalkosten je Produktionseinheit müssen wesentlich erhöht werden. Berücksichtigt man die bescheidenen Möglichkeiten der mittelständischen Betriebe, außer dem Kreditgewerbe nennenswerte andere Quellen der Fremdkapitalbeschaffung in Anspruch nehmen zu können, dann bedeutet der Zwang zu erhöhter Kapitalintensität eine weitere Verschlechterung der Eigenkapitalsituation." (2)

Bis 1976 wiesen die Betriebe in der Klasse 1 bis 200 Beschäftigte die höchste Insolvenzquote auf. Für das Jahr 1976/77 konstatiert der Verband der Vereine Creditreform:

"Bis zu 500 Beschäftigten nimmt die Insolvenzgefährdung mit wachsender Betriebsgröße zu; bis zu 50 Beschäftigten ergibt sich eine erhöhte Insolvenzgefährdung bei Übergang einer Betriebsgrößenstufe (1-5, 6-10, 11-20, 21-50 Beschäftigte) in die nächst höhere." (3).

Die Konkurrenz zwingt zur Akkumulation. Senkung der Produktionskosten ist nötig, d.h. Rationalisierung mit der Folge steigender Kapitalintensität, die progressiv wachsende Investitionen

---

1) Verband der Vereine Creditreform e.V.: Jahresbericht 1976/77. Neuss 1977. S. 9.

2) Ders.: Jahresbericht 1974/75. Neuss 1975. S. 13.

3) Ders.: Jahresbericht 1976/77. Neuss 1977. S. 13.

erfordert. Diese können aber in der Regel nur durch eine weitere Verschuldung finanziert werden. wobei der 'Erfolg' dieser Investitionen, die Frage also, ob sich das Kapital überhaupt realisieren kann, häufig ungewiß ist. Vordergründig entscheiden die Banken über die Existenz dieser Unternehmen. Sie werden danach entscheiden, ob sie einen günstigen Zins erreichen können. Sie werden auch danach entscheiden, ob der Kredit gesichert ist, d.h. ob das zu investierende Kapital sich unter den gegebenen gesellschaftlichen ökonomischen Bedingungen behaupten kann. Die Banken sind dem Markt vorgeschaltet. Auf dem Markt erweist es sich, ob zu gesellschaftlich üblichen Bedingungen produziert wurde. Nur fällt diese Entscheidung im Nachhinein. Die Banken können diese Gesetzmäßigkeit nicht außer Kraft setzen, an die Stelle blindwirkender Gesetze bewußte Planung setzen.

Dessen ungeachtet vermögen es die Banken in der Regel, sich bei Insolvenzen aufgrund ihrer vorherigen Kenntnis der Situation schadlos zu halten, wie aus folgender Passage aus dem Jahresbericht des Verbandes der Vereine Creditreform für 1976/77 hervorgeht:

"Im Durchschnitt aller Unternehmenszusammenbrüche lassen sich beinahe 92 % der Aktivwerte für eine Befriedigung der Gläubigerforderungen nicht mehr verwerten, weil durch laufende vorangegangene Fremdkapitalaufnahmen das Vermögen der Unternehmungen durch Rechte Dritter entsprechend belegt worden ist." (1).

---

1) ebd., S. 9.

2.3. DAS VERHÄLTNIS ZWISCHEN BANKEN UND GROSSUNTERNEHMEN

In den vorangegangenen Kapiteln sind die Finanzbeziehungen zwischen dem Bankensektor und dem Nichtbankenunternehmenssektor untersucht worden. Diese Beziehungen konstituieren die Rahmenbedingungen, innerhalb derer die Einzelunternehmen operieren. Auf dieser allgemeinen Ebene sind auch nur die Gesetzmäßigkeiten aufspürbar, die auf die Wirtschaftssubjekte einwirken. Wie jedoch das konkrete Handeln der Banken wie der Unternehmen aussieht, wie sie unter welchen Bedingungen zu handeln vermögen, kann nur an Einzelbeziehungen geklärt werden.

In der Untersuchung von Einzelfällen steckt zweifellos die Gefahr, Einzelerscheinungen zu verallgemeinern. Da die Beziehungen zwischen Banken und Unternehmen in der Regel dem Einblick eines Dritten verschlossen sind, sind öffentlich bekannt gewordene Fälle nicht typisch für den Normalfall. Sie werden öffentlich gemacht, wenn sich die beteiligten Unternehmen in einer offensichtlichen Krise befinden. Zu bedenken ist weiterhin, daß auch in solchen Fällen nicht alle Informationen an die Öffentlichkeit gelangen und zudem die veröffentlichten Informationen häufig einer vorherigen interessierten Auswahl unterzogen wurden. Wenn im folgenden die Beziehungen zwischen Banken und Unternehmen im Falle der Krise der AEG-Telefunken AG wie der Übernahme Neckermanns durch die Karstadt AG untersucht werden sollen, so nicht im Sinne eines vordergründigen Interesses, die 'Macht' der Banken lediglich aus der Tatsache ihres Mitwirkens abzuleiten, sondern weil auch in diesen Fällen Merkmale dieser Beziehungen zu Tage treten.

2.3.1. AEG-TELEFUNKEN

Der AEG-Telefunken-Konzern ist Anfang der 70er Jahre zunehmend in die Krise geraten. Die abnehmende Konkurrenzfähigkeit von AEG-Telefunken gegenüber ihren Konkurrenten hatte ihre wesentliche Ursache in einer vergleichsweise niedrigen Arbeitsproduktivität (1). Hier kann nicht untersucht werden, welche Gründe diese Entwicklung hervorgerufen haben. Die abnehmende Konkurrenzfähigkeit führte in den 70er Jahren zu Umsatzrückgängen und äußerte sich wertmäßig in einer gegenüber den Konkurrenten niedrigeren Profitrate.

Die niedrigere Profitabilität schränkte wiederum die Akkumulationsfähigkeit des Konzerns ein. Das hatte zwangsläufig zur Folge, daß notwendige Modernisierungen des Produktionsapparates nicht vorgenommen werden konnten. Weiterhin hatte sie zur Folge, daß die Verschuldung gegenüber den Gläubigerbanken immer mehr zunahm.

In der Tabelle 11 und dem Schaubild 15 ist die Rentabilitäts- und Finanzentwicklung des AEG-Telefunken-Konzerns für die

---

1) "So ist auch ein Konkurrenzvergleich zwingend notwendig, um die weiteren AEG-Schwächen aufzudecken, zu formulieren und Akzente zu setzen, wie diese abzustellen sind... Bosch steigerte den Umsatz mit Hausgeräten um 16,7 % in den letzten vier Jahren. Grundig schaffte immerhin einen Sprung von 24,6 %. Die AEG-Konsumgüter kamen in der gleichen Zeit nur um 9,4 % Umsatzsteigerungen voran.
Noch deutlicher wird das Problem, wenn man den Pro-Kopf-Umsatz der AEG-Unternehmensbereiche mit der Konkurrenz vergleicht. Bleiben wir beim Beispiel 'Konsumgüter'. Hier erhöhte sich die Produktivität des einzelnen AEG-Mitarbeiters (in Umsatz ausgedrückt) von 1975 bis 1978 um rund 16,4 %, während die eines Beschäftigten der Grundig AG (...) um 28 % stieg und die eines Arbeiters bei Bosch (Hausgeräte) um 23,1 %. Es läßt sich also eindeutig feststellen, daß in der Vergangenheit bei AEG - und zwar über alle Unternehmensbereiche (...) - sowohl der Umsatz als auch der Pro-Kopf-Umsatz in einem geringeren Umfang gestiegen ist als bei der schwarze Zahlen schreibenden Konkurrenz."
(Wiemann, Gerd: AEG-Sanierung -Mit Geld allein nicht getan. In: Das Handelsblatt, Düsseldorf, vom 5.12.1979)

Tabelle 11: Ausgewählte Positionen der Jahresabschlüsse des AEG-Konzerns Inland von 1969 bis 1980 (in Mio. DM)

	1969	1970	1971	1972	1973	1974	1975	1976	1977	1978	1979	1980
Eigenkapital	1246	1476	1497	1650	1655	983	1209	1590	1577	1245	1251	915
Finanzschulden	1243	2442	2611	3157	2856	2992	3073	2909	3210	3385	3479	3581
Bilanzsumme	4463	5983	6252	7301	7290	7668	7771	8613	8781	8939	9369	8474
Eigenkapital-koeffizient (%)	*27,9*	*24,7*	*23,9*	*22,6*	*22,7*	*12,8*	*15,6*	*18,5*	*18,0*	*13,9*	*13,4*	*10,8*
Jahresüberschuß v.St. (einschl. Zinssaldo)	333	381	443	433	617	-237	306	721	294	-52	-616	-35
Zinssaldo	-74	-199	-222	-195	-249	-324	-312	-259	-217	-238	-298	-231
Jahresüberschuß/ Jahresfehlbetrag	108	105	79	45	94	-664	-77	397	8	-347	-968	-278

Quelle: AEG-Telefunken: Geschäftsbericht 1978, Frankfurt/Main 1979, S. 69;
AEG-Telefunken: Geschäftsbericht 1980, Frankfurt/Main 1981, S. 53.
Eigene Berechnungen.

Schaubild 15: Ausgewählte Positionen der Jahresabschlüsse des AEG-Konzerns Inland von 1969 bis 1980

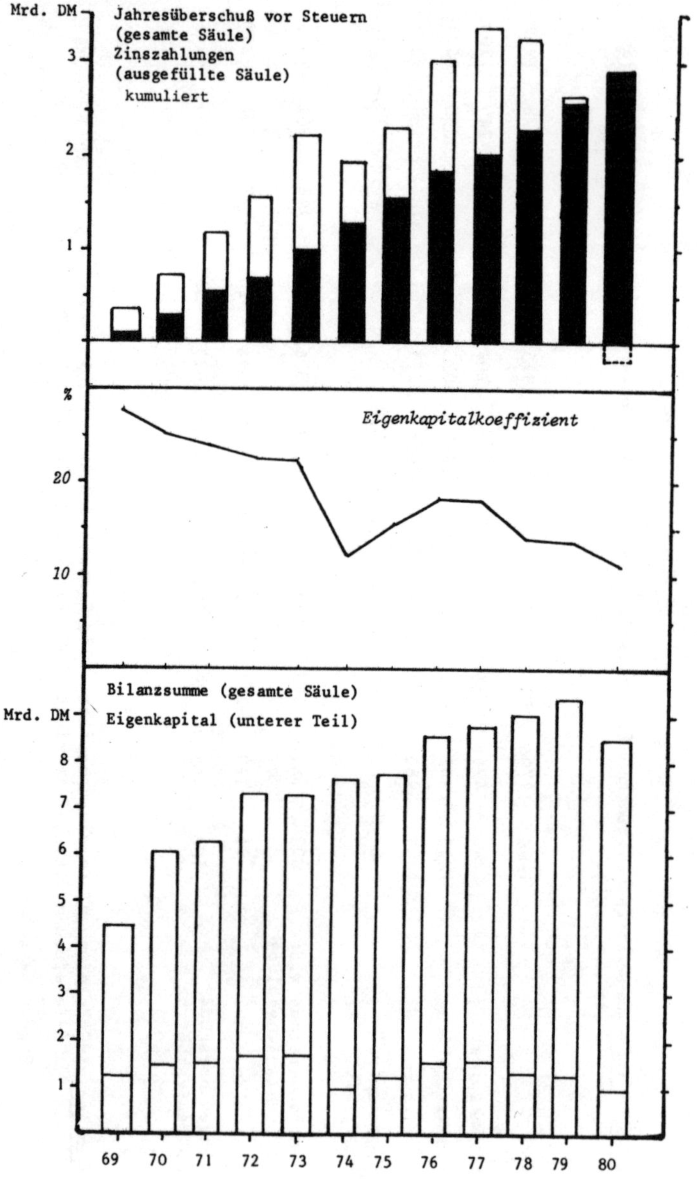

Quelle: siehe Tabelle 11

Tabelle 12: Ausgewählte Positionen aus den Jahresabschlüssen von AEG-Telefunken und Siemens[1] 1980 (in Mio. DM)

	AEG-Telefunken AG Konzern Inland	Siemens AG Inland	Siemens AG Konzern Welt
Eigenkapital	915	6.859	8.837
Bilanzsumme	8.474	20.947	32.291
Eigenkapital-koeffizient (in %)	*10,8*	*32,7*	*27,4*
Jahresüberschuß/ Jahresfehlbetrag	-278	487	633
Zinsaufwand	313	422	622
Zinsertrag	81	727	1.043
Zinssaldo	-231	305	421

1 Bilanzstichtag bei AEG-Telefunken: 31.12.80;
Bilanzstichtag bei Siemens AG: 30.09.80.

Quelle: AEG-Telefunken: Geschäftsbericht 1980, Frankfurt/Main 1981, S. 44-46; Siemens: Geschäftsbericht '80, München 1980, S. 45-50. Eigene Berechnungen.

Jahre 1969 bis 1980 anhand ausgewählter Positionen aus den Jahresabschlüssen nachvollzogen. Deutlich ist die Verminderung der Eigenkapitalausstattung des Konzerns; der Eigenkapitalkoeffizient (Eigenkapital zu Bilanzsumme) hat sich von 27,9 % im Jahre 1969 mit Ausnahme der Jahre 1974 und 1975 stetig vermindert auf 10,8 % im Jahre 1980. Der Jahresüberschuß vor Steuern einschließlich Zinssaldo ist im Schaubild 15 kumuliert. Diese Größe kann als Indikator für die Profitentwicklung des Konzerns gelten. Die Zinszahlungen (Saldo aus Zinserträgen und Zinsaufwendungen) sind hinzuaddiert zum Jahresüberschuß, weil der industrielle Profit die Zinsen für das Leihkapital einschließt. Ebenso sind die Steuern Bestandteil des industriellen Profits, wenn auch ihre Zahlung den Unternehmergewinn schmälert. Zur Beurteilung der Akkumulationsfähigkeit eines Unternehmens müssen die Steuerzahlungen mitberücksichtigt werden, weil diese Beträge der Akkumulation des Unternehmens entzogen sind.

Die Zuwachsrate des Jahresüberschusses ist im Zeitverlauf rückläufig. In den Wirtschaftskrisen ist er sogar negativ. Auch wenn man den nach den Zinszahlungen verbleibenden Jahresüberschuß vor Steuern betrachtet, stagniert dieser seit 1973.

Die Situation des AEG-Telefunken-Konzerns wird deutlich im Vergleich zu seinem Hauptkonkurrenten, der Siemens AG (Tabelle 12). Vergleicht man den AEG-Telefunken-Konzern Inland mit der Siemens AG Inland (ein Vergleich der Weltbilanz ist nicht möglich, da diese von der AEG nicht veröffentlicht wird), ist besonders deutlich, daß die Eigenkapitalausstattung von Siemens mehr als dreimal höher ist als bei AEG. Während 1980 Siemens einen Jahresüberschuß (nach Steuern) von 487 Mio. DM ausweist, mußte die AEG einen Jahresfehlbetrag von 278 Mio. DM verbuchen. In diesem Bilanzjahr hat die AEG einen negativen Zinssaldo von 231 Mio. DM, während Siemens 305 Mio. DM Zinssaldo ausweisen kann.

Die Entwicklung des Jahresüberschusses bzw. Jahresfehlbetrages bei der AEG verdeutlicht, daß immer größere Teile des jährlichen Profits von den Banken als Zinszahlungen vereinnahmt wurden.

1980 ist sogar der rechnerisch ermittelte kumulierte Profit (Ausgangsjahr 1969) durch Zinszahlungen aufgezehrt. Das wachsende Kreditengagement der Banken bei der AEG führte dazu, daß die beteiligten Banken sich zunehmend in die Geschäftspolitik ihres Schuldners einmischen konnten. Oberstes Ziel der Geschäftspolitik der Banken ist es, ihr Kapital maximal zu verwerten. Die Kredite abzusichern, steht nicht im Widerspruch zu diesem Geschäftszweck. Je mehr sich die Banken bei einem Schuldner engagieren, was sich beim Schuldner in einem wachsenden Verschuldungsgrad ausdrückt, desto größer sind die Zinserwartungen; aber gleichzeitig wächst das Risiko der Banken, nicht nur nicht die Zinsen zu realisieren, sondern den Rückerhalt ihrer Kredite zu gefährden.

Dieser Punkt war bei AEG 1974 erreicht. In diesem Jahr wies der Jahresabschluß einen Fehlbetrag von 664 Mio. DM auf. Die Krise des Konzerns war in jenem Jahr durch Verluste der KWU, gemeinsame Tochter mit Siemens, verschärft worden. Die AEG konnte den erheblichen Kapitalbedarf für die KWU nicht mehr aufbringen (1).

Ein Jahr später sahen sich die bei AEG beteiligten Banken

---

1) "Einen Tiefkurs hat die AEG-Aktie an der Börse erreicht. Kein Wunder, wenn Überlegungen angestellt werden, in welcher Situation sich der Elektrokonzern tatsächlich befindet. Immerhin ist der erste Schock nach der Ankündigung, man wolle sich von dem Kernkraftengagement trennen und die Dividende für 1974 werde 'Auswirkungen' zu spüren bekommen, offenbar bereits überwunden.
...
Die Schwierigkeiten dieses Problemes KWU gründen sich auf den erheblichen Kapitalbedarf dieses Unternehmens. Es hat derzeit einen Auftragsbestand von 18 bis 19 Kernkraftwerken. Ende der siebziger Jahre könnten es vielleicht 30 sein. Zu heutigen Preisen gerechnet bedeutet aber ein einziges Kernkraftwerk mit 1.200 Megawatt Leistung einen Investitions- (sprich: Finanzierungs-) Aufwand von 1,3 - 1,4 Mrd. DM. Es wäre also gar nicht aus der Welt, daß die KWU ein so großes Bilanzvolumen habe würde, wie die ganze AEG selbst."
(Wohin steuert der Elektrokonzern AEG? Gespräche über KWU-Beteiligung/Kernkraftwerk-Risiken über Jahre. In: Süddeutsche Zeitung, München, vom 22.11.1974)

veranlaßt, die 'Sanierung' des Konzerns unter eigener Regie durchzuführen. Die Entwertung des Kapitals des AEG-Telefunken-Konzerns hatte sich in einem starken Fall des Börsenkurses des Unternehmens geäußert. Dem Konzern mußte neues Kapital zugeführt werden. Bei der niedrigen Verwertungsrate des AEG-Kapitals hätte dies nicht naturwüchsig geschehen können. Auf der Hauptversammlung im August beschließt das führende Bankenkonsortium eine Kapitalerhöhung. Geführt wird dieses Konsortium von der Dresdner Bank, der Deutschen Bank und der BHF-Bank. Das Grundkapital soll um nominal 225,7 Mio. DM auf 929,8 Mio. DM im Verhältnis von 10:3 zum Ausgabekurs von 70 DM je Stück (140 %) erhöht werden. Da die Aktien, die eine künstliche Höherbewertung in ihrem Kurs zum Ausdruck bringen, keine Käufer gefunden hätten, mußten sich die Banken entschließen, vorerst die Aktien im Eigenbesitz zu halten. Ihre Beteiligung am Kapital des AEG-Telefunken-Konzerns ist nicht einfach als Ausdruck des Willens der Banken, Macht über diesen Konzern auszuüben, zu bewerten. Die Banken geraten aufgrund wachsender Verschuldung der Unternehmen zunehmend in die Rolle eines wirtschaftlichen Korrektivs. Die beteiligten Banken dringen auf eine Umstrukturierung des Konzerns. Dieses geschieht aber nicht aus "volkswirtschaftlichem selbstlosen Verantwortungsbewußtsein", wie es Zeitungskommentatoren glauben machen wollen (1). Es geschah aus der Erkenntnis, daß Zinszahlungen von einem bankrotten Unternehmen

---

1) "Dank der Intervention einer großen Bank und der hieraus resultierenden Veränderungen im Vorstand wurde etwa vor Jahresfrist der Beginn einer neuen AEG-Zukunft eingeläutet. Banken sind nicht immer -wie ihnen oftmals nachgesagt wird - begierig, ihr industrielles Beteiligungsvermögen nur um der Rendite wegen zu erweitern. Das Beispiel AEG-Telefunken beweist - neben vielen anderen -, daß sie im Blick auf ihre volkswirtschaftliche Gesamtverantwortung auch beträchtliche Risiken zu übernehmen bereit sind. Nur so konnte der Konzern kurzfristig seine Schwächeperiode überwinden."
(Cipa macht Ernst mit AEG-Sanierung. Matthias Schmitt scheidet nach 15 Jahren aus. In: Das Handelsblatt, Düsseldorf, vom 23.4.1976)

nicht mehr zu erwarten sind.

Längerfristig konnte die Krise des AEG-Telefunken-Konzerns nicht aufgehalten werden. 1979 erreicht der Jahresfehlbetrag einen Höhepunkt, die Eigenkapitalausstattung ist auf 13,4 % gesunken. Von der einsetzenden Wirtschaftskrise Ende der 70er Jahre wurde AEG voll erfaßt. Die Banken versuchten, den mit der Krise verbundenen gewaltigen Entwertungsprozeß, der zuerst Kapitale unterdurchschnittlicher Profitabilität erfaßt, in zu regelnde Bahnen zu leiten, statt ihn sozusagen naturwüchsig wirken zu lassen. Im Herbst 1979 beschlossen die Konsortialbanken ein Konsolidierungskonzept, das zum Kern eine Herabsetzung des Kapitals im Verhältnis von 3 zu 1, einen Zinsverzicht bei langfristigen Krediten von 2 Prozent und eine Beibehaltung der kurzfristigen Kreditlinien vorsah. Gleichzeitig wurde eine Kapitalerhöhung beschlossen, wobei die drei Großbanken 40 % der neuen Aktien übernahmen.

Die Entwicklung bei AEG-Telefunken legt einen gewissen Automatismus an den Tag. Die sinkende Profitabilität des Konzerns, mit der Folge abnehmender Akkumulationsfähigkeit, führte zu einer wachsenden Verschuldung bei den Banken. Der Kredit verwandelte sich in diesem Prozeß von einem Hebel der Kapitalakkumulation zunehmend zu einem immer notwendigeren Mittel, die Existenz dieses Kapitals zu sichern, die Zahlungsfähigkeit des Konzerns zu erhalten. Die Banken als Träger des Kredits haben ihre Beziehungen zu einer sprudelnden Profitquelle ausbauen können. Der Kredit konnte aber nicht verhindern, daß dieses Unternehmen immer weiter in den Strudel der Krise hineingezogen wurde. Das Verhalten der Banken wurde damit zwangsläufig von diesen äußerlich erscheinenden Bedingungen diktiert. Um die Bonität ihres Schuldners zu erhalten, mußten die Banken zunehmend auf einen Teil ihrer Forderungen verzichten. Die beteiligten Banken nahmen zunehmend die Sanierung des Konzerns in ihre eigene Hand. Die Geschäftspolitik des AEG-Konzerns wurde ab Mitte der 70er Jahre direkt von den Banketagen aus gemacht.

Betrachtet man die Entwicklung des Jahresüberschusses und des Zinssaldos von AEG, so kann man davon ausgehen, daß die beteiligten Banken sich ihre Forderungen sichern konnten. Während der Konzern ab 1973 keine Dividende mehr ausschüttete, mußten die Zinszahlungen weitgehend erfüllt werden. Hieran wird auch deutlich, daß für die Banken die Kreditbeziehungen gegenüber den Unternehmen wichtiger sind als der Beteiligungsbesitz. Allerdings mußten die beteiligten Banken auf der anderen Seite den Entwertungsprozeß des AEG-Kapitals durch Abschreibung eigener Forderungen bzw. Übernahme von AEG-Grundkapital mittragen. Die Banken versuchten, durch weitreichende Rationalisierungen, die Akkumulationsbedingungen bei AEG günstiger zu gestalten. Zwischen 1979 und 1981 sind 20.000 Arbeitsplätze im AEG-Konzern wegrationalisiert worden, unterhalb gesellschaftlich durchschnittlicher Produktivität arbeitende Betriebsstätten wurden geschlossen. Aufhalten konnten die Banken die Krise des AEG-Konzerns nicht. Vielmehr wurden die Risiken für sie, selber in die Krise mithineingezogen zu werden, größer. Der Kredit vermag zwar einerseits die Verflechtung zwischen den Kapitalen zu intensivieren und durch die durch ihn bewirkte Verteilung der gesellschaftlichen Arbeit die Akkumulation zu befördern, andererseits bewirkt die zunehmende Kreditverflechtung in Zeiten stockender oder rückläufiger Akkumulation eine Verallgemeinerung der Krise. Ein Bankrott des AEG-Konzerns hätte die Existenzgefährdung einiger beteiligter Banken zur Folge gehabt. Die Banken können sich nicht aus dem Akkumulationszusammenhang lösen. Ihr Einwirken auf das industrielle Kapital wird mit Verschärfung der Krise immer mehr eingeengt. Der Kredit schlägt um in ein Moment, das die allgemeine Krise verschärft. Die These von der vermeintlichen Rationalität des Bankenverhaltens gerät mit der Krise selber ins Wanken.

Die Geschlossenheit im Auftreten der Banken, die das Kreditkonsortium bilden, ist ab Ende der 70er Jahre immer mehr durchlöchert worden. Die Solidarität hört auf, wenn es nicht mehr um die Verteilung der Beute, sondern um Verteilung der Verluste geht. Die BHF-Bank, kleinste Bank im Führungskreis des Konsortiums, versucht, aus dem Konsortium herauszukommen oder mindestens seine Quote zu verringern, um die Lasten zu minimieren. Viele Banken übten 1981 unverhohlen Kritik an der Konsortialführung durch die Dresdner Bank (1). Die sinkende Profitabilität der Banken ab Ende der 70er Jahre schränkt deren Dispositionsfreiheit ein. Die Bereitschaft, Abschreibungen vorzunehmen, mußte abnehmen, da sich die Bankenrentabilität verschlechterte.

Die 'Sanierung' des AEG-Telefunken-Konzerns in den 70er Jahren ging einher mit einer fortschreitenden Zentralisation in der westdeutschen Elektroindustrie:

- Die Osram GmbH war 1974 in die roten Zahlen gerutscht (Bilanzverlust: 8,1 %). Zu diesem Zeitpunkt gehörte Osram zu 42,8 % zu Siemens, AEG hielt eine Schachtelbeteiligung von 35,8 % und General Electric 21,4 %. Um Osram wieder in die schwarzen Zahlen zu bringen, waren hohe Investitionen notwendig. Die AEG war außerstande zu Kapitalzuführungen und sah sich gezwungen, ihren Anteil zum Kauf anzubieten (2). Die jährlich notwendigen Investitionen wurden auf 50 bis 60 Mio. DM veranschlagt. General Electric, größter Lampenhersteller in der Welt, zudem bei AEG-Telefunken damals noch beteiligt, versuchte, die AEG-Beteiligung an Osram zu übernehmen. Das Bundeskartellamt sprach sich aber gegen diese Übernahme aus, und obwohl General Electric 100 Mio. DM für das AEG-Paket geboten hatte, erhielt Siemens mit 93 Mio. DM den Zuschlag.

---

1) Jeske, Jürgen J.: Laokoon und die Sanierer. Die AEG und die Banken. In: Frankfurter Allgemeine Zeitung, Frankfurt/Main, vom 3.11.1981.

2) "Um Osram weltweit wettbewerbsfähig zu halten, benötigt das Unternehmen in den nächsten Jahren und Jahrzehnten voraussichtlich mehrere Kapitalerhöhungen, zu denen sich AEG-Telefunken in absehbarer Zeit nicht ausreichend imstande sieht."
(Geht Osram-Mehrheit doch an Siemens? In: Süddeutsche Zeitung, München, vom 18.9.1975)

- Im Mai 1976 verkaufte General Electric sein Paket an AEG-Telefunken. Bei der Kapitalerhöhung im Vorjahr war GE draußengelassen worden. Die Dresdner Bank hatte mit einem Bankenkonsortium die gesamten neuen Aktien übernommen. Der Anteil der GE hatte sich durch diese Maßnahme von 11 % auf 8 % verringert. Die GE sah jetzt keine Möglichkeit mehr, auf die Geschäftspolitik der AEG gegen die Banken Einfluß zu gewinnen. Die Verkaufsaktion wurde dann auch durch die Dresdner Bank reguliert (1).
- Im November 1976 kaufte Siemens für 618 Mio. DM den Anteil der AEG an der Kraftwerksunion (KWU). Vorher waren Kaufabsichten der GE sowie des französischen Mischkonzerns Saint-Gobain-Pont-Mousson an dem zu erwartenden Veto des Bundeskartellamtes gescheitert. Mit dem Verkaufserlös konnte AEG den Verlustvortrag vom Vorjahr in Höhe von 352 Mio. DM in der eigenen Konzernbilanz ausgleichen. Es blieb ein Nettoverlust von 900 Mio. DM aus dem Kernkraftwerksgeschäft. Das deutet nicht darauf hin, daß die KWU längerfristig nicht rentabel zu führen gewesen wäre. Vielmehr vermochte AEG das zu investierende Kapital nicht aufzubringen (2), im Gegensatz

---

1) "Als die General Electric 'vor wenigen Wochen' angeblich aus inneramerikanischen geschäftspolitischen Gründen ihre Veräußerungsabsicht bekundete, die nicht mit dem Übergang des AEG-Anteils an der OSRAM GmbH zusammenhängen soll, schaltete sich die Dresdner Bank vermittelnd ein. Sie hat das General Electric-Paket inzwischen 'außerhalb des Marktes weitgehend bei institutionellen Anlegern plaziert', ohne damit 'direkt oder indirekt unternehmenspolitische Ziele zu verfolgen'. Für geringe Restbestände sollen Abnehmer feststehen."
(AEG-Telefunken ohne Großaktionär. General Electric hat sein Paket verkauft/Anzeichen der Besserung. In: Süddeutsche Zeitung, München, vom 4.5.1976)

2) "In Börsenkreisen hatte sich offenbar die Überzeugung durchgesetzt, daß die KWU-Transaktion für AEG nicht positiv zu werten ist, da sich das Unternehmen aus einer zukunftsträchtigen Branche zurückgezogen und somit 'im Grunde zu einem deutschen Haushaltwarenhersteller zurückentwickelt habe."
(AEG hat Spekulation enttäuscht. In: Das Handelsblatt, Düsseldorf, vom 11.11.1976)

zu Siemens. Diese Transaktion brachte zwar kurzfristig eine Entlastung der Bilanz, langfristig aber wurde die Konkurrenzfähigkeit des AEG-Telefunken-Konzerns weiter eingeschränkt.

Die beteiligten Banken haben die Verkaufstransaktionen befördert. Diese Transaktionen hatten zur Folge, daß die Siemens AG in bestimmten Zweigen (Kraftwerksbau, Lampenherstellung) ihre Marktstellung erheblich ausbauen konnte. Diese Zentralisierung erfolgte mit Genehmigung des Bundeskartellamtes. Im nationalen Rahmen erscheint die Siemens AG zwar in bestimmten Zweigen als Monopol. Da die Konkurrenz aber international ist, wird diese Monopostellung relativiert. Die Genehmigungen durch das Bundeskartellamt, das vorher jeweils ausländische Konzerne abgewiesen hatte, haben gerade zum Zweck, die Konkurrenzfähigkeit westdeutscher Konzerne gegenüber ausländischen Konkurrenten zu stärken. Die Banken haben die Zentralisation nicht als Selbstzweck gefördert. Konzentration und Zentralisation erfolgte aus den Akkumulationsbedürfnissen des Kapitals, wenn auch die beteiligten Banken bewußt diesen Bedürfnissen nachhelfen. Der Kredit selber bildet sich als mächtiger Hebel in der Konkurrenz mit der Wirkung der Zentralisation des Kapitals heraus (1). Der Kredit ist aber nicht Ursache dieser Bewegung.

Die Beziehungen zwischen AEG-Telefunken und den Gläubigerbanken sind nicht repräsentativ für die Beziehungen zwischen Banken und Industrie. Die Bilanz der Siemens AG (siehe Tabelle 12) zeigt, daß dieses Unternehmen ein positives Zinssaldo ausweist.

---

1) "Abgesehen hiervon bildet sich mit der kapitalistischen Produktion eine ganz neue Macht, das Kreditwesen, das in seinen Anfängen verstohlen, als bescheidne Beihilfe der Akkumulation, sich einschleicht, durch unsichtbare Fäden die über die Oberfläche der Gesellschaft in größern oder kleinern Massen zersplitterten Geldmittel in die Hände individueller oder assoziierter Kapitalisten zieht, aber bald eine neue und furchtbare Waffe im Konkurrenzkampf wird, und sich schließlich in einen ungeheuren sozialen Mechanismus zur Zentralisation der Kapitale verwandelt."
(MEW 23, S. 655)

Siemens fungiert gegenüber den Banken auch als Gläubiger. Die hohe Akkumulationsrate der Siemens AG, Folge der außerordentlichen Profitabilität, ermöglichen diesem Unternehmen, Teile seines Kapitals in Geldform als Leihkapital anzulegen. Seine Position gegenüber den Banken ist durch den geringen Verschuldungsgrad wie durch seine Einlegerfunktion wesentlich stärker. Hinzu kommt, daß Großunternehmen ihre Kreditbeziehungen nicht nur über eine Bank abwickeln, sondern mehrere 'Hausbanken' haben. Auch AEG-Telefunken zeigt, daß die außerordentlich hohe Verschuldung dieses Konzerns bei den Banken nicht automatisch den Handlungsspielraum der Banken autonom bestimmt. Die Banken sind selber eingebunden in die allgemeine Akkumulationsbewegung des Kapitals. Mit Verschärfung der Krisentendenzen des Kapitalismus vermögen zwar die Banken einerseits, ihren Schuldnern härtere Kreditbedingungen zu diktieren, da aber ihre eigene Rentabilität und Akkumulation langfristig von der industriellen Akkumulation abhängig ist, führt deren krisenhafte Entwicklung dazu, daß das Gläubiger-Schuldner-Verhältnis selber von der Krise erfaßt wird. Das Kreditsystem legt sich wie ein engmaschiges Netz über den gesamten Wirtschaftsprozeß. Ein Riß an einer Stelle in einer angespannten Situation kann das gesamte Kreditsystem erschüttern.

2.3.2. ÜBERNAHME NECKERMANNS DURCH DIE KARSTADT AG

Traditionell halten die Großbanken im Bereich der Kaufhäuser Mehrheitsanteile. Konzentrationsvorgänge in den letzten Jahren in diesem Bereich haben die Öffentlichkeit mehrfach beschäftigt; bei der Übernahme Neckermanns durch die Karstadt AG sowie beim Verkauf der Kaufhof-Aktien, bisher im Besitz der Commerzbank und der Dresdner Bank, an die Metro GmbH bzw. an die ihr verbundene Schweizer Bank ist das Bundeskartellamt tätig geworden. Die kapitalmäßige Beherrschung drei der vier Großkaufhäuser durch die Großbanken läßt vermuten, daß die Banken autonom zu handeln in der Lage sind. Das läßt diesen Bereich für eine Untersuchung über die 'Macht der Banken' geeignet erscheinen.

Ist auch das Kaufmannskapital eine vom industriellen Kapital unterschiedliche Form (1), so wirken jedoch die Gesetze der Kapitalakkumulation in gleicher Weise auf diese Kapitale. Innerhalb des Reproduktionsprozesses des Kapitals übernehmen die kommerziellen Kapitalisten den Kauf und Verkauf der von den industriellen Kapitalisten produzierten Waren. Diese Operation verselbständigt sich als "Geschäft einer besonderen Kapitalanlage" (2). Stellt auch der kommerzielle Profit einen Abzug vom industriellen Profit dar, so erwirkt die Herausbildung des Kaufmannskapitals eine Verminderung der Zirkulationskosten, die sich für den industriellen Kapitalisten als tote Kosten darstellen. Der Kapitalvorschuß wird vom Kaufmannskapital geleistet. Das Kaufmannskapital kann die Kapitalumschläge nicht nur eines Kapitalisten, sondern die Umschläge einer Vielzahl von Kapitalisten verschiedener Produktionssphären vorstellen.

---

1) "Das Warenhandlungskapital nun ist nichts als die verwandelte Form eines Teils dieses auf dem Markt befindlichen, in dem Prozeß der Metamorphosen befindlichen und stets von der Zirkulationssphäre umfangenen Zirkulationskapitals." (MEW 25, S. 278)

2) ebd., S. 281.

Aus dem Interesse der industriellen Kapitalisten, die Zirkulationszeit, innerhalb deren sich das Kapital nicht verwertet, aber in dieser Form gebunden ist, zu verkürzen, gehen die Bestrebungen hervor, auf die Kaufmannskapitalisten einzuwirken, die Zirkulationskosten zu verringern. Rationalisierungen im Handel in den letzten Jahren, vor allem mit Hilfe der elektronischen Datenverarbeitung, laufen darauf hinaus, die Zirkulationszeit zu vermindern. Die Lagerhaltung wird minimiert, der Transport der Waren effektiviert, die Buchhaltung, das Bestellwesen usw. werden vereinfacht. Diese Rationalisierungsinvestitionen erhöhen beständig das notwendige Kapitalminimum. Die Unternehmenseinheiten müssen eine ständig wachsende Größe erreichen, um diese Investitionen überhaupt aufbringen zu können. Dieser Zwang setzt sich über die Konkurrenz durch. Der Handel weist gegenüber anderen Wirtschaftszweigen einen geringeren Grad der Kapitalkonzentration und -zentralisation auf. Ausgenommen hiervon sind Handelsbereiche, denen hochzentralisierte Produzenten und/oder Abnehmer vor- bzw. nachgeschaltet sind. Diese Handelsbereiche, wie z.B. der Mineralöl- und Stahlhandel, sind in der Regel im Eigentum der industriellen Kapitalisten. Die Zersplitterung der Handelsbereiche, die der individuellen, privaten Konsumtion vorgeschaltet sind, hat ihre Ursache vor allem in der Zersplitterung der Käufer.

Die vier größten Warenhäuser der BRD -Karstadt AG, Kaufhof AG, Horten AG und Hertie Waren- und Kaufhaus GmbH - haben einen Anteil von knapp 10 % an den Handelsumsätzen. Relativ erscheint der Anteil gering, er ist aber in bezug auf die Zersplitterung im Handel in seiner Wirkung auf die Konkurrenzbedingungen höher zu bewerten. Der umsatzstärkste Konzern im Jahre 1979 ist die Karstadt AG mit 9,2 Mrd. DM (1), gefolgt von der Kaufhof AG

---

1) Die vier Großen des Handels haben unterschiedlich abgeschlossen. Im Durchschnitt 3 bis 4 Prozent Zuwachs/Das Reisegeschäft wird immer beachtlicher. In: Frankfurter Allgemeine Zeitung, Frankfurt/Main, vom 15.1.1980.

mit 7,99 Mrd. DM, der Hertie GmbH mit 6,33 Mrd. DM und der Horten AG mit 3,74 Mrd. DM.

Großaktionäre der drei Aktiengesellschaften sind die drei Großbanken (siehe Schaubild 16). Aus der Wirtschaftskrise Anfang der 30er Jahre rührt das Engagement der Großbanken bei der Karstadt AG und Kaufhof AG her. Die Beteiligung der Deutschen Bank und Commerzbank über die Deutsche Gesellschaft für Anlage-Verwaltung mbH an der Horten AG ist jüngeren Datums. Sie erfolgte, als der Horten Konzern zwecks Ausbau Kapital zuführen mußte. Durch Kredite, vor allem dieser beiden Banken, schon abhängig, übernahm diese Beteiligungsgesellschaft das Aktienpaket von dem Konzerninhaber Horten.

Der Beteiligungsbesitz wird flankiert dadurch, daß die jeweiligen Großbanken auch die Hauptkreditgeber sind. Auch in bezug auf die Vorstandsetagen besteht eine enge persönliche Verflechtung. Bei der Karstadt AG ist seit dem Eintritt der Commerzbank in den Kaufhauskonzern mindestens ein Vorstandsmitglied vorher Beschäftigter der Bank gewesen. Heute ist es Walter Deuss, Sprecher des Vorstandes der Karstadt AG, der 1965 von der Essener Commerzbank-Filiale in das Handelsunternehmen delegiert wurde.

1976 übernahm die Karstadt AG den Neckermann-Konzern. Diese Fusion war von den beiden Mehrheitsaktionären der Karstadt AG, der Commerzbank und der Deutschen Bank, nach Kräften gefördert worden. Karstadt hatte ein doppeltes Interesse an der Einverleibung des Neckermann-Konzerns; erstens wollte Karstadt im Versandhandel Fuß fassen. Denn durch die zahlreichen Geschäftsaufgaben im Einzelhandel würde das Verkaufsstellennetz insgesamt grobmaschiger werden, was durch den Versandhandel ausgefüllt werden könne. Die erfolgreiche Geschäftspolitik von Quelle und Otto seien zukunftsweisende Indizien. Außerdem hatte es Karstadt versäumt, sich eine Position im Bereich der Einkaufszentren zu schaffen.

Zweitens könnte über die Neckermann-Tochter NUR Neckermann und Reisen GmbH die Position Karstadts auf dem Reisesektor erheblich ausgeweitet werden.

Schaubild 16: Beteiligung der drei Großbanken an der Karstadt AG, der Horten AG und der Kaufhof AG (1977)

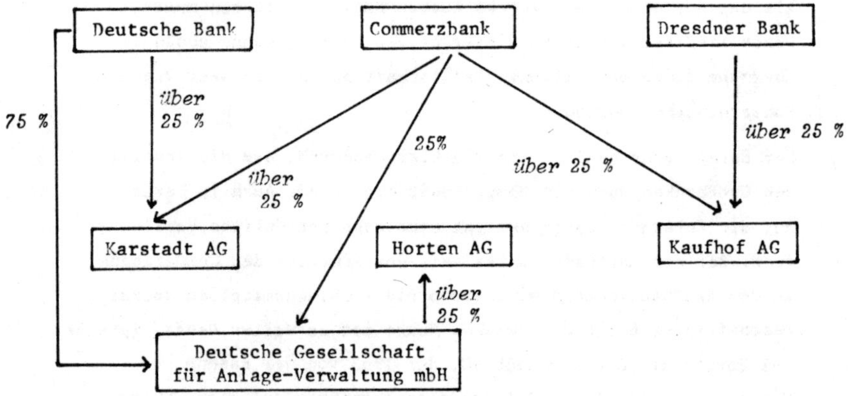

Quelle: *Commerzbank AG: Wer gehört zu wem? Mutter- und Tochtergesellschaft[en] von A - Z. 12. u. erweiterte Auflage. Frankfurt/Main 1977*

Der Neckermann-Konzern war Mitte der 70er Jahre zunehmend in wirtschaftliche Bedrängnis geraten. Neckermann hatte in den 50er Jahren mit seinem Versandhaus Gebiete, die nicht im Einzugsbereich der Warenhäuser lagen, mit Billigwaren versorgt. Hohe Stückzahlen sowie die Vermarktung von Markenartikeln unter Neckermann-Warenzeichen ermöglichten ihm, die Preise der Konkurrenz erheblich zu unterbieten. Das Vordringen der Konkurrenz in die von Neckermann eroberten Gebiete stoppte Anfang der 70er Jahre die schwunghafte Expansion (1). Neckermann hatte versucht, den Rückgang im Versandhandel durch den Aufbau von stationären Warenhäusern zu kompensieren. Diese konnten aber in der Konkurrenz zu den anderen Konzernen nicht bestehen.

Die Neugründungen hatten die Eigenkapitalausstattung weiter gesenkt. Neckermann hatte inzwischen seine Personalgesellschaft in eine Kommanditgesellschaft auf Aktien (KG aA) umgewandelt, um sich darüber auch außenfinanzieren zu können. Allerdings hatte er sich persönlich durch diese Rechtskonstruktion als persönlich haftender Gesellschafter die alleinige Weisungsbefugnis erhalten, obgleich sein Aktienanteil auf 30 bis 40 % sank.

1974 zogen die Finanzschulden von Neckermann drastisch an. In der Bilanz Ende 1974 erreichten die Schulden das 10-fache des Cash flows (Karstadt: 3,4-fach; Kaufhof: 4,1-fach). In der

---

1) "Gleichzeitig hat der Konkurrenzkampf im Einzelhandel mörderische Formen angenommen. Die Warenhäuser sind mit ihren Filialen bis in die tiefste Provinz vorgedrungen und machten damit dem Versand mehr und mehr Konkurrenz. Neue Vertriebsformen wie die Verbrauchermärkte und Selbstbedienungshäuser 'auf der grünen Wiese' haben sich als billige Einkaufsstätten etabliert und die Rolle der aggressiven Außenseiter übernommen. Je mehr diese Entwicklung voranschritt, desto mehr offenbarten sich bei Neckermann Strukturschwächen, die vorher von der Expansion überdeckt worden waren. Besonders drückend machte sich der chronische Kapitalmangel bemerkbar. Neckermann verfügte anders als sein Konkurrent Quelle nicht über gute finanzielle Polster."
(Jeske, Jürgen J.: Das Ende einer Aera. Zur Karstadt-Beteiligung an Neckermann. In: Frankfurter Allgemeine Zeitung, Frankfurt/Main, vom 3.7.1976)

Bilanz Ende 1975 erreichten die Bankschulden 250 Mio. DM; 110 Mio. DM schuldete Neckermann Lieferanten, die Zinsen gegenüber den Gläubigern erreichten die Höhe von 17 Mio. DM (1).

Für 1975 wurde ein Verlust im Warengeschäft von 10 Mio. DM angezeigt. In Wirklichkeit wurde der aufgestaute Verlust auf über 100 Mio. DM beziffert, wenn übliche Bewertungsmethoden angelegt worden wären.

Die beteiligten Hausbanken -BHF-Bank, Hessische Landesbank, Bank für Gemeinwirtschaft, Bayrische Vereinsbank, Dresdner Bank u.a. - befürchteten einen Zusammenbruch des Neckermann-Konzerns. Sie hüllten sich über die tatsächliche Situation des Unternehmens in Schweigen. Stattdessen wurde nach einem Käufer Ausschau gehalten, denn eine Sanierung von innen heraus erschien nicht mehr möglich und zu riskant. Auf Veranlassung der Deutschen Bank und der Commerzbank leitete der Vorstand der Karstadt AG Verkaufsverhandlungen ein, die geheim geführt wurden. Die Einheit der Banken brach auseinander. Um Karstadt unter Zugzwang zu bringen und um vor dem Abschluß eine genaue Finanzprüfung zu verhindern, was den Kaufpreis noch niedriger veranschlagt hätte, lancierten die beteiligten Hausbanken von Neckermann die Kaufabsichten an die Öffentlichkeit. Aber die Verhandlungen liefen anders; nicht die Neckermann-Hausbanken, sondern die Karstadt AG und die hinter ihr stehende Deutsche Bank und Commerzbank diktierten die Bedingungen (2).

---

1) Neckermann/Karstadt, Aktionäre werden bald Geld verlieren. In: Die Wirtschaftswoche, Düsseldorf, vom 9.7.1976, S. 28.

2) "In Frankfurt diktierte der Kaufhaus-Manager Deuss dem Versandhändler Neckermann vom 26. bis 28. Juni seine Kauf-Konditionen. Abgesegnet hatten sie zuvor das Aufsichtsrats-Präsidium und die Großaktionäre der Karstadt AG: An ihrer Spitze F. Wilhelm Christians, Vorstandssprecher der Deutschen Bank. Der gesamte Aufsichtsrat konnte erst amt siebten Juli über den Handel befinden." (Neckermann/Karstadt: Aktionäre werden Geld verlieren. In: Die Wirtschaftswoche, Düsseldorf, vom 9.7.1976, S. 29)

Die Vereinbarungen enthielten:

1. Karstadt übernimmt die jungen Aktien aus der beschlossenen Schaffung eines genehmigten/bedingten Kapitals von 35 Mio. DM. Der Ausgabekurs wird nach Vorliegen eines Bewertungsgutachtens erstellt. Karstadt, die schon Neckermann-Aktien besitzt, erhöht damit die Beteiligung auf 25 %.
2. Die Neckermann-Versand KG aA wird in eine AG umgewandelt.
3. Die Familie Neckermann und Karstadt bringen ihre Aktien an der neuen AG in einen Pool ein, der dann die Kapitalmehrheit besitzt.
4. Karstadt wird in den nächsten vier Jahren die Kapitalmehrheit erwerben.
5. Der Gründer Neckermann wird Mitglied des Aufsichtsrates, sein Sohn Peter wird Mitglied des Vorstandes.
6. Neckermann bleibt Neckermann; eine Fusion oder Teilfusion Neckermanns mit Karstadt ist nicht vorgesehen.
7. Voraussetzung für das Geschäft ist die Billigung des Bundeskartellamtes (1).

Ende Juli 1976 wurde das Fusionsvorhaben Karstadt-Neckermann beim Bundeskartellamt zwecks Genehmigung angemeldet. Die Fusion hätte erhebliche Auswirkungen auf den Konzentrationsgrad im Einzelhandel. Der Abstand der Karstadt im Verbund mit Neckermann gegenüber den Konkurrenten wäre erheblich größer geworden.

Das Kartellamt aber nahm die durch eine Fusion veränderte Konstellation im Reiseunternehmenssektor zum Anlaß für Bedenken (2).

---

1) "Es war ein Dolchstoß ins eigene Herz". Neckermann-Aktionäre begrüßen Beteiligung von Karstadt/Die Kraft der Familie reichte nicht aus. In: Frankfurter Allgemeine Zeitung, Frankfurt/Main, vom 2.7.1976.

2) "Zwar hüten sich die Kartellbeamten vor Eingang der Fusionsanzeige öffentlich über den Fall Karstadt-Neckermann zu sprechen; dennoch scheint nach der ersten Prüfung der Marktanteile das Reisegeschäft der beiden Konzerne zu einem kartellrechtlichen 'Angelpunkt' zu werden. Da Karstadt mit der TUI-Gruppe zusammenarbeitet und Neckermann

Karstadt mochte der Forderung, sich aus der TUI zurückzuziehen, gern Folge leisten. Denn dort konnte Karstadt seinen gemeinsamen mit der Quelle-Schickedanz KG gehaltenen Anteil von 17,5 % nicht vergrößern. Während Karstadt in seinem hauseigenen Reisebüro 162 Mio. DM umsetzte,brachten Neckermanns NUR-Reisen 703 Mio. DM. Die Position der NUR GmbH wurde bald durch den Einkauf der gewerkschaftseigenen GUT-Reisen noch weiter gestärkt. Die TUI-Anteile der Karstadt AG wurden ein Jahr darauf von der Horten AG aufgekauft. Die Großbanken blieben also nicht nur im Geschäft, sie hatten nun über den Warenhauskonzern Einfluß auf die beiden größten Reiseunternehmen (1). Diese Tatsache erkannte ebenfalls die Monopolkommission, die in ihrem zweiten Hauptgutachten auch das Bundeskartellamt kritisierte (2).

Das Kartellamt hatte für die Einlösung seiner Forderung den

---

seit langem im Reisegeschäft eine starke Stellung inne hat, wird es in Berlin für denkbar gehalten, daß die Genehmigung der Fusion nur mit einer Auflage erteilt werden kann. Nach dem Vorbild des Zusammenschlusses von Bayer/ Metzler könnte Karstadt aufgefordert werden, die Zusammenarbeit mit TUI aufzugeben."
(Verbot der Karstadt-Neckermann-Ehe? Das Kartellamt prüft auch die Frage der 'überragenden Marktstellung'. In: Frankfurter Allgemeine Zeitung, Frankfurt/Main, vom 24.7.76)

1) Siehe Anlage 29: Entwicklung der Beteiligungsstruktur an der TUI und NUR.

2) "In dem Verfahren (Übernahme des Karstadt-Anteils an der TUI durch Horten - M.G.) blieb der Bankeneinfluß unbeachtet. Die Deutsche Bank AG und die Commerzbank AG halten an der Karstadt AG und an der Horten AG Beteiligungen. Gleichwohl ist das Bundeskartellamt gegen die Veräußerung der TUI-Beteiligung von Karstadt an Horten nicht eingeschritten. Demnach wird diese Löaung als Verbesseung der Wettbewerbsbedingungen angesehen. Sie steht im Widerspruch zu der Beurteilung des Zusammenschlusses im Einzelhandelsbereich. Dort wurde von der kapitalmäßigen und personellen Verflechtung der Kaufhauskonzerne über die Großbanken auf eine überragende Marktstellung der Handelsunternehmen geschlossen."
(Monopolkommission: Hauptgutachten II. A.a.O. S. 323)

Beteiligten eine 4-Monats-Frist gesetzt.

Die Frist zielte eindeutig auf die Hausbanken Neckermanns. Zwar ließ das Kartellamt verlauten, daß es noch für andere als die Lösung Karstadt-Neckermann offen sei. Eine andere Lösung gab es aber nicht (1). Die Frist war zweifellos im Sinne Karstadts und der hinter ihr stehenden Deutschen Bank und Commerzbank. Denn je länger sich die Transaktion hinauszögerte, umso größer wurde die Bereitschaft der Neckermann-Hausbanken zum Einlenken. Es ging vorrangig um die Schulden Neckermanns bei den Banken. Im November schließlich stimmten die Hausbanken dem Kaufangebot Karstadts zu (2).

Danach gab das Bundeskartellamt seinen Segen. Ende November wurden die Verhandlungen zwischen der Karstadt AG und den

---

1) "Das Amt will mit dieser Erklärung, so ist zu vermuten, offenbar eine gewisse moralische Wirkung auf die beteiligten Banken erzielen und klarstellen, daß eine Verantwortung für die Zukunft des Versandhauses nicht etwa allein beim Kartellamt liege, sondern nach wie vor auch bei Karstadt und den Banken. Die Erklärung ist daher offenbar auch im Zusammenhang mit der Sitzung des Bankenkonsortiums am Freitag in Frankfurt zu sehen, auf der über die Lage beraten werden soll. Aus der Sicht des Kartellamtes scheint man offensichtlich stärkere Initiativen der Hausbanken zu erwarten, wobei angedeutet wird, daß gewisse Opfer der Banken unvermeidlich erscheinen."
(Das Kartellamt mahnt die Neckermann-Hausbanken. Entscheidung noch offen/Sitzung des Bankenkonsortiums Freitag? Neckermann hofft auf positive Entscheidung. In: Frankfurter Allgemeine Zeitung, Frankfurt/Main, vom 18.11.1976)

2) Erklärung der Hausbanken:
"Nachdem die Neckermann-Hausbanken bereits gestern der Anregung des Bundeskartellamtes folgend beschlossen hatten, durch einen Beitrag der Banken den Zusammenschluß der Karstadt AG und der Neckermann Versand KG aA zu fördern, trat heute der Gesamtkreis der Neckermann-Banken zusammen. Der Stand des Kartellverfahrens wurde erörtert, dem Beschluß der Hausbanken zugestimmt, bei dem die unternehmerische Mitwirkung von Karstadt vorausgesetzt wird. Die Banken rechnen damit, daß der vorgesehene Zusammenschluß beider Unternehmen nunmehr gebilligt wird."
(Doch positive Neckermann-Entscheidung? Banken bieten eigenen Beitrag an/Mitwirken von Karstadt Voraussetzung. In: Frankfurter Allgemeine Zeitung, Frankfurt/Main, vom 22.12.1976)

Neckermann-Hausbanken mit folgendem Ergebnis abgeschlossen:

1. Das Grundkapital der Neckermann KG aA von 122,4 Mio. DM wird im Verhältnis 3 zu 1 heraufgesetzt. Bei der Familien Neckermann, die 27 % der Aktien zu 34 Mio. DM hält, wird ein Kapitalschnitt im Verhältnis 7 zu 1 vorgenommen, es verbleiben ihr nominal 4,86 Mio. DM.

2. Das Kapital wird im Verhältnis 1 zu 3 wieder heraufgesetzt. Bei einem Bezugskurs von 165 müssen die Aktionäre für die Aufstockung um 103 Mio. DM insgesamt einen Betrag von 170 Mio. DM einzahlen. Karstadt übernimmt 24,9 % des zukünftigen Aktienkapitals, also nominell 34,3 Mio. DM, es muß 57,6 Mio. DM aufbringen. Ein zweites Paket von 26,1 % wird von den Hausbanken im Wege eines Pensionsgeschäfts für für die Karstadt AG übernommen. Die übrigen Neuen Aktien werden, soweit die freien Aktionäre nicht von ihrem Bezugsrecht Gebrauch machen, von den Hausbanken übernommen (1).

Die Hausbanken mußten jetzt auf 180 Mio. DM (Forderungen) verzichten, nachdem sie sich eine Woche vorher zu einem Verlust von

---

1) Kapitalschnitt 3 zu 1 für freie Neckermann-Aktionäre. Karstadt bildet sofort eine neue Geschäftsleitung/Das offizielle Kommuniqué. In: Frankfurter Allgemeine Zeitung, Frankfurt/Main, vom 30.11.76.

2) Die Schulden Neckermanns bei den zwölf Hauptbanken beliefen sich im einzelnen auf:

BHF-Bank	über 60 Mio. DM
Helaba	46 " "
Bank für Gemeinwirtschaft	40 " "
Bayerische Vereinsbank	27 " "
Schröder, Münchmeyer, Hengst & Co.	26 " "
WestLB	15 " "
Landesbank Rheinland-Pfalz	15 " "
Berliner Bank	14 " "
Bremer Landesbank	12 " "
DG Bank	11 " "
Bayerische Landesbank	10 " "
Algemene Bank Nederland	10 " "

(Neckermanns Ende. Die Banken zahlen die Zeche. In: Die Wirtschaftswoche, Düsseldorf, vom 10.12.1976, S. 36)

100 Mio. DM bereiterklärt hatten. Die Kredite der Dresdner Bank sind nicht bekannt. Die Deutsche Bank hatte nur einen Verlust von 100 000 DM, weil sie sich aufgrund der Kenntnis der Lage vorzeitig hatte zurückziehen können.

Die Vorgänge um die Übernahme Neckermanns durch die Karstadt AG belegen, daß die Banken nicht als monolithischer Block zu betrachten sind. In diesem Falle setzten sich zwei Großbanken durch (1) und zwar nicht gegen das Objekt der Transaktionen, dem Neckermann-Konzern, denn dessen Meinung spielte in dem gesamten Vorgang keine Rolle. Die beiden Großbanken konnten sich auf Kosten der Hausbanken Neckermanns durchsetzen. Sie konnten dies sicherlich auch aufgrund ihrer guten Informationslage, nämlich nicht nur über die Absichten der Karstadt AG informiert zu sein, sondern diese Absichten selber steuern zu können. Faktisch bestimmen die Großbanken die Geschäftspolitik der ihnen verbundenen Warenhäuser.

Die Fusion Karstadt-Neckermann ist aber von den beteiligten Banken nicht ursächlich veranlaßt worden. Die Banken können die Zentralisation nicht eigenmächtig ins Werk setzen. Voraussetzung dieser Fusion war die Krise des Neckermann-Konzerns. Da solche Krisen von Einzelunternehmen in der Regel einhergehen mit starker Verschuldung bei den Banken, spielen die Banken als Gläubiger entweder in der Verhinderung des Konkurses oder als Nachlaßverwalter eine entscheidende Rolle. Sie werden häufig zu Vollstreckern der Zentralisation des Kapitals. Die Konzentration und Zentralisation des Kapitals ist aber nicht Werk des Kredits, sondern vielmehr Wirkung der Gesetze der Akkumulation des Kapitals.

Ob sich die Übernahme des Neckermann-Konzerns durch die

---

1) Ein Bankier, der nicht namentlich genannt werden wollte, äußerte sich so:
"Was Karstadt sich unter Rückendeckung seiner beiden Großaktionäre Deutsche Bank und Commerzbank bei den Verhandlungen rausgenommen hat, ist einmalig."
(ebd., S. 36)

Karstadt AG letztlich als rentable 'Zukunftsinvestition' erweisen wird, ist noch nicht entschieden. Trotz weitreichender Sanierungsmaßnahmen, wie der Schließung sämtlicher stationärer Warenhäuser des ehemaligen Neckermann-Konzerns, hat die Neckermann AG bis heute keine Profit abgeworfen. Das vormals rentable Reisegeschäft (NUR) geriet ab 1980 in die roten Zahlen. Anfang 1981 wurde ein erneuter Kapitalschnitt von 2 zu 1 des Aktienkapitals der Neckermann AG durchgeführt. Durch ein Abfindungsangebot der Karstadt AG gegenüber den Kleinaktionären der Neckermann AG (82,50 DM pro 50-DM-Aktie) konnte Karstadt zwar 91 % des Aktienkapitals von Neckermann auf sich vereinigen, mußte aber durch die Entwertung via Kapitalschnitt erhebliche Abschreibungen vornehmen. Im Geschäftsjahr 1981 schloß die Neckermann AG mit einem Bilanzverlust von 85 Mio. DM ab. Auch dies zeigt, daß sich die Banken nicht aus dem durch die Akkumulation gesetzten Rahmen lösen können.

Innerhalb dieses Rahmens agieren sie aber, soweit sie über entsprechende Voraussetzungen verfügen, eigenmächtig im Sinne der Verfügungsgewalt über ihr Privateigentum. Ein Lehrbeispiel ist der Besitzerwechsel relevanter Kapitalanteile bei der Kaufhof AG.

An der Kaufhof AG hielt die Commerzbank einen Anteil von ca. einem Drittel, die Dresdner Bank von über 25 %. Ende 1980 veräußerten die beiden Banken auf Vermittlung der Commerzbank je 24 % ihrer Anteile an die Metro-Vermögens-Verwaltung-GmbH & Co KG und deren Hausbank, die Schweizerische Bankgesellschaft. Die Commerzbank verkaufte 32 %, die Dresdner 16 % und behielt ca. 10 % im Eigenbesitz.

Der Verkauf hat erhebliche Auswirkungen auf den Einzelhandel. Die neue Konstellation stellt eine erhebliche Nachfragemacht im Einzelhandel dar. Diese Nachfragemacht wird noch dadurch verstärkt, daß schon vorher eine Einkaufskooperation zwischen der Kaufhof AG und dem Otto-Versand bestand und der Otto-Versand seit 1979 selber im Cash & Carry-Großhandel (Fegro-Gruppe) tätig ist.

Grund für den Verkauf der Kaufhof-Anteile durch die Commerzbank und Dresdner Bank war die schlechte Profitlage beider Anfang der 80er Jahre. Für den Verkauf wurde nach Schätzungen ein Preis von 600 - 700 Mio. DM erzielt.

Bemerkenswert an diesem Fall ist, daß die Großbanken diese Transaktion sogar ohne Rücksicht auf gängige Wettbewerbsregeln durchführten. Das Bundeskartellamt wurde quasi umgangen, indem 24 % an die Metro und 24 % an die Schweizerische Bankgesellschaft verkauft wurden, wobei jeder wußte, daß die Schweizer Bank dieses Paket für die Metro kaufte. Außerdem erhielt die Schweizerische Bankgesellschaft eine Kaufoption über 2,5 % der Aktien an der Kaufhof AG von der Dresdner Bank, die der Metro/Schweizerische Bankkgesellschaft eine Kapitalmehrheit von 50 % bei der Kaufhof AG sichern wird. Nach dem Wettbewerbsgesetz (GWB, § 25) bedürfen Aufkäufe erst ab 24,9 % der Zustimmung des Kartellamtes. Wurde bei der Übernahme Neckermanns durch die Karstadt AG noch von einer Sanierungsfusion gesprochen,die diese Übernahme auch unter volkswirtschaftlichem Gesichtspunkt rechtfertigte, blickte die interessierte Öffentlichkeit ohnmächtig auf das Geschehen (1). Bekundungen von Bankenvertretern (2), ihr Handeln mit volkswirtschaftlichen Zielen, deren eines die Erhaltung des freien Wettbewerbs sei, in Einklang zu bringen, werden auf dem Hintergrund der Transaktionen um die Kaufhof AG von der Wirklichkeit Lügen gestraft.

---

1) In einem Kommentar in der Wochenzeitung 'Die Zeit' (vom 19.12.1980) wurde polemisch gefragt: "Für wie dumm halten die Verantwortlichen der Commerzbank und der Dresdner Bank eigentlich die Kartellbeamten und die Öffentlichkeit? Und wie wohl fühlt sich Hans Friderichs in seiner Haut, der vor seinem Wechsel an die Spitze der Dresdner Bank als Bonner Wirtschaftsminister viele Jahre lang für die Verteidigung von Marktwirtschaft und Wettbewerb in der Bundesrepublik verantwortlich war?"

2) Siehe dazu die Protokolle des XIII. Deutschen Bankentages (1979), hrsg. vom Pressedienst des Bundesverbandes deutscher Banken e.V.

2.4. UNTERSUCHUNGEN DER MONOPOLKOMMISSION UND DER STUDIENKOMMISSION 'GRUNDSATZFRAGEN DER KREDITWIRTSCHAFT' ÜBER DIE INDUSTRIEBEZIEHUNGEN DER BANKEN

In der zweiten Hälfte der 70er Jahre sind zum Verhältnis zwischen Banken und Industrie von der Monopolkommission und von der Studienkommission 'Grundsatzfragen der Kreditwirtschaft' materialreiche Untersuchungen vorgelegt worden. Beide Kommissionen haben eigens zu diesem Zweck Untersuchungsprogramme entwickelt. Diese Untersuchungsprogramme beziehen sich vorrangig auf die Komplexe Bankenbeteiligungen an Nichtbanken, Stimmrechtsvertretung der Banken auf Hauptversammlungen von Aktiengesellschaften und Präsenz von Bankenvertretern in Aufsichtsräten von industriellen und kommerziellen Aktiengesellschaften.

In der Diskussion um die Macht der Banken ist häufig von Kritikern der Banken allein schon die gehäufte Präsenz von Bankenvertretern in Aufsichtsräten und/oder das Depotstimmrecht der Banken als Beleg für ein Beherrschungsverhältnis seitens der Banken behauptet worden.

Das Problem in der Einschätzung dieser möglichen Einflußfaktoren ist ein doppeltes. Erstens entziehen sich die jeweiligen Auswirkungen des Bankenverhaltens weitgehend dem Einblick der Öffentlichkeit. Zweitens wirkt sich das Verhalten der Banken nicht unbedingt unmittelbar auf quantifizierbare Größen aus; z.B. läßt sich die Frage nicht einfach beantworten, ob die Hausbanken, die auch im Aufsichtsrat eines Unternehmens vertreten sind und auf den Hauptversammlungen über eine Stimmenmehrheit verfügen, einen höheren Zins realisieren können. Die Monopolkommission und die Studienkommission kommen teilweise zu unterschiedlichen Ergebnissen. Ihre Schlußfolgerungen wie ihre unterschiedlichen Einschätzungen lassen sich sicherlich nicht ausschließlich aus der Annahme einer Voreingenommenheit erklären. Auf der einen Seite läßt sich aus der bloßen Aufzählung von Aufsichtsratsmandaten, die von Banken gehalten werden, nicht einfach auf ein Beherrschungsverhältnis schließen; andererseits aber ist aus der mangelnden Beweisfähigkeit nicht auf die Unwirksamkeit dieser Faktoren rückzuschließen. Das Problem, wie diese Faktoren im einzelnen und und ihrem Zusammenwirken zu bewerten sind, kann in dieser Arbeit nicht ausreichend geklärt werden. In diesem Sinne können nur Fragestellungen formuliert werden, auf welche die Ergebnisse der vorliegenden Untersuchungen nur partielle Antworten geben können:

- Treten die Banken in Widerspruch zu denjenigen Unternehmen, auf deren Hauptversammlungen sie einen großen Stimmanteil halten durch Aktien im Eigenbesitz und/oder aus dem Kundendepot? Dieser Stimmanteil führt dazu, daß Bankenvertreter in das Kontrollorgan Aufsichtsrat gewählt werden bzw. sich selber hineinwählen und darüber auf die Unternehmensführung einwirken. Es stellt sich die Frage, wie sich die wirtschaftlichen Beziehungen zwischen Banken und Unternehmen gestalten. Bezwecken die Banken, die von ihnen beeinflußten Unternehmen zu einer höherer Zinszahlung zu veranlassen, oder versuchen sie, in Emissionskonsortien dieser Unternehmen eine dauerhafte Führung zu erreichen und darüber Emissionsrendite zu realisieren und zu monopolisieren? Sind die Banken an einer prosperitiven Entwicklung der von ihnen abhängigen Unternehmen interessiert, oder bevorzugen sie schwache Unternehmen, weil ein hochverschuldetes Unternehmen ein guter Schuldner ist und das Teilungsverhältnis zwischen Unternehmergewinn und Bankzins zugunsten der Gläubiger gestaltet werden kann?
- Besteht ein Gegensatz zwischen den Banken und den Aktionären? Gerät das Interesse der Aktionäre, eine möglichst hohe Dividende zu beziehen, in Widerspruch zu den Banken, die in der Hauptsache ihren Profit aus den Zinszahlungen ziehen? Wie formuliert sich überhaupt in Aktiengesellschaften, die früher in bezeichnender Weise anonyme Gesellschaften genannt wurden, der 'Wille des Kapitals'? Vertreten die Banken gegenüber den Aktionären ein eher langerfristiges Interesse an Erhaltung der Akkumulationsbedingungen?

- Welche Bedeutung haben diese Komplexe für die Konkurrenz innerhalb des Bankensektors?
- Generell stellt sich die Frage, bevor die Autonomie eines Unternehmens gegenüber den Banken abgegrenzt werden kann, in welchem Maße Unternehmensstrategien, Management auf Gesetzmäßigkeiten, die die Kapitalbewegung insgesamt wie diejenige von Einzelunternehmen als Teil des Gesamtkapitals bestimmen, einzuwirken vermögen. Fungieren die Banken als vergesellschaftende Instanz zwischen den Privatkapitalen, indem sie über ein Netz von Kreditbeziehungen, Beteiligungen und auch personellen Verflechtungen der Leitungsorgane einen über Marktbeziehungen hinausgehenden realen Zusammenhang in der Kapitalreproduktion herstellen? Führen die Banken, wenn auch in kapitalistischer Form, Momente gesellschaftlicher, d.h. die Grenzen und die Autonomie des Privatkapitals sprengende, Planung ein?

Die Monopolkommission hat in ihrem zweiten Hauptgutachten Konzentrationsprozesse im Bankensektor untersucht mit der Begründung, daß die Banken wegen ihrer Finanzierungsfunktion für alle übrigen Sektoren der Wirtschaft von gesamtwirtschaftlicher Bedeutung seien (1). Konzentrationsvorgänge in diesem Sektor und damit verbundene Machtkonzentration würden ebenfalls die Wettbewerbsbedingungen in der kreditnachfragenden Wirtschaft verfälschen und möglicherweise die Funktionsfähigkeit staatlicher Globalsteuerung beeinflussen. Die Monopolkommission sieht einen besonderen Einfluß der Banken auf andere Unternehmen durch die Kumulierung verschiedener Faktoren gegeben, wobei die Kreditgewährung an erster Stelle genannt wird. Allerdings ist dieser Faktor in der Untersuchung der Kommission weitgehend unberücksichtigt geblieben.

Die Studienkommission beschränkt sich auf die Frage, in welchem Maß die Faktoren Vollmachtsstimmrecht, Aufsichtsratsmandate und

---

1 Monopolkommission: Hauptgutachten II. A.a.O. Tz 496, S. 283.

Beteiligungen Beherrschungsverhältnisse seitens der Banken implizieren können. Bevor ich die Untersuchungsergebnisse beider Kommissionen und ihre Schlußfolgerungen darstelle, will ich die Diskussion über die Bedeutung der Präsenz von Bankenvertretern in Aufsichtsräten von Aktiengesellschaften erörtern. Das Dilemma in dieser Diskussion ist, daß dieser Komplex zwar allgemein als bedeutungsvoll bewertet wird, ohne aber die Bedeutung eindeutig geklärt zu haben. Das Problem wird häufig in dem Verhältnis zwischen Vorstand und Aufsichtsrat gesucht.

JÜRGENS/LINDNER betonen das Durchsetzungsvermögen des Vorstandes gegenüber dem Aufsichtsrat aufgrund detaillierter Geschäftskenntnis des Vorstandes (1).

Nach dem Aktiengesetz hat der Vorstand "unter eigener Verantwortung die Gesellschaft zu leiten" (AktG § 79, Abs. 1). Andererseits: "Vorstandsmitglieder bestellt der Aufsichtsrat höchstens auf fünf Jahre " (§ 84, Abs. 1, Satz 1). Weiter kann der Aufsichtsrat ein Mitglied des Vorstands zu dessen Vorsitzenden ernennen (§ 84, Abs. 1, Satz 2).

Die Sachverständigenkommission zur Auswertung der bisherigen Erfahrungen mit der Mitbestimmung stellt in ihrem 1970 veröffentlichten Bericht fest, daß sich die Aufgabe des Aufsichtsrates im Rahmen des Willenbildungsprozesses des Unternehmens zwar in erster Linie in der Überwachung und Kontrolle der Geschäftsführung besteht, sich darin aber nicht erschöpft (2). Sie hebt die beratende Funktion hervor. Weiterhin könne der Aufsichtsrat auf Grundlage § 111 AktG auf den Entscheidungsprozeß Einfluß nehmen, indem er z.B. die Abwicklung bestimmter Geschäfte von seiner Zustimmung abhängig macht. Die Befragung hätte gezeigt, daß die Aufsichtsräte zunehmend

---

1) Jürgens, Ulrich/Lindner, Gudrun: A.a.O. S. 142 f.

2) Bericht der Sachverständigenkommission zur Auswertung der bisherigen Erfahrungen bei der Mitbestimmung. Bundestagsdrucksache IV/334, vom 4.2.1970. S. 32 ff.

Entscheidungsbefugnisse in Anspruch nehmen würden. Bei großen Publikumsgesellschaften würde die Beratungsfunktion im Vordergrund stehen. Der Einfluß des Aufsichtsrates mache sich vor allem in der wichtigen Möglichkeit geltend, den Vorstand wählen und absetzen zu können. Bezüglich der Bankenvertreter in Aufsichtsräten stellt die Kommission fest, daß diese wegen ihres "Sachverstandes" geschätzt würden, aber daß die Banken in der Regel keinen über ihre eigenen Geschäftsinteressen hinausgehenden Einfluß auf die Unternehmen ausüben würden.

KURT PRITZKOLEIT stellt fest, daß der Aufsichtsrat die Hauptfunktion der gegenseitigen Information, weniger der Kontrolle des Unternehmens habe (1). In den Aufsichtsräten würden sich Abnehmer und Lieferanten sowie die Banken untereinander abstimmen.

Die gehäufte Repräsentanz weniger Banken in Aufsichtsräten hat die Wirkung, daß die Banken ihre genauen Kenntnisse über die Lage der Einzelunternehmen den von ihnen betreuten Geschäftsleitungen zur Strategiefindung zur Verfügung stellen können. Diese Kenntnisse beruhen vorrangig auf ihrer Funktion als Kreditgeber, häufig sind sie auch noch Hausbanken. Dieser Informationsfundus wird weniger in Entscheidungen des Aufsichtsrates sichtbar, er mündet vielmehr in Beratung, Empfehlungen, die in der Regel über informelle Kontakte vermittelt werden. Formell wird der Aufsichtsrat, wobei seine jeweilige Zusammensetzung seine Entscheidungsfähigkeit beeinflußt, von seiner Kontrollfunktion Gebrauch machen, wenn weitreichende Unternehmensstrategien - wie z.B. Sanierungsvorhaben - personelle Umdispositionen notwendig machen (siehe Vorstandswechsel bei AEG-Telefunken).

Der Handlungsspielraum der Geschäftsführung wie der Kontrollorgane eines Unternehmens wird aber im wesentlichen durch die Akkumulation des Kapitals bestimmt. Diese verläuft als

---

1) Pritzkoleit, Kurt: Auf einer Woge von Gold. Der Triumph der Wirtschaft. München/Wien/Basel 1964. S. 98 ff.

Gesamtbewegung des Kapitals (Makroökonomie) wie als Bewegung der Einzelkapitale in der Konkurrenz.

Die Banken inkorporieren und zentralisieren Managementwissen aufgrund genauer Kenntnis der Unternehmen aus ihrer Funktion als Kreditgeber; weiterhin verfügen sie über Erfahrung. Wenn auch die Banken dem unmittelbaren Produktionsprozeß äußerlich sind und auch nur von außen auf diesen einzuwirken vermögen, können sie doch in eingeschränktem Maße Planungsaufgaben wahrnehmen. Die Systemgrenze liegt dabei weniger in der Unfähigkeit. Macht auf ihren Klientel auszuüben, als darin, daß sie nur Rahmenbedingungen setzen können. Ob sie allerdings diese Rahmenbedingungen, oder anders ausgedrückt, Abstimmungen zwischen Unternehmen bezüglich Produktplanung, Schaffung von Abnehmer- und Lieferantenstrukturen, gemeinsame Beteiligungen usw. erfolgreich im Sinne der Kapitalverwertung beeinflussen oder gar diktieren können, hängt weitgehend vom Verlauf des Akkumulationsprozesses ab. In Krisen, wenn Stockungen und Disproportionalitäten der Produktion offen hervortreten, ist offenkundig auch die Lenkungs- bzw. Koordinationsfähigkeit der Banken stark eingeschränkt. Die Banken fungieren nicht als Kommandohöhen der Wirtschaft.

Die Banken vermögen nicht, den Akkumulationsprozeß zu steuern, weil ihm die Wertbewegung als Verwertung des Werts grundlegend ist. Diese Systembedingtheit können die Banken nicht aufheben, weil sie selber als Kapitale nach maximaler Verwertung des Werts streben und sich daher in der Konkurrenz gegen andere Kapitalanlagen setzen, weil sie die Privatheit der kapitalistischen Produktion trotz und wegen zunehmender Vergesellschaftungstendenzen nicht außer Kraft setzen und weil der Kredit dem produktiven Kapital äußerlich bleibt.

Beide Kommissionen haben ihre Untersuchungen auf Großunternehmen beschränkt. Obwohl die Monopolkommission mit einem gesetzlichen Auftrag ausgestattet ist, wurden ihre Untersuchungen speziell über den Bankensektor erheblich behindert (1). Darum hat die Monopolkommission eigens für den Untersuchungsgegenstand Industriebeziehungen der Banken ein Untersuchungsprogramm entwickelt und selbständige Erhebungen durchgeführt. Die Monopolkommission sah die Teilnehmerverzeichnisse der Hauptversammlungen der 100 größten Unternehmen in der Rechtsform der Aktiengesellschaft und der Kommanditgesellschaft auf Aktien durch. Die Monopolkommission schränkt selber ein (2), daß ihre Ergebnisse den Einfluß der Banken noch unterschätzen, da erstens kleine und mittlere Unternehmen außer Betracht bleiben und zweitens kein Aktionär gezwungen ist, seinen Aktienbestand in voller Höhe anzugeben.

Die Studienkommission war Ende 1974 vom Bundesminister der Finanzen einberufen worden, um "die struktur- und gesellschaftspolitische Stellung der Kreditwirtschaft zu prüfen" (3). Sie wurde beauftragt, ihre Untersuchungen im Hinblick auf eine grundlegende Änderung des Kreditwesen-Gesetzes (KWG) durchzuführen. Die personelle Zusammensetzung der Kommission gewährleistete von Anfang an, daß die unnachgiebigen Befürworter des jetzigen Status des Bankensystems in der Mehrheit waren, während Berufungen von Mitgliedern, die der offiziellen Position des Deutschen Gewerkschaftsbundes nahestanden, in der

---

1) In seinem Jahresbericht 1975/76 schrieb zwar der Bundesverband deutscher Banken: Die Monopolkommission "nahm dazu eine umfangreiche Befragung bei 360 Instituten der Kreditwirtschaft vor, die von den Banken bis auf geringe, begründete Ausnahmen umfassend beantwortet wurden." (S. 24) Die Monopolkommission hielt dagegen in ihrem 1. Hauptgutachten fest:
"Die Monopolkommission bedauert die mangelnde Kooperationsbereitschaft eines erheblichen Teiles der Kreditwirtschaft, an der Klärung dieser zentralen Fragen der Unternehmenskonzentration mitzuwirken. Sie hält dieses Vorgehen für ein untaugliches Mittel, die Frage nach der 'Macht der Banken' der politischen Diskussion zu entziehen."
(S. 199, Tz 199)

2) Monopolkommission: Hauptgutachten II. A.a.O. S. 292.

3) Bericht der Studienkommission. A.a.O. S. 4.

Minderheit waren (1). Allerdings bestand unter allen Mitgliedern der Konsens, daß eine Verstaatlichung oder Vergesellschaftung des Kreditwesens in der Bundesrepublik nicht infrage kommen könnte, um Probleme des Kreditwesens zu lösen.

Die Mehrheit der Studienkommission kommt in ihrem Untersuchungsprogramm I zu dem Ergebnis (2), daß der Anteilsbesitz der Banken an Nichtbanken keine Konzentrationswirkung in den jeweilig betroffenen Branchen zur Folge gehabt hätte. Lediglich im Brauereigewerbe hätten die Bankenbeteiligungen zu einer Konzentrationsbewegung geführt. Gleichfalls hätten sich aus Beteiligungen in der Regel keine Hausbankenfunktionen ergeben. Die Minderheit der Kommission ist dagegen der Auffassung, daß Beteiligungen den Zugang zum Bankgeschäft erleichtern würden und zu einer Bevorzugung bezüglich Kreditkonditionen für die Beteiligungsunternehmen führen würde.

Die Mehrheit ist der Auffassung, daß den Banken aus ihren Beteiligungen keine Konkursprivilegien erwachsen würden, vielmehr würde dadurch eher eine Herauslösung eingegangener Verpflichtungen im Konkursfall erschwert.

---

1) Vorsitzender der Kommission wurde Ministerialdirigent a.D. ERNST GESSLER, der vormals ebenfalls die Studienkommission zur Aktienreform geleitet hatte. Mitglieder waren weiterhin zwei Regierungsbeamte, später ein Mitglied des Direktoriums der Deutschen Bundesbank, zwei Professoren und vier Bankenvertreter. Die personelle Zusammensetzung gewährleistete, daß die unnachgiebigen Befürworter des jetzigen Status des Bankensystems in der Mehrheit waren, während Berufungen von Mitgliedern, die der offiziellen Position des Deutschen Gewerkschaftsbundes nahestehen, wie THOMAS WEGSCHNEIDER, Sprecher des Vorstandes der Bank für Gemeinwirtschaft (ab 1975 für FRIEDHELM FARTHMANN) und CLAUS KÖHLER von der Deutschen Bundesbank, eine Minderheitsposition darstellten. Allerdings bestand zwischen allen Mitgliedern ein Konsens über die unbedingte Beibehaltung der tragenden Säulen des Banksystems. So stellte die Studienkommission einhellig fest: "Die Kommission ist der Auffassung, daß eine Verstaatlichung oder Vergesellschaftung des Kreditwesens in der Bundesrepublik nicht geeignet ist, die mit diesen Maßnahmen angestrebten Ziele zu erreichen" (S. 249)

2) Monopolkommission: Hauptgutachten II. A.a.O. S. 294 ff.

Die Monopolkommission stellt fest, daß auf den Hauptversammlungen von 56 der 100 größten Aktiengesellschaften die Banken insgesamt jeweils Anteile von mehr als 5 % am vertretenen Grundkapital halten, in 15 Fällen liegen ihre Anteile zwischen 5 und 25 %, in 11 Fällen zwischen 25 und 50 % und in 30 Fällen liegen ihre Anteile über 50 % (1). Insgesamt wurden bei diesen 56 Aktiengesellschaften rund die Hälfte des Grundkapitals von den Banken vertreten. Davon befanden sich lediglich 7 % im Eigenbesitz der Banken, 43 % entstammten aus dem Depotstimmrecht. Innerhalb der Banken nehmen die Großbanken eine bevorzugte Stellung ein; auf den Hauptversammlungen von 54 Aktiengesellschaften nahmen sie Depotstimmrechte war. Darüberhinaus verfügen die Großbanken gegenüber anderen Bankengruppen über erheblichen Eigenbesitz an Aktien. Unter den drei Großbanken nimmt wiederum die Deutsche Bank eine Sonderstellung hinsichtlich des Eigenbesitzes und der Stimmrechtsvertretung ein.

Im zweiten Untersuchungsschritt befaßt sich die Monopolkommission mit der Aufsichtsratspräsenz von Bankenvertretern in den 100 größten Aktiengesellschaften. Sie begründet ihre Kritik an der Häufung von Aufsichtsratsmandaten seitens weniger Banken wie auch am Depotstimmrecht und der Bankenbeteiligung damit, daß dadurch unter Umständen der freie Wettbewerb beeinträchtigt werden könnte und Ziele staatlicher Wirtschaftspolitik konterkariert werden könnten. Sie bewertet ihre Untersuchungsergebnisse dahingehend, daß die Banken und hier vor allem der kleine Kreis der Großbanken nicht unmittelbar auf die Konzentration des von ihnen betreuten Kundeskreises hinwirken, sondern aufgrund der Kumulierung von Einflußfaktoren über weitgehend monopolisierte Informationen verfügen, die es ihnen erlauben, langfristig auf die Unternehmenspolitik Einfluß auszuüben (2). Außerdem würden sich dadurch den Spitzenbanken Hausbankenfunktionen eröffnen, wozu anderen

---

1) Bericht der Studienkommission. A.a.O. S. 83 ff.

2) Monopolkommission: Hauptgutachten II. A.a.O. Tz 604, S. 338.

Banken die Möglichkeit verschlossen wäre. Ebenfalls im dritten Hauptgutachten betont die Monopolkommission, daß durch die finanzielle Verflechtung zwischen Finanzunternehmen und großen Nichtbankenunternehmen die Banken über Insiderinformationen verfügen würden, die gegen die betroffenen Unternehmen einsetzen könnten (1). Sie belegen dort die finanzielle und persönliche Verflechtung der Großbanken mit den 100 größten Industrieunternehmen, worunter die Deutsche Bank eine herausragende Stellung einnimmt.

In ihrem zweiten Untersuchungsprogramm hat die Studienkommission die 66 größten Aktiengesellschaften in Hinblick auf das Vollmachtsstimmrecht und die Aufsichtsratspräsenz von Bankenvertretern untersucht. Die empirischen Befunde (2) bestätigen die Ergebnisse der Monopolkommission. Ebenfalls bezüglich der Aufsichtsratsmandate kommt die Studienkommission zu gleichlautenden Ergebnissen. Auch sie betont die herausragende Stellung der Großbanken.

Die Studienkommission sieht die Möglichkeit als vorhanden an, daß die Bankenvertreter auf die jeweiligen Unternehmen Einfluß ausüben. Die mögliche Einflußnahme sei aber dadurch, daß die Bankenvertreter sich im Aufsichtsrat in der Minderheit befänden, stark reduziert. Von den 68 größten Aktiengesellschaften seien

---

1) "Besondere Gesichtspunkte ergeben sich bei personellen Verflechtungen zwischen Finanzunternehmen (z.B. Banken, Versicherungen) und Industrie-, Handels- und Dienstleistungsunternehmen. Hierbei können Interessenkonflikte entstehen, wenn Finanzunternehmen durch personelle Verflechtungen Insiderinformationen zugängig sind, die für Unternehmen von Bedeutung sind, die ihnen in ihrer Funktion als Anteilseigner oder als Kreditgeber nahestehen. Es ist in solchen Fällen die Frage zu stellen, ob es immer möglich sein wird, die Geschäftsinteressen eines Unternehmens bei der Beratung von Problemen des konkurrierenden Unternehmens außer acht zu lassen."
Monopolkommission: Hauptgutachten III, 1978/1979. Fusionskontrolle bleibt vorrangig. Baden-Baden 1981. S. 111, Tz 384.

2) ebd., S. 113 ff.

59 Aufsichtsräte von den Banken beschickt, bei fast der Hälfte dieser Großunternehmen stellten die Banken außerdem den Aufsichtsratsvorsitzenden. Von einer Beherrschung durch die Banken könnte aber nicht die Rede sein. Bei finanzschwachen Unternehmen hätten gerade die Banken ein vorrangiges Interesse daran, daß diese Unternehmen wieder in die Ertragszone gebracht würden. Es gäbe keinen Anlaß für die Annahme, daß die Banken im Eigeninteresse gegen die Interessen der jeweiligen Unternehmen oder gegen die Interessen der Gesamtwirtschaft gehandelt hätten.

Bezüglich der Emissionskonsortien für Aktien und Industrieobligationen stellt die Kommission fest, daß die Zusammensetzung der Konsortien zwar in der Vergangenheit festgefügt sei, die Großbanken auch führend seien (1), aber eine Tendenz der

---

1) In diesem Zusammenhang sind die Ausführungen von LUDWIG POULLAIN interessant (Tätigkeitsbericht (I). A.a.O. S. 50): "Der öffentliche Auftrag an die Landesbanken und Sparkassen war, Wettbewerb zu produzieren, und dies auf allen Ebenen; die Sparkassen gegen die Banken ... die Landesbanken bei den Konsortien und anderen Monopolen der Großen. Es gab eben gerade hier viele Sektoren, in denem kein oder nur wenig stattfand oder wo man einen Pseudowettbewerb aufführte; man tat zwischen den Großbanken so, als ob man sich einen bedingungslosen Wettbewerb lieferte, derweil man über verschiedene Absprachen kleine, aber wirkungsvolle Kartelle schuf. Dies war etwa so in den Emissionskonsortien bei Kapitalerhöhungen bei deutschen Aktiengesellschaften. Hier waren seit Olims Zeiten die Plätze vergeben und die Quoten festgeschrieben. Jede Bank, die darin war, fühlte sich in Stahl und Stein gegossen, in einer unverrückbaren und ungefährdeten Position; ähnlich war es bei den Kreditkonsortien und im aufkeimenden internationalen Geschäft. Dort sollten wir, das meinte Schiller (der damalige Bundeswirtschaftsminister, M.G.) mit seinem öffentlichen Auftrag, einzubrechen versuchen, um durch mehr Angebote die Verkrustungen zu beseitigen und in den Empfängern von solchen Dienstleistungen mehr Auswahl und damit mehr Freiheit und damit schlußendlich auch bessere Preise zu bieten. Jahre später rieb ich mir allerdings erstaunt die Augen, als mir deutlich wurde, wie sich mein Standort ... fast grundsätzlich verändert hatte: Nachdem der Einbruch erst einmal gelungen war, gehörten auch wir zu den Etablierten...

Auflockerung sichtbar sei und zweitens die Banken innerhalb der Konsortien und um die Konsortien heftig konkurrieren würden.

Eine feste Bindung der Schuldner an ihre Hausbanken sei insgesamt nicht feststellbar. Denn erstens ermöglichte das umfassende Leistungsangebot innerhalb des Universalbankensystem einen leichteren Wechsel der Bank, zweitens herrsche zwischen den Banken - gerade aufgrund der Nivellierung des Leistungsangebots - ein scharfer Wettbewerb, und drittens verfügten große Kreditnehmer über mehrere Hausbanken. Bei Unternehmen mit einer Verschuldung über 10 Mio. DM seien in der Regel mehrere Kreditgeber vorhanden. Die größten Kreditnehmer - vor allem Konzerne - hätten mit 53 bis 132 verschiedenen Kreditinstiuten Kreditbeziehungen (1). Abschließend zum Komplex Industriebeziehungen der Banken befaßt sich die Studienkommission mit der Einschätzung der Kumulierung der verschiedenen Wirkungsfaktoren. Das Problem der Kumulierung stelle sich nur für Großunternehmen. Bei Klein- und Mittelunternehmen fände keine Kumulierung statt, da die Banken selten Kapital dieser Größenklassen halten würden und diese Unternehmen selten die Rechtsform der Publikumsgesellschaft hätten. Verschwiegen wird in dieser Argumentationsweise, daß diese Unternehmen in der Regel einen noch höheren Verschuldungsgrad aufweisen als Großunternehmen und die Einflußnahme per Kreditgewährung oder Kreditverweigerung sich gerade in diesem Größenbereich als existentiell entscheidend stellt.

Nun, da wir uns nach den heftigen Gefechten in den ersten Jahren nach der Fusion mit den alten Monopolisten arrangiert hatten, zählten wir selbst zu dem etablierten Kreis, der den anderen, den Nachstoßenden und Hungrigen, den Eintritt in diesen Zirkel verwehrte. Und das Schild 'Eintritt verboten' wirkte, da die öffentlich-rechtliche WestLB den zum inneren Kreis gehörenden drei Großbanken das Alibi der Abwehr auch mit Argumenten der höheren Werte erlaubte: Es ist ja eine von euch dabei, die WestLB. Nun regierten die stillen Kartelle wieder und dies umso wirkungsvoller, als die Großanlagen, die finanziert werden müssen, so teuer sind."

1) Bericht der Studienkommission. A.a.O. Tz 525. S. 160.

Zusammenfassend sieht die Kommission ein vermehrtes Einflußpotential der Banken auf Nichtbanken aus dem Zusammentreffen verschiedener Wirkungsfaktoren. Aus diesen Gründen seien Überlegungen zur Begrenzung des Anteilbesitzes der Banken an Nichtbanken und der Einschränkung des Vollmachtsstimmrechts anzustellen (1).

Sowohl die Ausführungen der Monopolkommission wie der Studienkommission haben den Mangel, die Kreditbeziehungen zwischen den Banken und ihren Schuldnern ungenügend zu berücksichtigen. Die in letzter Zeit bekundete Bereitschaft von Bankenvertretern (2), ihren Anteilbesitz zu reduzieren wie auch Abstriche beim Vollmachtsstimmrecht zu machen, weisen darauf hin, daß diese offenkundigen Einflußfaktoren nicht den Kern der Beziehungen treffen. Diese Fragestellung vermag auch nicht positiv zu klären, welche ökonomischen Wirkungszusammenhänge die Beziehungen Banken - Industrie bestimmen. Die Monopolkommission stellt wiederholt fest, daß die Banken, soweit sie über umfangreiche Beteiligungen verfügen, Vollmachtsstimmrechte in größerem Umfang wahrnehmen und in den Aufsichtsräten großer Aktiengesellschaften vertreten sind, über einen Informationsvorsprung verfügen, der sie unter Umständen befähigt, diesen zum eigenen Vorteil auszunutzen. Währenddessen sieht die Studienkommission sich nicht in ihrer Mehrheit veranlaßt, einen ökonomischen Vorsprung bestimmter Banken zu erblicken. Eine positive Klärung, wie sich die Beziehungen der Banken zu den Unternehmen gestalten, fehlt aber.

---

1) ebd., Tz. 587. S. 179.

2) F. WILHELM CHRISTIANS, einer der beiden Vorstandssprecher der Deutschen Bank:
"Wenn es brauchbare Alternativen gibt, sollte man lieber heute als morgen Auftragsstimmrecht aufgeben. Die Banken kleben nicht am Auftragsstimmrecht."
(Frankfurter Allgemeine Zeitung, Frankfurt/Main, vom 23.3.1979)

3. FOLGERUNGEN

3.1. DOMINANZ DES BANKKAPITALS ODER AUTONOMIE DES INDUSTRIEKAPITALS?

MARX weist darauf hin, daß das Kapitalverhältnis im zinstragenden Kapital seine äußerlichste und fetischartigste Form erhält (1). Die Form des zinstragenden Kapitals G - G' sei die begriffslose Form des Kapitals, die Verkehrung und Versachlichung der Produktionsverhältnisse in der höchsten Potenz (2). Die Kapitalmystifikation erhält im Leihkapital seine grellste Form, es scheint sich durch sich selbst zu vermehren, der sich verwertende Wert, worin sein Werden, sein Entstehungsprozeß, die Fähigkeit der lebendigen Arbeit, Wert und Mehrwert zu schaffen, vollends ausgelöscht scheint.

Vorstellungen über die Allmacht der Banken, wie sie auch von marxistisch orientierten Autoren vorgetragen werden, haben ihre Ursache auch in dem Unverständnis der Wirkungsweise der kapitalistischen Produktionsweise. Das Problem besteht ja darin, daß die Wesensgesetze nicht unmittelbar als solche sichtbar sind, sondern Erscheinungsformen produzieren, welche die Wesentlichkeit in verkehrter Weise reflektieren (3).

Die innerhalb der marxistischen Diskussion vorherrschende Finanzkapital-These nahm theoriegeschichtlich nicht grundlos ihren Ausgangspunkt in einer Umkehrung des Verhältnisses von Produktion und Zirkulation. HILFERDING begann seine Darstellung ausdrücklich mit einer 'Revision' der Marx'schen Geldtheorie. Im ersten Abschnitt dieser Arbeit habe ich ausgehend von den Marx'schen Ausführungen über den Kredit die marxistische

---

1) MEW 25, S. 404.

2) ebd., S. 405.

3) Siehe dazu:
Zelený, Jindrich: Die Wissenschaftslogik und das 'Kapital'. Frankfurt am Main/Wien 1962.

Theoriediskussion über die Rolle des Kreditwesens nachvollzogen, weil eine Analyse, die beansprucht, die wirklichen Verhältnisse wahrheitsgetreu zu untersuchen, die über lange Jahre angehäuften 'Vorurteile' kritisieren muß.

Die Finanzkapital-Theorie ist in sich selber nicht schlüssig. Ihre wesentliche Prämisse, die Monopoltheorie, ist logisch widersprüchlich. Diesen Widerspruch ahnend, wird von ihren Verfechtern eine neue Qualität des Kapitalismus angenommen. Der Kapitalismus habe eine neue Qualität erreicht, dessen Kennzeichen eine Bedeutungszunahme außerökonomischer Macht und Gewalt sei. Daher rührt die Vorliebe der extremsten Vertreter dieser Theorie an der Betonung personell festmachbarer Machtzusammenhänge, statt die sachlichen Verhältnisse, die 'hinter dem Rücken' wirksam sind, zu untersuchen. Es reicht allerdings nicht aus, die Falschheit einer Theorie an ihrer mangelhaften Konsistenz festzumachen. Ihr Wahrheitsgehalt muß sich in der Untersuchung der konkret vorfindbaren Verhältnisse erweisen.

Die Untersuchung hat ergeben, daß im westdeutschen Bankwesen Monopolstrukturen nicht prägend sind. Neuere Untersuchungen über den Industriebereich haben zum Resultat, daß ein Zusammenhang zwischen Kapitalzentralisation und Profitratenhierarchie empirisch nicht nachweisbar ist. Eine Korrelation zwischen Konzentrationsgrad und Profitratenniveau, auf Branchen bezogen, ist weder positiv noch negativ vorhanden.

Im westdeutschen Bankenwesen haben sich die Geschäftsanteile zugunsten der traditionell in sich zersplitterten Institutsgruppen, des Sparkassen- und Kreditgenossenschaftssektors, und zulasten der höherkonzentrierten Sektoren, wie dem der Kreditbanken verschoben. Die Universalierung der Banken hat die Konkurrenz auf bis dato spezialisierte Bankengruppen intensiviert, die Zugangsschranken zu bestimmten Teilkreditmärkten wurden in diesem Prozeß gesenkt.

Aus methodischen Gründen (der nicht möglichen Vergleichbarkeit der Jahresabschlüsse verschiedenartiger Institutsgruppen) ist ein Vergleich einzelbankspezifischer Bankprofitraten oder institutsgruppenbezogener Profitraten nicht aussagekräftig. Die Untersuchung der Konkurrenzintensität relevanter Kreditmärkte läßt aber den Schluß nicht zu, daß Banken mit hohem concentration ratio marktbeherrschend sind. Noch läßt sich die Schlußfolgerung ziehen, daß die Banken generell ihre Konkurrenz zugunsten eines einheitlichen Handelns gegenüber ihren Gläubigern bzw. Schuldnern zurückstellten. Auf bestimmten Märkten, die durch Zersplitterung und damit einhergehend einer schwachen Verhandlungsmacht verbunden sind, ist ein abgestimmtes Verhalten der Banken bemerkbar.

Der Verlauf der aggregierten Bankenprofitrate zeigt, daß die Bewegung des Leihkapitals, als deren institutionelle Träger die Banken fungieren, abhängig ist von der Akkumulation des produktiven Kapitals. Die Nichtidentität der Akkumulation von Leihkapital und der Akkumulation von industriellem Kapital legt augenscheinlich eine Verselbständigung und Unabhängigkeit der Bewegung des zinstragenden Kapitals nahe. Aber seine Bewegung ist bestimmt durch Angebot und Nachfrage, die wiederum wesentlich von den Bedürfnissen des industriellen Kapitals bestimmt werden. Die Ungleichzeitigkeit ihrer Akkumulation ist aber nicht beliebig, sondern bedingt sich in spiegelverkehrter Form. Die Banken können sich deshalb auch nicht aus dem Zykluszusammenhang des industriellen Kapitals lösen.

Die Eigenkapitalausstattung der industriellen Kapitale nimmt der Tendenz nach ab. Sie sinkt nicht linear. Die Selbstfinanzierungsquote der Unternehmen (Eigenkapital zu Bruttoinvestition) steigt in den Aufschwungphasen leicht an. Das trendmäßige Sinken der Eigenkapitalausstattung wird verursacht durch die abnehmende Akkumulationsfähigkeit der Unternehmen, die wiederum bedingt wird durch abnehmende Kapitalrentabilität. Kehrseite dieser Entwicklung ist die Zunahme der Fremdfinanzierung. Kreditgeber sind in der Hauptsache die Banken. Ca. ein Drittel der Verschuldung besteht aus Lieferantenkrediten, aus innersektoraler Kreditverflechtung der Unternehmen. Großunternehmen nehmen zunehmend Kredite als direkte Marktteilnehmer an internationalen Kreditmärkten auf.

Aus der absolut und relativ wachsenden Kreditfinanzierung der Unternehmen ist nicht zwingend auf eine wachsende Abhängigkeit der Unternehmen von den Banken zu schließen. Denn, soweit es sich um Großunternehmen handelt, haben diese in der Regel mehrere Hausbanken. In unterschiedlichem Maße fungieren die Unternehmen ebenfalls als Einleger.

Langfristig verändert sich das Teilungsverhältnis des industriellen bzw. kommerziellen Profits zugunsten des Zinses und zuungunsten des Unternehmergewinns. Diese Entwicklung schränkt wiederum die Akkumulation aus der Selbstfinanzierung ein. Hinzu kommt, daß mit wachsender Staatsverschuldung diese auf den Kreditmärkten ihre Wirkung zeigt, indem sie das Zinsniveau hebt und damit die Unternehmenskredite verteuert.

Die zunehmende Kreditfinanzierung der Unternehmen ist aber auch Ausdruck der zunehmenden Vergesellschaftung der Produktion. Die privat organisierten Einzelkapitale beziehen sich nicht nur in der Konkurrenz vermittels des Ausgleichs zur gesellschaftlichen Profitrate aufeinander und auf das gesellschaftliche Gesamtkapital. Sie inkorporieren zunehmend Teile des Gesamtkapitals, dessen Teil sie einerseits sind, deren andere Teile, die nicht im Privateigentum einzelner Kapitalw sind, in ihren individuellen Kreislauf eingehen. Mit Zunahme der Kreditfinanzierung nimmt die Kreditverflechtung der Wirtschaft zu.

Die zunehmende Kreditverflechtung der Unternehmen ist einerseits immer mehr unabdingbare Voraussetzung der Kapitalreproduktion. Andererseits wirkt sie aber krisenverschärfend, weil Risse an einigen Stellen dieses Kreditnetzes den Gesamtreproduktionszusammenhang ins Wanken bringen. Für die Banken stellt sich diese Entwicklung widersprüchlich dar. Einerseits ermöglicht ihnen die zunehmende Kreditfinanzierung der Unternehmen einen höheren Anteil am industriellen Profit. Andererseits wird mit zunehmender Instabilität der Unternehmen die Rückzahlung der Kredite immer unsicherer.

Dieses wird durch die Vorgänge bei AEG-Telefunken belegt. Zum einen haben die beteiligten Banken aufgrund der außerordentlichen Verschuldung des Konzerns hohe Zinsgewinne anhäufen können. Auf der anderen Seite wurde die Entscheidungsfreiheit der Banken über ihre Geschäftspolitik dem Unternehmen gegenüber immer mehr eingeengt. Es kann nicht von einer Autonomie des Unternehmens gegenüber den Banken die Rede sein. Aber die Banken habe ihre Geschäftspolitik in diesem Fall immer weniger autonom gestalten können. Wenn auch AEG-Telefunken nicht typisch ist für die Lage der Großunternehmen und die Industriebeziehungen der Banken, so macht dieser Fall doch die Grenzen des Einwirkungsvermögens der Banken und der Wirksamkeit ihres Einwirkens deutlich. Grundlegend bleibt die Akkumulationsbewegung des Kapitals.

Die Banken vermögen in gewissen Grenzen gesamtwirtschaftliche Vorgänge zu steuern. Sie vermitteln Strukturveränderungen bzw. fördern Anpassungsvorgänge an diese Strukturveränderungen (1). In diesem Zusammenhang sind Konzentrations- und Zentralisationsvorgänge von Bedeutung. Jedoch findet diese Regulierung nicht bewußt als Moment gesellschaftlicher Planung statt. Sie wird durch die Banken aufgrund ihres eigenen Profitinteresses initiiert. Wie die Übernahme Neckermanns durch die Karstadt AG zeigt, handelte es sich bei dieser Transaktion objektiv um eine 'Sanierungsfusion'. Der von der Großbanken verfolgte Zweck war aber zweifellos die Erschließung einer neuen Kapitalanlagesphäre. Dieser Fall zeigt aber ebenfalls, daß die Banken nicht als monolithischer Block handeln, sondern im Zweifelsfall gegeneinander operieren. Beim Verkauf der von der Commerzbank und Dresdner Bank gehaltenen Aktien der Kaufhof AG an die Metro GmbH bzw. deren Schweizer Hausbank wurde offensichtlich, daß die

---

1) Jürgens, Ulrich: Selbstregulierung des Kapitals. Erfahrungen aus der Kartellbewegung in Deutschland um die Jahrhundertwende; Zum Verhältnis von Politik und Ökonomie. Frankfurt am Main/New York 1980.

Banken das gesamtwirtschaftliche Interesse, hier verstanden als Selbstverständnis marktwirtschaftlicher Ordnung, nur soweit verfolgen, wie es mit ihrem Eigeninteresse vereinbar ist. Die Vergesellschaftungswirkung des Kredits wird somit durch die Hegemonie der Kapitalverwertung als Gesetz kapitalistischer Produktion und dem Selbstzweck privat-organisierter Bankbetriebe, eine möglichst hohe Eigenverwertung zu erreichen, immer wieder eingeschränkt.

Die Klein- und mittleren Unternehmen weisen im Durchschnitt eine geringere Eigenkapitalausstattung als Großunternehmen und einen höheren Verschuldungsgrad bei den Banken auf, der durch das Fehlen alternativer Fremdfinanzierungsformen noch verstärkt wird. Die in diesem Größenklassenbereich höhere Insolvenzquote ist nicht auf eine geringere Rentabilität zurückzuführen. Unternehmen dieser Größenklassen verfügen aber über eine geringere ökonomische Potenz, von außen notwendig werdende Anpassungsvorgänge zu vollziehen. Die Krisenentwicklung des westdeutschen Kapitalismus verstärkt die Notwendigkeit dieser Anpassungsvorgänge, die aber in abnehmendem Maße von Klein- und mittleren Unternehmen zu realisieren sind.

Die kreditgebenden Banken vermögen gegenüber diesen Kreditnehmern häufig, aufgrund deren relativer Verhandlungsschwäche einen höheren Zins durchzusetzen. Auf der anderen Seite sind aber diese Kredite weniger besichert. In diesem Bereich ist zudem die Bankenkonkurrenz sehr intensiv. Den größten Anteil an Mittelstandskrediten haben der Sparkassen- und der Kreditgenossenschaftssektor.

In diesem Bereich fungieren die Banken teilweise als Marktregulatoren, die im Eigeninteresse der Kreditsicherung und des Kundenerhalts Anpassungsvorgänge an sich veränderte Verwertungsbedingungen gegenüber diesen Kapitalen durchsetzen (1). Sie

---

1) Siehe dazu:
Herrhausen, Alfred: Die Rolle der Banken bei der Unternehmenssanierung. In: Die Bank, Nr. 8/1979. S. 358 ff.

entscheiden häufig darüber, ob sich das investierende Kapital unter den gegebenen gesellschaftlichen ökonomischen Bedingungen behaupten kann. Sie sind dem Markt, auf dem sich die Gesellschaftlichkeit erweisen muß, vorgeschaltet. Die Banken vermögen nicht, eine gesellschaftliche Planung durchzuführen. Sie schränken in gewissem Maße die anarchische und häufig katastrophenartige Wirkung der Kapitalgesetze ein.

Die Diskussion über die 'Macht der Banken' ist in der Bundesrepublik auf die Bedeutung des Anteilbesitzes der Banken an Nichtbankenunternehmen, dem Vollmachtsstimmrecht und der Aufsichtsratspräsenz von Bankenvertretern konzentriert worden. Die Untersuchungen der Monopolkommission und der Studienkommission 'Grundsatzfragen der Kreditwirtschaft' liefern nur Anhaltspunkte. Sowohl die Befürworter des Status quo wie deren Kritiker gehen aus von dem Gegensatz zwischen Banken und Nichtbankenunternehmen, entweder um diesen Gegensatz zu belegen oder um ihn zu widerlegen. Grundlegend muß aber geklärt werden, über welchen Handlungsspielraum die Unternehmen im Rahmen der Kapitalbewegung verfügen. Nicht originär stellt sich die Frage der Autonomie der Unternehmen gegenüber den Banken, sondern ihrem Bezug zur Wertbewegung. In diesem Zusammenhang kann nur das Einwirkungsvermögen der Banken, das sich zudem wesentlich durch ihre Funktion als gesellschaftliche Gläubiger und Schuldner konstituiert, beantwortet werden.

3.2. ÜBERLEGUNGEN ZUR FORDERUNG NACH VERSTAATLICHUNG DER BANKEN

In der während der 70er Jahre in der Bundesrepublik geführten Diskussion über die Rolle der Banken wurde von sozialistischen Grundpositionen aus die Forderung nach Verstaatlichung bzw. Vergesellschaftung des privaten Bankensektors wieder aktualisiert. Diese Forderung war nicht neu. Die Forderung nach Vergesellschaftung der Banken wurde von den Gewerkschaften 1932 erstmalig aufgestellt und ausführlich begründet (1). Diese Forderung wurde ausdrücklicher Bestandteil des Grundsatzprogrammes des DGB von 1949. In der Folgezeit trat diese Forderung programmatisch in den Hintergrund.

Im folgenden sollen der Antrag zur Verstaatlichung des Banksektors, der auf dem Bundeskongreß der Jungsozialisten 1974 in München behandelt wurde (2), und die Stellungnahme gegen eine Verstaatlichung von DIETHARD B. SIMMERT, damals Mitarbeiter am Wirtschafts- und Sozialwissenschaftlichen Institut des DGB (3), skizziert werden. RAINER HEINRICH, Mitautor und Begründer des Vorschlags der Jungsozialisten, führt aus, daß die kapitalistische Verfaßtheit des Bankensektors den Interessen der arbeitenden Bevölkerung nicht mehr gerecht werden würde (4). Die arbeitende Bevölkerung finanziere über ihre Einlagen zunehmend selbst ihre zukünftigen Lebens- und Arbeitsbedingungen, ohne aber auf den Entscheidungsprozeß Einfluß nehmen zu können. Die zunehmende Vergesellschaftung mache eine planvolle Entwicklung und Aufteilung der

---

1) Zur Geschichte dieser Forderung in der deutschen Gewerkschaftsbewegung siehe:
Mülhaupt, Bernd: Gewerkschaften und Bankenreform. In: WSI-Mitteilungen, Heft 7/1975, S. 375 ff.

2) Heinrich, Rainer: Ein Vorschlag zur Verstaatlichung des privaten Bankensektors. In: WSI-Mitteilungen, Heft 9/1975, S. 480 ff.

3) Simmert, Diethard B.: Banken - Reform oder Verstaatlichung? Beilage zur Wochenzeitung 'Das Parlament', Heft 23/1975.

4) Heinrich, Rainer: A.a.O. S. 489 ff.

Investitionen notwendig, die Entscheidungsbefugnis durch die Profitbedürfnisse des Kapitals sei historisch überfällig. Bei den großen Banken übernehme der Staat praktisch die Einlagengarantie, er sichere die Verwertungsbedingungen des Monopolkapitals ab. Ein Vergleich zwischem dem Volumen des Bundeshaushaltes und dem Geschäftsvolumen der sechs größten Banken, das den ersteren übersteigen würde, beweise die gesellschaftliche Bedeutung der Spitzenbanken. Diese Banken seien auch innerhalb des Bankensektors vorherrschend.

HEINRICH versteht den Vorschlag als ein Schritt zur Durchsetzung einer antimonopolistischen Demokratie, im Kontext dieser Strategie fungiere der Geld- und Finanzsektor als Schlüsselsektor, seine Verstaatlichung müsse durch Verstaatlichung der Schlüsselindustrien ergänzt werden.

Der Vorschlag zur Verstaatlichung der Banken beinhaltet einen Entwurf von Entscheidungsgremien, die paritätisch aus Staatsvertretern (Bund, Ländern und Gemeinden) und Gewerkschaftsvertretern zusammengesetzt sein sollen.

SIMMERT bewertet die Bankenverstaatlichung als kein geeignetes Mittel, die Macht der Banken und den zu Recht kritisierten Machtmißbrauch einzuschränken. Reformen würden ausreichen, sämtliche Mißstände abzustellen (1). Eine Verstaatlichung der Banken würde zu einer Schwächung des Wettbewerbs in der Kreditwirtschaft und zu einer Konzentration des Eigentums in öffentlicher Hand führen. Zudem sei das Problem der Macht der Banken nicht auf 3 bis 10 Privatbanken einzugrenzen. Der Staat sei außerdem derzeit nicht imstande, einen umfassenden öffentlichrechtlichen Bankbereich effektiv zu kontrollieren.

Ob ein verstaatlichter Bankensektor im Kontext einer Programmatik staatlicher Investitionslenkung einsetzbar sei, sei beim gegenwärtigen Stand der Diskussion fraglich. Im wesentlichen

---

1) Simmert, Diethard B.: A.a.O. S. 29 f.

würden auch staatliche Banken ihre Finanzierungspolitik von cost-benefit-Gesichtspunkten abhängig machen, d.h. nach marktmäßigen Kriterien. Der Staat sei ja noch nicht einmal imstande, die ihm jetzt schon zur Verfügung stehenden Instrumente (Stabilitätsgesetz, ERP-Kredite usw.) sinnvoll und koordiniert einzusetzen. Grundsätzlich sei zu bezweifeln, ob eine Bankenverstaatlichung überhaupt eine wesentliche Änderung der Wirtschafts- und Gesellschaftsordnung mit sich bringe. Zu bedenken sei auch das Problem der Aufbringung der Entschädigungszahlungen, die SIMMERT für 1975 auf mindestens 13 Mrd. DM beziffert.

Diese beiden Positionen offenbaren die Schwachstellen in der Debatte. SIMMERT weist mit Recht darauf hin, daß eine Verstaatlichung des Bankensektors nicht den Charakter der Gesellschafts- und Wirtschaftsordnung ändert. Ausgespart bleibt in diesem Zusammenhang die Frage, unter welchen politischen Vorgaben ein verstaatlichter Bankensektor geführt wird. HEINRICH dagegen weist dem Bankensektor eine Schlüsselstellung zu, wenn auch für die Gestaltung einer sozialistischen, an den Bedürfnissen der Mehrheit der Bevölkerung orientierten Wirtschaft nicht ausreichend sei. Den Ausführungen HEINRICHS liegt die Monopoltheorie zugrunde, die ja besagt, daß das monopolistisch organisierte Kapital als Kommandohöhe der Wirtschaft fungiert, sich nicht nur zur arbeitenden Bevölkerung, sondern gleichfalls zu den nicht monopolistischen Kapitalen in Gegensatz stellt. Diese Vorstellungen führen zu einer Überschätzung der Bedeutung des Kreditwesens für die Umgestaltung der Wirtschaftsordnung. Die Großkapitale als Kommandohöhen der Wirtschaft zu begreifen, legt den strategischen Schluß nahe, daß sich über Besetzung dieser Kommandostellungen eine wesentliche Strukturveränderung der Ökonomie erreichen lasse. Allerdings stellt sich SIMMERT die Frage nach einer grundsätzlichen Umorientierung der Wirtschafts- und Gesellschaftsordnung als anzustrebendes politisches Ziel nicht. Seine Einwände sind zwar in Hinblick auf die Realisierbarkeit von Investitionslenkungskonzepten berechtigt, jedoch ausgehend von seiner politischen Grundposition kommt er lediglich zu dem Schluß, daß Mißstände durch 'handfeste' Reformen zu beseitigen seien.

In den letzten Jahren werden unter dem Schlagwort 'Alternative Wirtschaftspolitik' innerhalb der sozialistischen Linken Konzeptionen systemüberwindender wirtschaftspolitischer Maßnahmen diskutiert (1).

Positionen, wie sie im 'Memorandum', das jährlich als Kritik und Alternativvorschlag zum Sachverständigengutachten von Wirtschaftswissenschaftlern, die der linken SPD oder der DKP nahestehen, herausgegeben werden, orientieren sich im wesentlichen an der Theorie des staatsmonopolistischen Kapitalismus. Auf die Kapitalismusanalyse dieser Richtung bin ich schon an anderer Stelle eingegangen (2). Die Wirtschaftskrise wird nicht als Wirkung des tendenziellen Falls der Profitrate interpretiert. Vielmehr gehen die Memorandum-Autoren davon aus, daß die Monopole bei mindestens gleichbleibender Profitrate aufgrund ihrer Monopolstellung einen wachsenden Teil des Volkseinkommens vereinnahmen. Die Krise wird aufgrund einer verfehlten ökonomischen Analyse zu einer reinen Machtfrage gemacht. Die Krise resultiert aus der Übermacht der Monopole und ohne jede Schwierigkeiten kann sie überwunden werden, wenn nur Politik und Staat statt als Instrumente der Monopole als Instrumente der antimonopolistischen Kräfte fungieren würden. Zur kurzfristigen Lösung der Krise wird dann eine Umverteilung des Volkseinkommens über die öffentlichen Haushalte und Steigerung des privaten

---

1) Im Zusammenhang mit dem Thema dieses Kapitals wäre es nützlich, die Verstaatlichungspolitik der sozialistischen Regierung in Frankreich zu untersuchen. Zum Zeitpunkt der Fertigstellung dieser Arbeit war aber die zur Verfügung stehende Literatur noch nicht ausreichend, eine fundierte Einschätzung vornehmen zu können.

2) Siehe zur Kritik am 'Memorandum':
Altvater, Elmar/Hoffmann, Jürgen/Semmler, Willi: Notwendigkeit und Schwierigkeit eines Programms alternativer Wirtschaftspolitik - Zur Kritik des Memorandums. In: WSI-Mitteilungen, Nr. 9/1979, S. 59 ff.

Konsums vorgeschlagen. Langfristig wird der Krise durch Vergesellschaftung der Monopole der Boden entzogen, wobei jede Verstaatlichung eines Monopols "ein Einfallstor darstellt für sozialistische Politik" (1).

Die bisher detailliertesten Vorstellungen zur Umstrukturierung des Bankwesens im Zusammenhang alternativer Wirtschaftspolitik haben die Sozialistischen Studiengruppen (SOST) vorgelegt (2). In ihren 'Programmatischen Leitsätzen der Linkssozialisten - Grundlinien für einen neuen Typ ökonomischer sozialer Entwicklung' gehen sie davon aus, daß das "Kapitalverhältnis nicht mehr in der Lage ist, die gesellschaftliche Reichtumsproduktion " (3) voranzutreiben. Die Kapitalismusanalyse der Stamokap-Theoretiker wird zurückgewiesen (4).

Innerhalb ihres Konzepts weisen sie den Banken die Rolle zu, die Verteilung gesellschaftlicher Ressourcen durchzusetzen entsprechend der Orientierung alternativer Wirtschaftspolitik, d.h. Entwicklung der gesellschaftlichen Produktion und Konsumtion unter Kontrolle und im Interesse der Masse der Bevölkerung. Die Banken seien schon in der bürgerlichen Gesellschaft Form der allgemeinen Buchführung und Verteilung der Produktionsmittel auf gesellschaftlicher Stufenleiter. Illusionen über die wunderwirksame Macht des Bankensystems seien unangebracht. Zur Durchsetzung gesellschaftlicher Interessen verpflichteter Investitionspläne sei eine Vergesellschaftung der

---

1) Linke Sozialdemokraten und bundesrepublikanische Linke. Diskussion am Beispiel der Herforder Thesen. In: spw, Sonderheft 3. Berlin 1981. S 84.

2) Sozialistische Studiengruppen: Sozialistische Wirtschafts- und Sozialpolitik. Programmatische Leitsätze und Kapitalismusanalyse der Linkssozialisten in der BRD. Hamburg 1980.

3) ebd., S. 53.

4) Siehe dazu den Begleitband: Sozialistische Studiengruppen: Bundesrepublik - Wirtschaftskrise und Sozialistische Alternativen. Hamburg 1979, bes. S. 67 ff.

Banken notwendig. Diese müsse in Ergänzung zur Vergesellschaftung der Kapitalgesellschaften vorgenommen werden. Über den Kredit, weniger über Beteiligungen, Vollmachtsstimmrecht usw., hätten die Banken weitgehende Einwirkungsmöglichkeiten auf die Investitionspolitik der Unternehmen.

Das Bankensystem sei zudem ein Umverteilungszentrum, über welches bestimmte abgeleitete Einkommen verteilt werden. Mit der kontrollierten Einflußnahme im Banken- und Kreditsystem sollen die gewinnbringenden z. T. spekulativen Transaktionen von Eigentums-, Besitz- und Schuldtiteln eingeschränkt werden. Die Sozialistischen Studiengruppen weisen einem staatlicher Kontrolle unterliegenden Bank- und Kreditsystem weitgehendere Einwirkungsmöglichkeiten als traditionellen Mitteln der Finanzpolitik zu.

Das Dilemma des Programmentwurfs der SOST besteht darin, daß sie von einem schon vollzogenen Bruch mit dem bürgerlichen System ausgehen. Diesen Bruch setzen sie theoretisch voraus, ohne zu klären, wie dieser Bruch praktisch zustande zu bringen ist (1). Es wird von der Notwendigkeit des Bruchs mit dem bürgerlichen System als Voraussetzung für den Übergang zu einem neuen Typ der wirtschaftlichen und sozialen Entwicklung ausgegangen, ein Programm für den Übergang vorgestellt, ohne jedoch zu klären, wie die genannten Voraussetzungen verwirklicht werden sollen. Allerdings ist dieses Dilemma der SOST ein allgemeines Problem und kennzeichnet den gegenwärtigen Diskussionsstand in der sozialistischen Linken.

In Abgrenzung zu Positionen, wie sie von den Stamokap-Theoretikern

---

1) Siehe zur Kritik:
Schmierer, Hans-Gerhart: "Alternative Wirtschaftspolitik" - Die Auffassungen der Sozialistischen Studiengruppen. In: Kommunismus und Klassenkampf. Nr. 12/1981. S. 5 ff.

Hübner Kurt/Stanger, Michael: Schwierigkeiten in der Begründung alternativer Wirtschaftspolitik. Kritik der Position der Sozialistischen Studiengruppen (SOST). In: Probleme des Klassenkampfes. Nr. 41/1980. S. 107 ff.

vertreten werden, läßt sich nachweisen, daß eine isolierte Verstaatlichung der privaten Banken nicht geeignet ist, "Einfallstore des Sozialismus" zu schaffen. Der Kredit bleibt der Produktionssphäre äußerlich. Auch unter dem Gesichtspunkt gesellschaftlicher Planung und Bedürfnisbefriedigung gesteuerte Kreditströme werden durch die Akkumulationsbewegung des fungierenden Kapitals konterkariert. Wenn auch die Gegenläufigkeit des Kreditzyklus gegenüber dem Industriezyklus vom Bankenverhalten mitbeeinflußt wird, so ist der Verlauf des Kredits nicht künstlich gesteuert, sondern durch das Angebot von und die Nachfrage nach Leihkapital reguliert. Diese Regulation durch den industriellen Akkumulationszyklus kann durch keine Zins- und Kreditpolitik aufgehoben werden. Sie kann bestenfalls - z.B. durch staatliche Zinssubventionen oder gesetzliche Zinslimitierung gegenüber den Banken - abgeschwächt werden.

Zu bedenken ist weiterhin, daß eine Verstaatlichung der Banken sich erst einmal auf das Eigenkapital der Banken beziehen würde, das aber nur zwischen 3 bis 5 % der Bilanzsumme der Banken ausmacht. Eine wirksame Kontrolle der Kreditströme macht darum eine Nationalisierung der Geldkonten notwendig. Denn ein Abzug von nur einem Teil der Einlagen (industrielle Einleger und Einkommensklassen, die vom Zins 'leben'), würde das gesamte Kreditwesen erschüttern.

Gleichfalls ist die Kontrolle der Geld- und Kreditströme zwischen In- und Ausland nötig, um regulierend auf die Geld- und Kreditströme einwirken zu können.

Die wachsende Staatsverschuldung hat das Niveau der Kreditnachfrage beträchtlich erhöht. Diese staatlich bedingte Kreditnachfrage wird im Kreditzyklus als fester Sockel mit hoher Zinsempfindlichkeit mitgeschleppt. Die Staatsschuld in diesem Ausmaß hat zur Folge, daß in der Krise die Kreditklemme verschärft wird und eine Zinspolitik, die auf eine Entlastung des produktiven Kapitals abzielt, stark dadurch beeinträchtigt wird.

Diese offenen Flanken einer vorgenommenen Bankenverstaatlichung verdeutlichen, daß ohne weitreichende Eingriffe in die bürgerlichen Einkommensverhältnisse eine isolierte Verstaatlichung sich als weitgehend unwirksam erweisen würde, die die Logik der kapitalistischen Akkumulation aufzuheben und an ihre Stelle eine bewußte gesellschaftliche, produzentenorientierte Ökonomie zu setzen hätte.

A N H A N G

Anlage 1: Entwicklung des Geschäftsvolumens der einzelnen Bankengruppen 1950 bis 1978 (in Mrd. DM)

1 *Geschäftsvolumen aller Bankengruppen (ohne Auslandsfilialen)*

2 *Kreditbanken insgesamt*

3 *Großbanken*

4 *Regional- und sonstige Kreditbanken*

5 *Privatbanken*

6 *Girozentralen (einschl. Deutsche Girozentrale)*

7 *Sparkassen*

8 *Genossenschaftssektor (Genossenschaftliche Zentralbanken und Kreditgenossenschaften)*

9 *Realkreditinstitute (Private Hypothekenbanken und öffentlich-rechtliche Grundkreditanstalten)*

	1	2	3	4	5	6	7	8	9
1950	39,1	14,4	7,6	4,9	1,8	4,5	8,0	4,1	2,3
1952	63,8	21,9	11,4	8,0	2,5	7,1	12,6	6,0	5,4
1954	100,1	30,6	15,9	11,6	3,2	12,8	21,2	8,8	10,6
1956	134,6	38,7	19,2	15,6	3,9	17,0	28,6	11,2	15,3
1958	179,7	47,7	23,1	19,8	4,8	27,4	40,3	15,9	21,3
1960	252,5	62,0	28,7	26,9	6,5	34,1	56,1	21,3	43,1
1962	326,1	76,9	35,1	33,9	8,0	45,5	72,2	28,6	55,7
1964	408,0	92,2	40,1	42,7	9,5	57,2	92,2	38,5	70,3
1966	498,7	107,9	46,2	50,1	11,6	70,5	117,1	51,2	84,5
1968	646,7	149,0	64,8	68,3	15,2	101,4	148,6	70,7	101,7
1970	817,9	203,6	83,6	87,2	20,8	127,2	187,6	94,4	111,4
1972	1.060,3	271,5	107,4	118,6	25,8	177,8	239,9	129,4	123,5
1974	1.297,4	322,7	123,9	139,8	26,0	223,0	287,1	177,5	154,1
1976	1.596,1	395,8	163,0	168,6	29,1	264,2	356,2	220.8	202,2
1978	1.988,2	498,2	209,8	218,0	32,3	325,6	433,3	284,6	261,3

Quelle: *Deutsche Bundesbank; Deutsches Geld- und Bankwesen in Zahlen 1876-1975, Frankfurt/M. 1976, S. 136, S. 164-182. Deutsche Bundesbank, Statistische Beihefte zu den Monatsberichten der Deutschen Bundesbank, Reihe 1, Bankstatistik nach Bankengruppen, April 1979, Nr. 4, S. 20-30.*

Anlage 1: Entwicklung des Geschäftsvolumens der einzelnen Bankengruppen 1950 bis 1978 (in Mrd. DM)

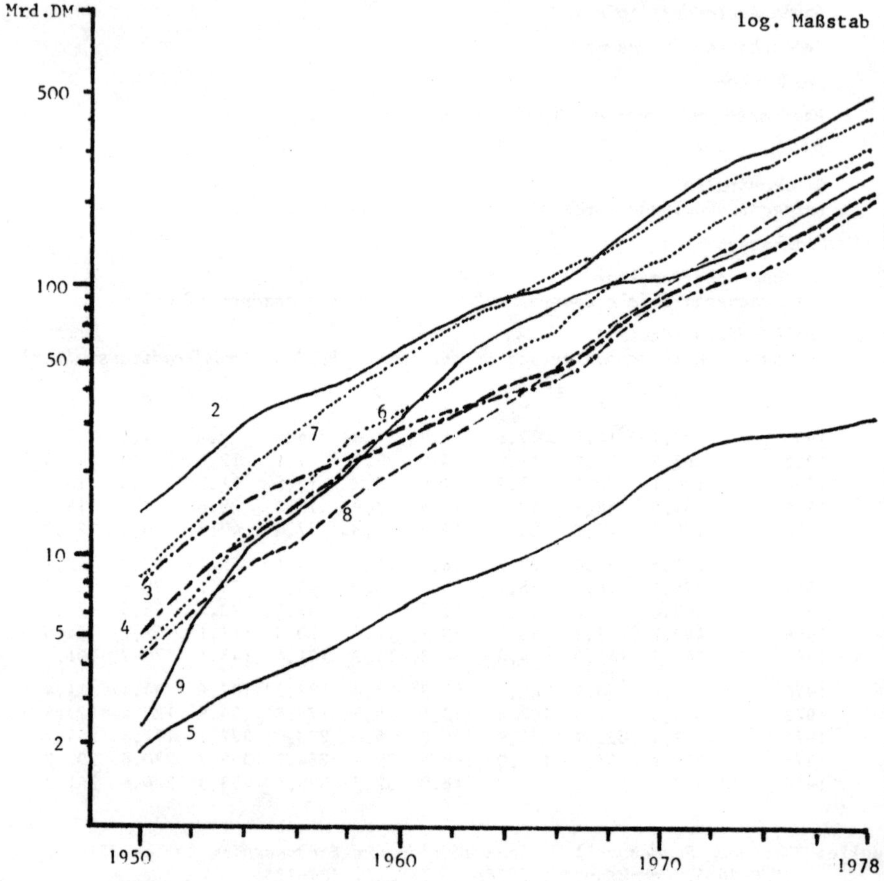

2 Kreditbanken insgesamt
3 Großbanken
4 Regional- und sonstige Kreditbanken
5 Privatbanken
6 Girozentralen
7 Sparkassen
8 Genossenschaftsbanken
9 Realkreditinstitute

Anlage 2: Anteil der einzelnen Bankengruppen am Geschäftsvolumen aller Banken 1950 bis 1978 (in Prozent)

1 *Geschäftsvolumen aller Bankengruppen (= 100 %)*

2 *Kreditbanken insgesamt*

3 *Großbanken*

4 *Regional- und sonstige Kreditbanken*

5 *Privatbanken*

6 *Girozentralen (einschl. Deutsche Girozentrale)*

7 *Sparkassen*

8 *Genossenschaftssektor (Genosschenschaftl. Zentralbanken und Kreditgenossenschaften)*

9 *Realkreditinstitute (Private Hypothekenbanken und öffentl.-rechtliche Grundkreditanstalten)*

	2	3	4	5	6	7	8	9
1950	36,8	19,4	12,5	4,6	11,5	20,5	10,5	5,9
1952	34,3	17,9	12,5	3,9	11,1	19,7	9,4	8,5
1954	30,6	15,6	11,6	3,2	12,9	21,2	8,8	10,6
1956	28,8	14,3	11,6	2,9	12,6	21,2	8,3	11,4
1958	26,5	12,9	11,0	2,7	15,2	22,4	8,8	11,9
1960	24,6	11,4	10,7	2,6	13,0	22,2	8,4	17,1
1962	23,6	10,5	10,4	2,5	14,0	22,1	8,8	17,1
1964	22,6	9,8	10,5	2,3	14,0	22,6	9,4	17,2
1966	21,6	9,3	10,0	2,3	14,1	23,5	10,3	16,9
1968	23,0	10,0	10,7	2,4	15,7	23,0	10,9	15,7
1970	24,9	10,2	10,7	2,5	15,6	22,9	11,5	13,6
1972	25,6	10,1	11,2	2,4	16,8	22,6	12,2	11,6
1974	24,9	9,7	10,8	2,0	17,2	22,1	13,7	11,9
1976	22,9	10,2	10,6	1,8	16,6	22,3	13,8	12,7
1978	25,1	10,6	11,0	1,6	16,4	21,8	14,3	13,1

Quelle: *siehe Anlage 1*
eigene Berechnungen

Anlage 2: Anteil der einzelnen Bankengruppen am Geschäftsvolumen aller Banken 1950 bis 1978 (in Prozent)

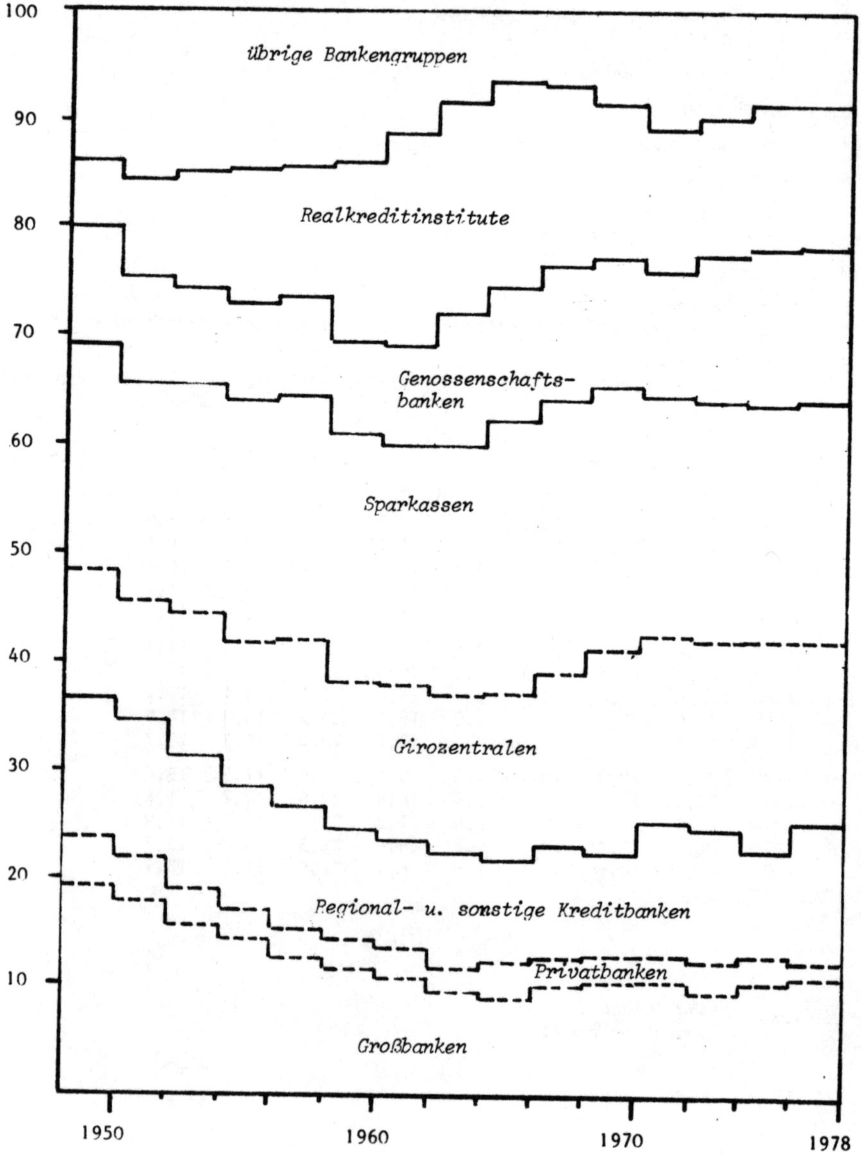

Anlage 3: Zuwachsraten der Geschäftsvolumen der Bankengruppen von 1952 bis 1960 und von 1960 bis 1970 (in %)

Bankengruppe	1952-1960	1960-1970
sonstige Kreditbanken	336	224
Großbanken	152	191
Girozentralen	380	273
Sparkassen	345	234
Genossschaftsbanken	355	343
Realkreditinstitute	698	158

Quelle: *siehe Anlage 1*

Anlage 3: Zuwachsraten der Geschäftsvolumen der Bankengruppen von 1952 bis 1960 und von 1960 bis 1970 (in %)

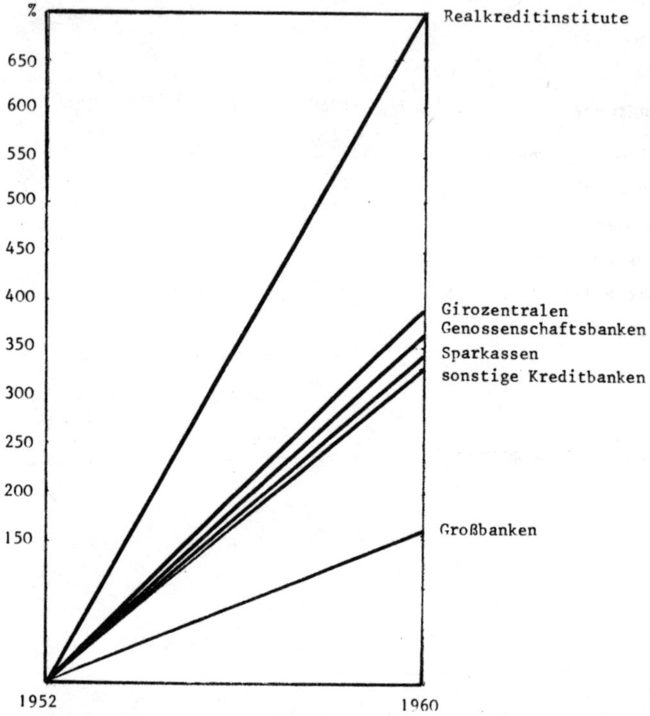

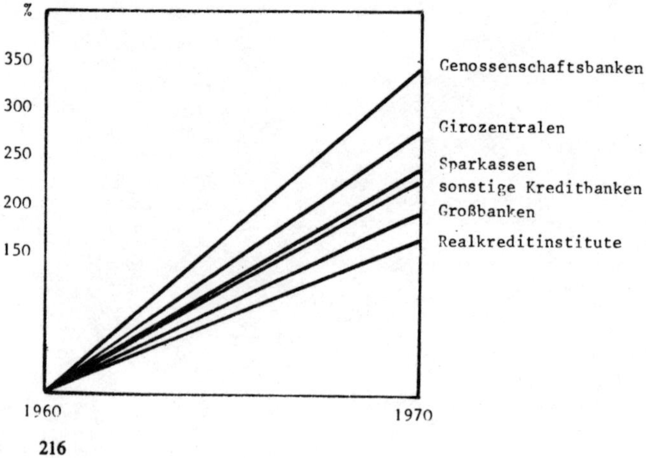

Anlage 4: Anteil der einzelnen Bankengruppen am kurzfristigen Kredit 1958 bis 1978 an inländische Nichtbanken

a *in Mrd. DM*
b *Anteil der jeweiligen Bankengruppe am Gesamtbankenvolumen in Prozent*

0 *Gesamtvolumen aller Banken*
1 *Großbanken*
2 *Regionalbanken und sonstige Kreditbanken ohne Privatbanken*
3 *Girozentralen*
4 *Sparkassen*
5 *Genossenschaftl. Zentralbanken und Kreditgenossenschaften*
6 *Realkreditinstitute*

	0	1a	1b	2a	2b	3a	3b	4a	4b	5a	5b
1958	32,8	10,2	31,1	6,9	21,0	2,6	7,9	4,9	14,9	4,9	14,9
1960	38,0	12,4	32,6	9,0	23,6	2,8	7,4	6,0	15,8	6,4	16,8
1962	52,2	14,6	28,0	11,5	22,0	3,8	7,3	7,3	14,0	7,9	15,1
1964	61,6	16,5	26,8	13,6	22,1	4,2	6,8	9,2	14,9	9,5	15,4
1966	75,4	18,0	23,9	16,3	21,6	5,9	7,8	12,3	16,3	12,5	16,6
1968	88,8	22,3	25,1	18,5	20,8	9,1	10,2	14,7	16,6	15,0	16,9
1970	116,4	24,3	20,9	24,9	21,4	9,2	7,9	22,8	19,6	19,3	16,6
1972	159,1	30,8	19,4	34,5	21,7	12,6	7,9	32,2	20,2	25,8	16,2
1974	186,1	36,4	19,6	37,2	20,0	16,4	8,8	37,0	19,9	33,0	17,7
1976	192,5	37,2	19,3	37,2	19,3	14,4	7,5	41,3	21,5	36,0	18,7
1978	215,6	40,1	18,6	41,0	18,6	13,3	6,2	49,3	22,9	44,9	20,8

kurzfristige Kredite einschl. Schatzwechselkredite

Quelle: *Deutsche Bundesbank; Deutsches Geld- und Bankwesen in Zahlen 1876 bis 1975, Frankfurt/M. 1976, S. 214 ff.;*
Deutsche Bundesbank; Statistische Beihefte zu den Monatsberichten der Deutschen Bundesbank, Reihe 1, Bankenstatistik nach Bankengruppen, April 197[illegible], Nr. 4, S. 40 ff.

Anlage 4: Anteil der einzelnen Bankengruppen am kurzfristigen Kredit an inländische Nichtbanken 1958 bis 1978 (in Prozent)

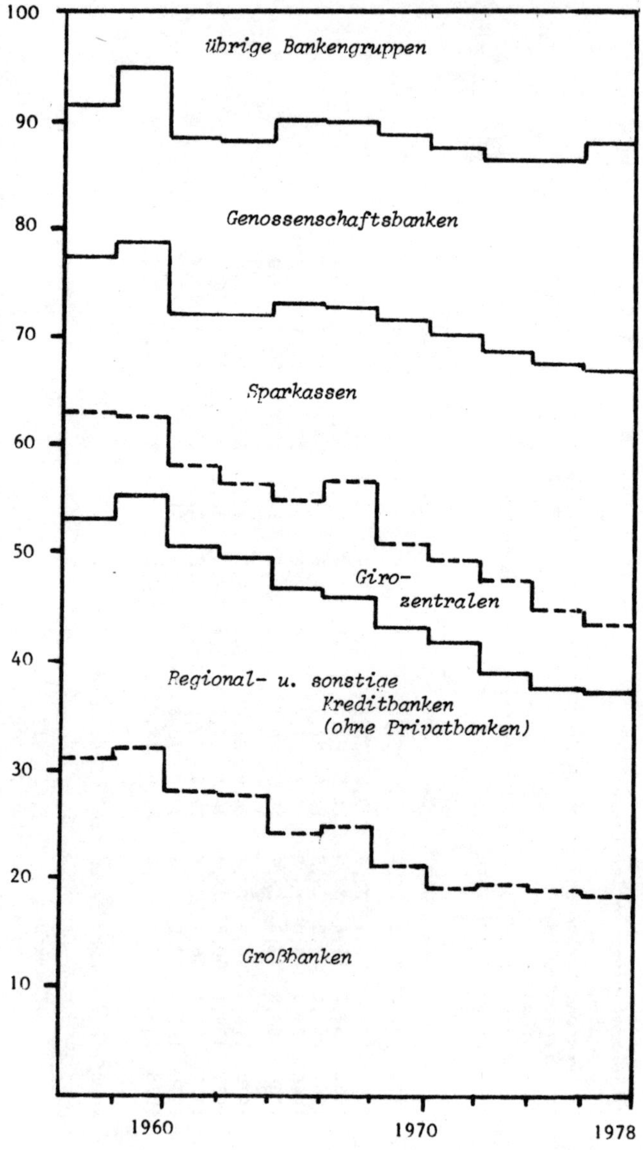

Anlage 5: **Anteil der einzelnen Bankengruppen am mittel- und langfristigen Kredit an inländische Nichtbanken 1958 bis 1978**

a   *in Mrd. DM*
b   *Anteil der jeweiligen Bankengruppe am Gesamtbankenvolumen in Prozent*

0   *Gesamtvolumen aller Banken*
1   *Großbanken*
2   *Regionalbanken und sonstige Kreditbanken ohne Privatbanken*
3   *Griozentralen*
4   *Sparkassen*
5   *Genossenschaftl. Zentralbanken und Kreditgenossenschaften*
6   *Realkreditinstitute*

	0	1a	1b	2a	2b	3a	3b	4a	4b	5a	5b	6a	6b
1958	67,9	2,4	3,5	4,9	7,2	13,2	19,4	17,5	25,8	2,7	4,0	17,9	26,4
1960	110,0	3,5	3,2	6,9	6,3	16,8	15,3	26,6	24,2	4,4	4,0	37,7	34,3
1962	145,3	6,5	4,4	9,2	6,3	23,4	16,0	36,0	24,6	6,8	4,6	48,7	33,4
1964	191,6	9,6	5,0	12,4	6,5	30,3	15,8	48,4	25,3	9,7	5,1	63,0	32,9
1966	238,7	12,8	5,4	14,1	5,9	38,0	15,9	61,6	25,8	13,5	5,7	76,6	32,1
1968	289,9	21,1	7,3	17,4	6,0	45,5	16,0	75,5	26,0	18,4	6,3	91,3	31,5
1970	368,2	30,8	8,4	24,1	6,5	61,5	16,7	94,0	25,5	26,4	7,2	98,5	26.8
1972	484,9	34,1	7,0	35,7	7,4	95,0	19,6	120,6	24,9	39,3	8,1	108,1	22,3
1974	588,7	34,0	5,8	42,2	7,2	120,9	20,5	141,8	24,1	52,9	9,0	137,8	23,4
1976	747,4	50,1	6,7	58,2	7,8	144,2	19,3	175,9	23,5	70,7	9,5	175,5	23,5
1978	928,8	67,9	7,3	81,1	8,7	172,1	18,5	219,2	23,6	97,0	10,4	216,4	23,3

Quelle: *Deutsche Bundesbank; Deutsches Geld- und Bankwesen in Zahlen 1876 bis 1975, Frankfurt/M. 1976, S. 214 ff.;*
Deutsche Bundesbank; Statistische Beihefte zu den Monatsberichten der Deutschen Bundesbank, Reihe 1, Bankenstatistik nach Bankengruppen, April 197[illegible], Nr. 4, S. 38 ff.

Anlage 5: Anteil der einzelnen Bankengruppen am mittel- und langfristigen Kredit an inländische Nichtbanken 1958 bis 1978 (in Prozent)

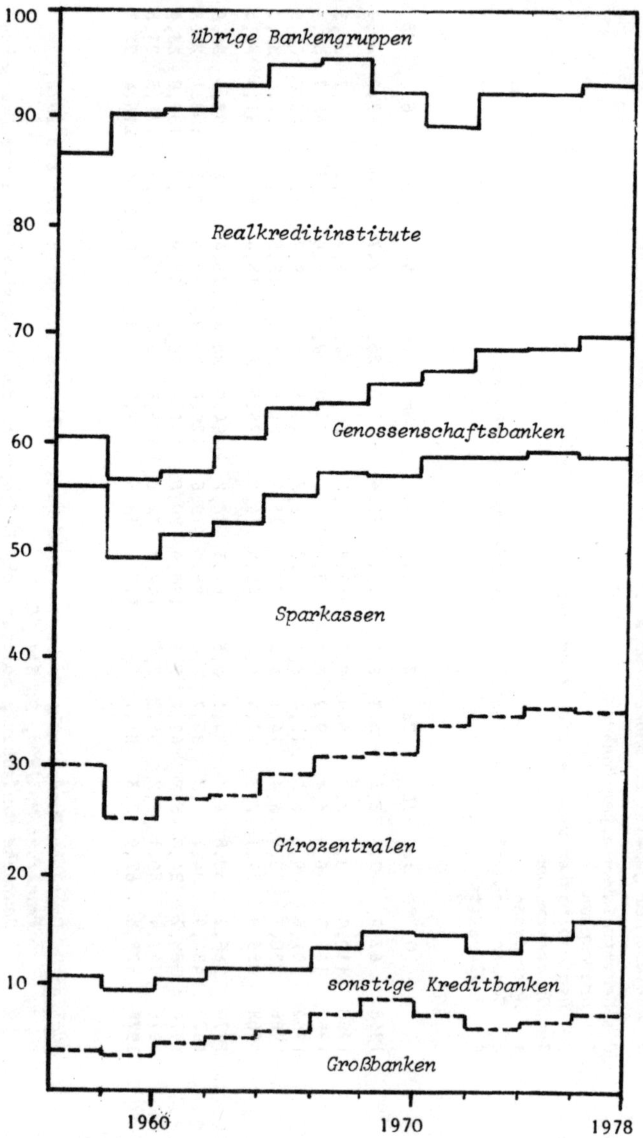

Anlage 6: Sichteinlagen von inländischen Nichtbanken der einzelnen Bankengruppen 1958 bis 1978

a in Mrd. DM
b Anteil der jeweiligen Bankengruppen am Gesamtbankenbestand in Prozent

0 Gesamtbankenbestand
1 Großbanken
2 Regionalbanken und sonstige Kreditbanken ohne Privatbanken
3 Girozentralen
4 Sparkassen
5 Genossenschaftl. Zentralbanken und Kreditgenossenschaften

	0	1a	1b	2a	2b	3a	3b	4a	4b	5a	5b
1958	24,3	6,6	27,1	3,7	15,1	1,2	4,9	7,0	28,8	2,8	11,5
1960	30,0	7,8	26,0	4,5	15,0	1,4	4,7	9,0	30,0	3,5	11,7
1962	38,8	9,5	24,5	5,6	14,4	2,0	5,2	12,4	32,0	4,8	12,4
1964	44,8	10,8	24,1	6,7	15,0	2,0	4,5	14,6	32,6	5,9	13,2
1966	48,4	10,9	22,5	6,8	14,0	2,3	4,8	16,5	34,1	6,7	13,8
1968	60,5	13,6	22,5	8,8	14,5	2,9	4,8	19,7	32,6	8,5	14,0
1970	70,9	15,8	22,3	9,7	13,7	2,7	3,8	23,9	33,7	10,9	15,4
1972	93,0	18,1	19,5	12,8	13,8	4,4	4,7	31,1	33,4	15,4	16,6
1974	106,4	21,0	19,7	14,5	13,6	5,1	4,8	35,1	33,0	18,2	17,1
1976	125,8	23,2	18,4	15,8	12,6	5,8	4,6	42,8	34,0	23,3	18,5
1978	161,1	28,8	17,9	21,1	13,1	6,8	4,2	55,9	34,7	31,7	19,7

Quelle: *Deutsche Bundesbank; Deutsches Geld- und Bankwesen in Zahlen 1876 bis 1975, Frankfurt/M. 1976, S. 219 ff.;*
Deutsche Bundesbank; Statistische Beihefte zu den Monatsberichten der Deutschen Bundesbank, Reihe 1, Bankenstatistik nach Bankengruppen, April 1979, Nr. 4, S. 48 ff.

Anlage 6: Sichteinlagen von inländischen Nichtbanken bei den Bankengruppen 1958 bis 1978 (Anteil in Prozent)

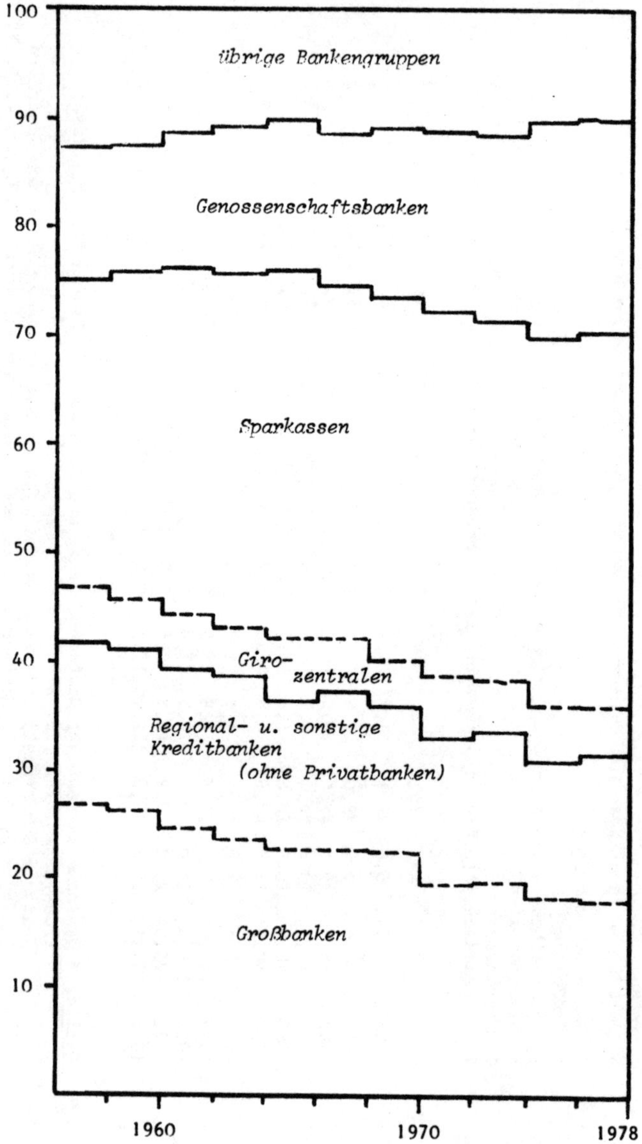

Anlage 7: Termineinlagen von inländischen Nichtbanken bei einzelnen Bankengruppen 1958 bis 1978

a *in Mrd. DM*
b *Anteil der jeweiligen Bankengruppe am Gesamtbankenbestand in Prozent*

0 *Gesamtbankenbestand*
1 *Großbanken*
2 *Regionalbanken und sonstige Kreditbanken ohne Privatbanken*
3 *Girozentralen*
4 *Sparkassen*
5 *Genossenschaftliche Zentralkassen und Kreditgenossenschaften*
6 *Realkreditinstitute*

	0	1a	1b	2a	2b	3a	3b	4a	4b	5a	5b	6a	6b
1958	44,2	6,1	13,8	5,1	11,5	7,1	16,1	4,4	10,0	0,9	2,0	6,1	13,8
1960	65,1	6,8	10,4	6,5	10,0	8,5	13,1	5,7	8,8	1,4	2,2	19,3	29,6
1962	61,6	8,1	13,1	7,9	12,8	11,0	17,9	6,2	10,1	1,8	2,9	23,6	28,3
1964	92,0	8,9	9,7	9,1	10,0	12,9	14,0	6,4	7,0	2,1	2,3	27,7	30,1
1966	107,8	9,7	9,0	10,2	9,5	14,7	13,6	7,2	6,7	3,0	2,8	30,8	28,7
1968	133.6	17,2	12,9	14,1	10,5	17,3	12,9	8,6	6,4	3,9	2,9	36,1	27,0
1970	159,9	20,3	12,7	19,2	12,0	21,9	13,7	12,2	7,6	6,2	3,9	38,0	23,8
1972	203,6	27,4	13,5	27,1	13,3	34,0	16,7	16,3	8,0	10,7	5,3	37,4	18,4
1974	251,3	29,8	11,9	31,0	12,3	37,8	15,0	27,6	11,0	20,5	8,2	48,6	19,3
1976	264,6	32,0	12,1	33,3	12,6	43,8	16,6	19,4	7,3	15,6	5,9	59,6	22,5
1978	321,4	40,3	12,5	44,0	13,7	50,1	15,6	24,5	7,6	23,8	7,4	73,5	22,9

Quelle: *Deutsche Bundesbank: Deutsches Geld- und Bankwesen in Zahlen 1876 bis 1975, Frankfurt/M. 1976, S. 219 ff.;*
Deutsche Bundesbank: Statistische Beihefte zu den Monatsberichten der Deutschen Bundesbank, Reihe 1, Bankenstatistik nach Bankengruppen, April 1979, Nr. 4, S. 48 ff.

Anlage 7: Termineinlagen von inländischen Nichtbanken bei einzelnen Bankengruppen 1958 bis 1978 (Anteil in Prozent)

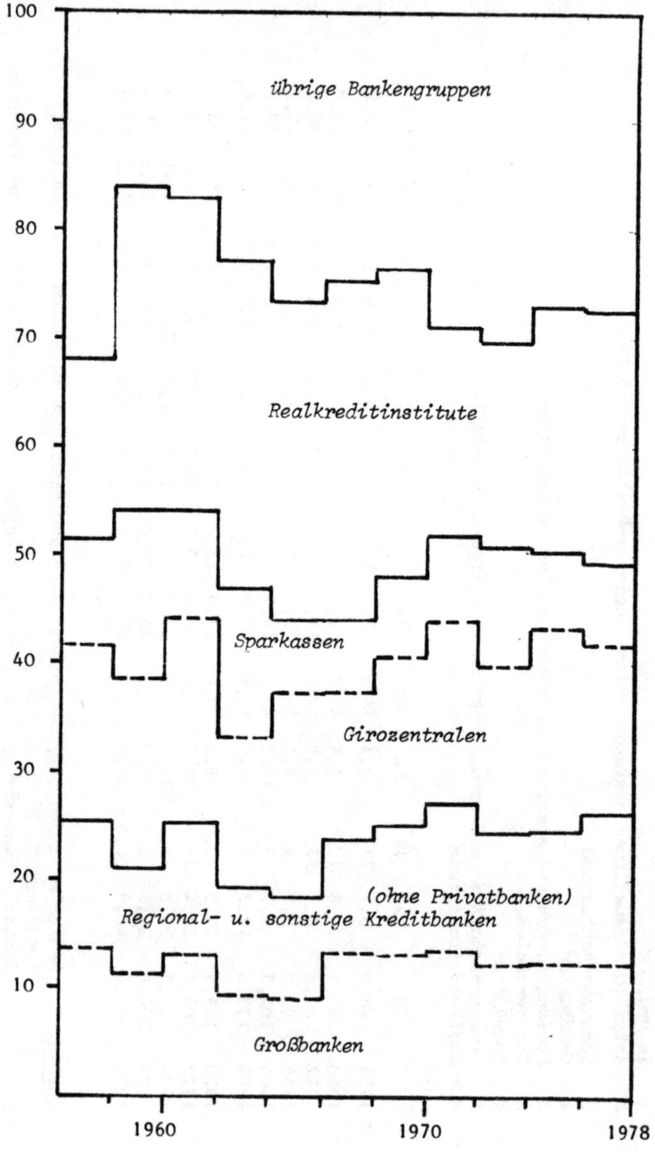

Anlage 8: Spareinlagen der einzelnen Bankengruppen 1950 bis 1978

a *in Mrd. DM*
b *Anteil der jeweiligen Bankengruppe am Gesamtbankenbestand in Prozent*

0 *Spareinlagen aller Banken*
1 *Großbanken*
2 *Regionalbanken und sonstige Kreditbanken ohne Privatbanken*
4 *Sparkassen*
5 *Kreditgenossenschaften*
7 *Postscheck- und Postsparkassenämter*

	0	1a	1b	2a	2b	4a	4b	5a	5b	7a	7b
1950	4,1	0,3	7,3	0,2	4,9	2,8	68,3	0,7	17,1	0,1	2,4
1952	7,6	0,6	7,9	0,4	5,3	4,9	64,5	1,1	14,5	0,4	5,3
1954	17,2	1,6	9,3	1,0	5,8	11,0	64,0	2,4	14,0	1,0	5,8
1956	24,3	2,1	8,6	1,4	5,8	15,5	63,8	3,4	14,0	1,5	6,2
1958	36,1	3,1	8,6	2,1	5,8	22,9	63,4	5,1	14,1	2,3	6,4
1960	53,1	4,8	9,0	3,0	5,6	33,7	63,5	7,5	14,1	3,3	6,2
1962	69,9	6,3	9,0	4,0	5,7	44,4	63,5	10,0	14,3	4,2	6,0
1964	94,2	8,4	8,9	5,4	5,7	59,7	63,4	14,2	15,1	5,2	5,5
1966	127,1	12,4	9,8	7,8	6,1	78,8	62,0	20,2	15,9	6,1	4,8
1968	166,1	16,5	9,9	10,5	6,3	101,2	60,9	28,0	16,9	7,4	4,5
1970	205,4	20,2	9,8	13,2	6,4	120,9	58,9	37,2	18,1	9,7	4,7
1972	264,0	26,5	10,0	17,9	6,8	149,2	56,5	51,0	19,3	13,5	5,1
1974	312,8	32,5	10,4	20,3	6,5	171,3	54,8	65,8	21,0	16,7	5,3
1976	413,4	41,9	10,1	27,3	6,6	218,8	52,9	95,2	23,0	21,4	5,2
1978	470,7	44,6	9,5	29,3	6,2	246,0	52,3	115,3	24,5	25,3	5,4

Quelle: *Deutsche Bundesbank; Deutsches Geld- und Bankwesen in Zahlen 1876 bis 1975, Frankfurt/M. 1976, S. 164 ff.; Deutsche Bundesbank; Statistische Beihefte zu den Monatsberichten der Deutschen Bundesbank, Reihe 1, Bankenstatistik nach Bankengruppen, April 1979, Nr. 4, S. 20 ff.*

Anlage 8: Spareinlagen der einzelnen Bankengruppen 1950 bis 1978 (Anteil in Prozent)

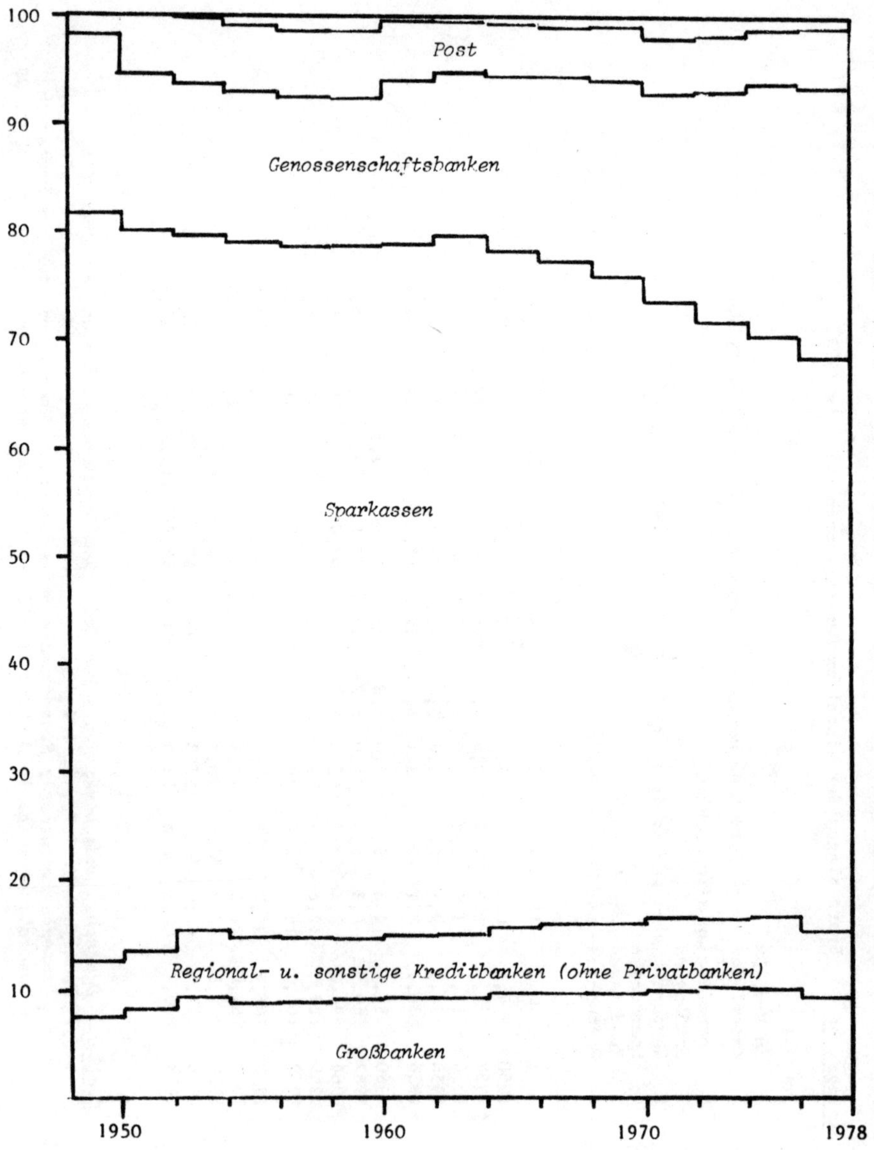

Anlage 9: Entwicklung der Spareinlagen ausgewählter Bankengruppen in Westberlin 1960 bis 1978

	1960		1967		1970		1973		1976		1978	
	Mio. DM	%	Mio. DM	%	Mio. DM	%	Mio. DM	%	Mio. DM	%	Mio. DM	%
alle Banken	1.289,6	*100,0*	3.890,3	*100,0*	5.417,7	*100,0*	7.980,7	*100,0*	11.780,6	*100,0*	12.917,4	*100,0*
Großbanken	266,4	*20,7*	1.148,0	*29,5*	1.512,8	*27,6*	2.473,1	*31,0*	3.745,7	*31,8*	4.024,9	*31,2*
Regionalbanken	209,6	*16,3*	676,5	*17,4*	948,6	*17,3*	1.351,8	*16,4*	2.059,7	*17,5*	2.181,2	*16,9*
Sparkassen	733,1	*56,9*	1.949,1	*50,1*	2.639,2	*48,2*	3.591,4	*45,0*	4.954,5	*42,1*	5.408,1	*41,9*

<u>*Quelle:*</u> *Landeszentralbank in Berlin: Das Geld- und Kreditwesen in Berlin West im Jahre 1960 (1967, 1970, 1973, 1976, 1978). Berlin 1964 ff.*

Anlage 10: Beteiligungen von Kreditinstituten an den privaten Hypothekenbanken 1975

Bank	Hypothekenbanken	Anteil an Hypobanken in %	Bilanzsumme der Hypobanken in Mio. DM	Anteil an allen Hypobanken in %
Deutsche Bank	Frankfurter Hypothekenbank	*87,3*	11 110	
	Deutsche Centralboden	*74,9*	8 334	
			19 444	*21,6*
Dresdner Bank	Deutsche Hypothekenbank	*73,6*	5 765	
	Hypothekenbank in Nürnberg	*82.1*	4 325	
	Norddeutsche Hypotheken- und Wechselbank	*57,6*	1 413	
	Pfälzische Hypothekenbank	*82,3*	4 001	
			15 504	*17,2*
Commerzbank	Rheinische Hypothekenbank	*92,0*	8 162	*9,1*
Großbanken insgesamt			43 110	*47,9*
Bayrische Vereinsbank	Bayrische Handelsbank	*50,0*	6 000	
	Vereinsbank in Nürnberg	*50,0*	5 751	
	Süddeutsche Bodenkreditbank	*50,0*	4 623	
			16 374	*18,2*
Bayrische Hypotheken- u. Wechselbank	Württembergische Hypothekenbank	*50,0*	3 883	
	Westfälische Hypothekenbank	*75,0*	2 242	
			6 125	*6,8*
Bank für Gemeinwirtschaft	Allgemeine Hypothekenbank	*74,0*	3 306	
	Braunschw.-Hannoversche Hypothekenbank	*31,9*	2 906	
			6 212	*6,9*

Quelle: *Jahresgeschäftsberichte der privaten Hypothekenbanken 1976*
Commerzbank AG: Wer gehört zu wem? Mutter- und Tochtergesellschaften von A-Z. 12. Auflage. Frankfurt/M. 1977.

Anlage 11: Pfandbrief- und Kommunalobligationenrendite und -absatz, Hypothekarkredite der priv. Hypothekenbanken und Sparkassen 1973 bis 1978

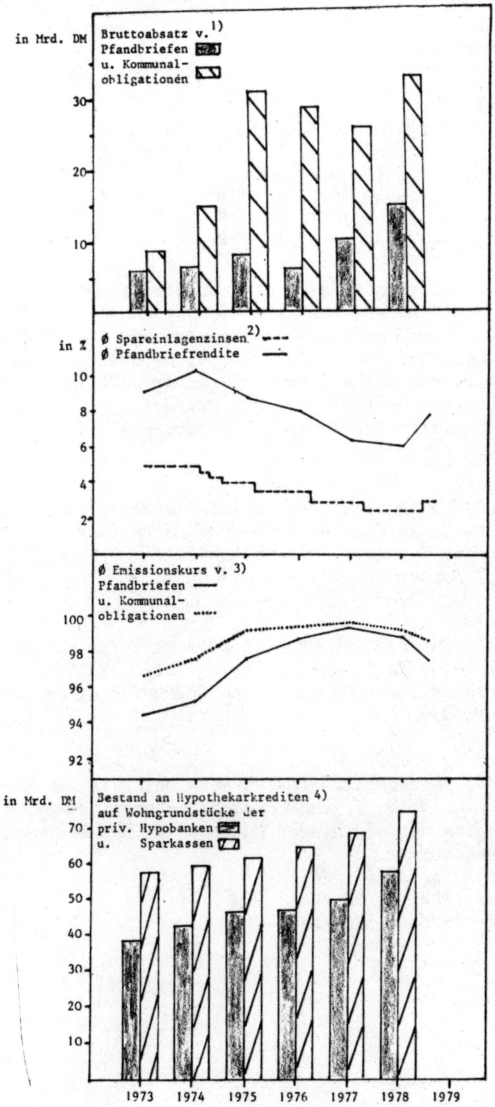

Anmerkungen und Quellennachweise nächste Seite

Anmerkungen und Quellennachweise zum Schaubild

1) *Unter Bruttoabsatz ist nur der Erstabsatz neu aufgelegter Wertpapiere zu verstehen, nicht der Wiederaufkauf neuerworbener Stücke.*
Pfandbriefe einschl. Schiffspfandbriefe.

Quelle:
Deutsche Bundesbank: Monatsberichte derselben. Statistischer Teil. VI. Kapitalmarkt. 2. Absatz von festverzinslichen Wertpapieren inländischer Emittenten.
*27. Jg. September 1975. S. 49**
*29. Jg. September 1977. S. 51**
*31. Jg. September 1979. S. 51**

2) *In der Renditenstatistik sind nur tarifbesteuerte festverzinsliche Inhaberschuldverschreibungen mit einer längsten Laufzeit gemäß Emissionsbedingungen von über 4 Jahren enthalten. Einbezogen sind nur solche Werte, sofern ihre (längste) Restlaufzeit mehr als 4 Jahre, ab Januar 1977 ihre mittlere Restlaufzeit mehr als 3 Jahre beträgt.*
Durchschnittlicher Zinssatz von Spareinlagen mit gesetzlicher Kündigungsfrist.

Quelle:
Deutsche Bundesbank: Monatsberichte derselben. Statistischer Teil. V. Zinssätze. 6. Soll- und Habenzinsen/ VI. Kapitalmarkt. 6. Rendite inländischer Wertpapiere.
31. Jg. September 1979. S. 48 und 53**

3) *Quelle:*
Deutsche Bundesbank: Statistische Beihefte zu den Monatsberichten derselben. Reihe 2. Wertpapierstatistik. 2d Brutto-Absatz von festverzinslichen Wertpapieren inländischer Emittenten.
Oktober 1979.

4) *Quelle:*
Deutsche Bundesbank: Statistische Beihefte zu den Monatsberichten derselben. Reihe 1. Bankenstatistik nach Bankengruppen.
6. Kredite an inländische Unternehmen und Privatpersonen nach Kreditnehmern.
August 1975. S. 66 /68
Oktober 1977. S. 66 /68
Oktober 1979. S. 66 /68

Anlage 12: Gesellschafter der 22 größten Teilzahlungs-Banken (nach Haftkapital) im Bankenfachverband Konsumenten und gewerbliche Spezialkredite (Stand Ende 1978)

INSTITUT	TELEFON TELEX	HAFT. EIGENKAPITAL	GESELLSCHAFTER	%
KKB Kundenkreditbank — Deutsche Haushaltsbank KGaA Kasernenstr. 8/14, Postf. 49 11 4000 Düsseldorf	02 11/8 98 41 08-582 758	DM 179 000 000,—	pers. haft. Gesellschafter: Dr. W. B. Fischer, G. R. Moreno, J. D. Dipl.-Kfm. F. Schneider, Dr. G. Schneider, W. Weyers, A. J. Zubick Kommanditaktionär Citibank NA, New York 1)	86
NORIS BANK GMBH Ulmenstr. 52, Postf. 33 51 8500 Nürnberg	09 11/42 41 06/23 698	DM 66 500 000,—	Schickedanz Vermögensverwaltungsges. mbH, Nürnberg	100
GEFA Gesellschaft für Absatzfinanzierung mbH Laurentiusstraße 19/21 5600 Wuppertal 1	02 02/38 21 8591 602	DM 64 000 000,—	Deutsche Bank AG	100
NKK BANK Aktiengesellschaft Ihme-Passage 3-5 Postfach 91 07 69 3000 Hannover 91	05 11/4 58 51 923 844	DM 26 000 000,—	Norddeutsche Landesbank, Giroz. Hann.-Braunschweig	78,44
WKV Kredit-Bank GmbH Färberstr. 41, Postf. 41 50 8500 Nürnberg	09 11/2 01 11 6-2 30 61	DM 24 000 000,—	Bayerische Vereinsbank München	100
WTB Westdeutsche Kreditbank GmbH Breite Straße 137/139 5000 Köln 1	02 21/2 01 21 8881 344	DM 22 000 000,—	Bank für Gemeinwirtschaft AG, Frankfurt	100
ABC PRIVAT- UND WIRTSCHAFTSBANK GMBH Bahnhofstraße 1-9 5000 Köln 1	02 21/16 61 1 8882 154	DM 20 400 000,—	Fa. W. Werhahn, Neuss Familie Witt, Köln-Junkersdorf	73,33 26,67
VEREINSBANK HEIDELBERG AG Akademiestraße 4 6900 Heidelberg	0 62 21/395-1 04-61 758	DM 18 179 000,—	Badische Kommunale Landesbank — Girozentrl. — Mannheim	100
WKV WAREN-KREDIT-BANK GMBH Wilmersdorfer Straße 66 a Postfach 12 23 09 000 Berlin 12	030/32 30 31 —	DM 16 000 000,—	Berliner Bank AG., Berlin 2)	100

INSTITUT	TELEFON TELEX	HAFT. EIGENKAPITAL	GESELLSCHAFTER	%
WKV-Bank GmbH Neuhauser Straße 9 8000 München 2	089/2 60 70 01 05-23 984	DM 15 000 000,—	Bankhaus Reuschel & Co., München *(Dresdner Bank über 50 %)*	 100
VERBRAUCHERBANK AG Gr. Bäckerstraße 9 2000 Hamburg 1	040/3 69 91 0211 021	DM 15 000 000,—	Württ. Kommunale Landesbank, Giroz., Stuttgart Düsseldorf-Münchner Beteiligungs-GmbH, Düsseldorf *(Bayer. Vereinsbank 75 % Simonbank 25 %)*	 38,0 38,0
WKV Warenkredit- Verkehrsbank GmbH Neumarkt 18, Postf. 10 1964 5000 Köln 1	02 21/23 35 06 882 868	DM 14 500 000,—	Kaufhof AG Bank für Gemeinwirtschaft AG	50 50
HANSEATIC BANK GmbH & Co. Fabriciusstraße 93 2000 Hamburg 71	040/61 11 21 02-174 319	DM 13 100 000,—	HANSEATIC Gesellschaft für Bankbeteiligungen mbH Kommanditgesellschaft in Fa. Otto Versand (GmbH&Co) Schwab Aktiengesellschaft, Hanau	 1 89 10
ABC Barkreditbank GmbH Hauptstr. 87, Post. 41 03 80 1000 Berlin 41	030/85 10 31 184 632	DM 12 840 000,—	424 Gesellschafter	
WKV Kredit-Bank GmbH Zeil 77, Postfach 45 69 6000 Frankfurt/M.	06 11/28 82 41 412 801	DM 12 750 000,—	Vereins- und Westbank AG., Hamburg Allg. Bankgesellschaft AG.,[3] Frankfurt *(Berliner Bank 100 %)* Deutsche Effecten- und Wechsel-Beteiligungs- gesellschaft AG., Frankfurt *(DG-Bank 33 %)*	 33 33 33
Norddeutsche Finanzie- rungs-Aktiengesellschaft Martinistr. 48, Postf. 10 28 47 2800 Bremen 1	04 21/3 17 51 0244 943	DM 12 000 000,—	Bremer Landesbank, Bremen Die Sparkasse in Bremen, Bremen	50 50
HKV Hanseatische Kreditbank GmbH Dammtorstr. 14, Postf. 302442 2000 Hamburg 36 R. Gudenrath, W. Samlert H. F. Wollesen	040/35 90 41 213 650	DM 11 500 000,—	Vereins- und Westbank AG., Hamburg[3] Allg. Bankgesellschaft AG., Frankfurt *(Berliner Bank 100 %)*	 75 25

INSTITUT	TELEFON TELEX	HAFT. EIGENKAPITAL	GESELLSCHAFTER	%
HANNOVERSCHE KREDIT-BANK GMBH Garkenburgstraße 4 3000 Hannover 81	05 11/87 20 02 923 123	DM 11 000 000,—	Frankfurter Kredit-Bank GmbH *(BHF 70 % DG-Bank 25 %)*	100
UTB Kreditbank GmbH Hermanstraße 1 Postfach 19 25 69 8900 Augsburg	08 21/31 30 11 533 533	DM 11 000 000,—	INDA Verwaltungsgesellschaft mbH & Co. KG., Berlin	100
EINKAUFSKREDITBANK GmbH & Co. KG Gereonstraße 18-32 5000 Köln 1 H. P. Sutorius Dipl.-Kfm. H. Ullendahl	02 21/23 41 01 —	DM 10 503 000,—	Komplementäre: Einkaufskredit-Verwaltungsgesellschaft mbH ABC PRIVAT U. WIRTSCHAFTS-BANK GMBH, Köln Kommanditisten: ABC-Haus GmbH, Köln UDT Europe Ltd., London	
UNIVERSAL KREDIT BANK GMBH Rüsterstr. 1, Postf. 17 42 45 6000 Frankfurt/M.	06 11/71 61-1 4-13 018	DM 10 100 000,—	Barclays Bank Int. Ltd., London	100
EFGEE-Gesellschaft für Einkaufs-Finanzierung mbH Am Seestern, Postf. 11 33 4000 Düsseldorf	0211/5990231	DM 10 000 000,—	GEFA Gesellschaft für Absatzfinanzierung mbH, Wuppertal *(siehe GEFA)*	100

1) *Im Februar 1980 veräußerte das Düsseldorfer Bankhaus Trinkaus & Burkhardt seinen Anteil von 25 %, die es über die gleichnamige Verwaltungsgesellschaft an der KKB Kundenkreditbank - Deutsche Haushaltsbank hielt, an die Citibank NA, New York.*

2) *Im Januar 1980 übernahm die Berliner Bank sämtliche Anteile an der WKV Waren-Kredit-Bank GmbH, Berlin.*

3) *1979 wurde die Allgemeine Bankgesellschaft AG, Frankfurt, die seit Jahren schon zu 100 % im Besitz der Berliner Bank war, in eine Niederlassung der Berliner Bank umgewandelt.*

Quelle: *Bankenfachverband Konsumenten- und gewerbliche Spezialkredite (BKG) e.V.: Jahresbericht 1978. Düsseldorf 1979. S. 29 ff.*
Commerzbank AG: Wer gehört zu wem? Mutter- und Tochtergesellschaften von A-Z. 13. u. erw. Auflage, Frankfurt/Main 1979.

Anlage 13: Entwicklung des Konsumentenkredits 1968 bis 1978

1 Bankkredite an inländische Unternehmen und Privatpersonen in Mrd. DM

2 Bankkredite an wirtschaftlich unselbständige und sonstige Privatpersonen in Mrd. DM

3 davon Ratenkredite

4 davon Kontoüberziehungskredite

5 Anteil von 2 an 1 in %

Jahr	1	2	3	4	5
1968	322,6	28,4	17,7	1,2	8,8
1969	372,5	34,9	21,6	2,1	9,4
1970	416,7	39,4	23,6	2,9	9,5
1971	476,3	48,1	27,2	4,0	10,1
1972	554,9	60,4	32,2	5,5	10,9
1973	616,1	68,9	36,0	6,0	11,2
1974	656,5	69,9	36,0	6,4	10,6
1975	689,2	79,0	42,9	7,5	11,5
1976	752,2	98,9	51,8	9,4	13,1
1977	820,0	122,1	63,4	11,2	14,9
1978	908,3	151,2	78,7	12,2	16,6

Quelle: *Deutsche Bundesbank: Deutsches Geld- und Bankwesen in Zahlen 1876-1975. Frankfurt/Main 1976. S. 156.*
dies.: Statistische Beihefte zu den Monatsberichten der Deutschen Bundesbank, Reihe 1, Bankstatistik nach Bankengruppen. Oktober 1977, Nr. 10, S. 62;
Februar 1979, Nr. 2, S. 62.
Deutsche Bundesbank: Auszug aus der vierteljährlichen Kreditnehmerstatistik an wirtschaftlich unselbständige und sonstige Privatpersonen. Stand Ende 1975/1976/1977/1978. (Interne Veröffentlichung).
eigene Berechnung.

Anlage 13: Entwicklung des Konsumentenkredits 1968 bis 1978

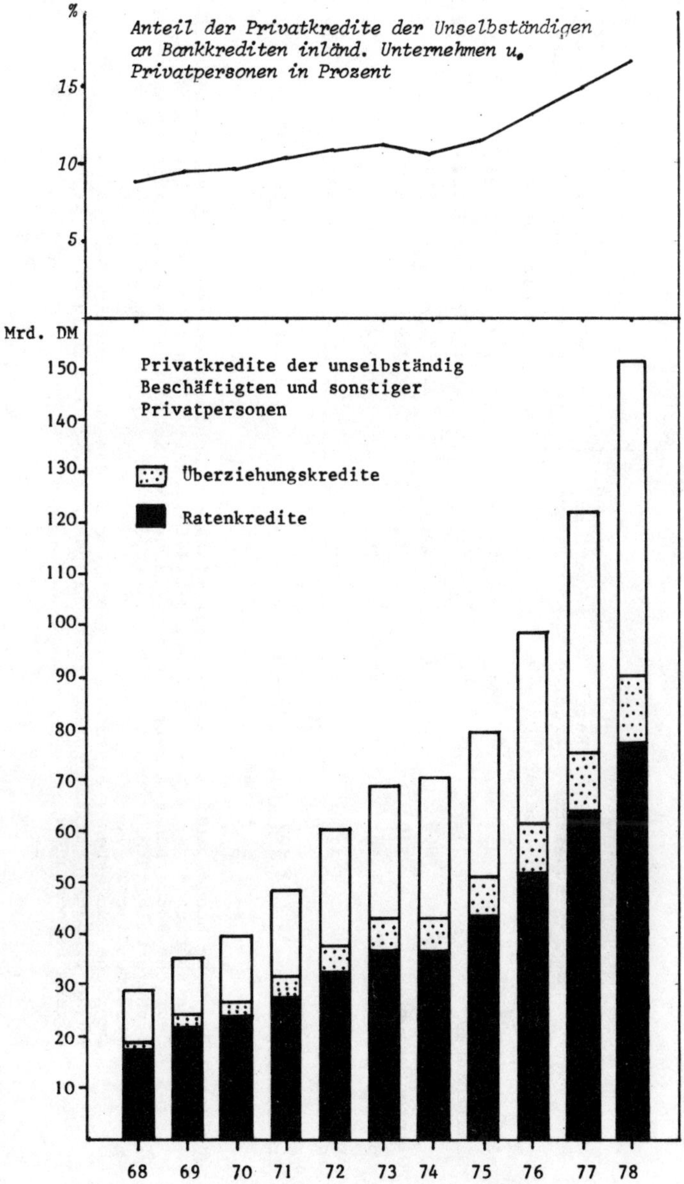

Anlage 14: Konsumentenkredite ausgewählter Bankengruppen 1962 und 1978

	1962			1978		
	Kredite insgesamt	Raten-kredite	Anteil an Krediten insgesamt	Kredite insgesamt	Raten-kredite	Anteil an Krediten insgesamt
	in Mio. DM		in %	in Mio. DM		in %
alle Bankengruppen	6 352	5 915	100,0	151 211	78 724	100,0
Kreditbanken	1 112	986	17,3	45 413	18 122	30,0
Großbanken	668	653	10,5	22 936	11 694	15,2
Girozentralen	110	107	1,7	4 769	3 889	3,2
Sparkassen	1 901	1 727	29,9	47 904	27 230	31,7
Kreditgenossenschaften	822	689	12,9	37 728	16 430	25,0
Teilzahlungs-Kreditinstitute	2 407	2 407	37,9	12 256	11 885	8,1

Quelle: Deutsche Bundesbank: Die ersten Ergebnisse der Konsumentenkreditstatistik. In: Monatsberichte derselben. Jahrgang 15 (1963), Heft 6(Juni), S. 3 ff, hier S. 6.
Deutsche Bundesbank: Auszug aus der Vierteljährlichen Kreditnehmerstatistik an wirtschaftliche unselbständige und sonstige Privatpersonen. Stand Ende 1978. (Interne Veröffentlichung).
Deutsche Bundesbank: Statistische Beihefte zu den Monatsberichten der Deutschen Bundesbank. Reihe 1. Bankenstatistik nach Bankengruppen. Nr. 3 (März) 1979. S. 62 ff.
eigene Berechnungen

Anlage 15: Effektive und inflationsbereinigte Zinsen für Spareinlagen und Ratenkredite sowie Umlaufrendite 1968 bis 1978

1 Preisindex für die Lebenshaltung aller privaten Haushalte Veränderung gegenüber Vorjahr in Prozent

2 Zinsen für Spareinlagen mit gesetzlicher Kündigungsfrist Durchschnittssatz im November des jeweiligen Jahres

2a 2 abzüglich Inflationsrate

3 Umlaufrendite tarifbesteuerter festverzinslicher Wertpapiere

3a 3 abzüglich Inflationsrate

4 Zinsen für Ratenkredite
Durchschnittssatz im November des jeweiligen Jahres zuzüglich 2 % Bearbeitungsgebühr

Jahr	1	2	2a	3	3a	4
1968	1,7	3,5	+1,7	6,7	+5,0	6,68
1969	1,9	4,0	+2,1	7,0	+5,1	7,4
1970	3,3	5,0	+1,7	8,2	+4,9	8,72
1971	5,2	4,52	-0,68	8,2	+3,0	8,36
1972	5,6	4,01	-1,59	8,2	+2,6	8,36
1973	7,0	5,51	-1,49	9,5	+2,5	10,4
1974	7,0	5,51	-1,49	10,6	+3,6	9,4
1975	6,0	4,0	-2,0	8,7	+2,7	6,08
1976	4,3	3,51	-0,79	8,0	+3,7	5,96
1977	3,7	3,0	-0,7	6,4	+2,7	5,84
1978	2,7	2,51	-0,19	6,1	+3,4	5,84

Quelle: *Deutsche Bundesbank: Deutsches Geld- und Bankwesen in Zahlen 1876-1975. Frankfurt/Main 1976. S. 284.*
dies.: Monatsberichte ders. Statistischer Teil.
29. Jg. (1977), Heft 6 (Juni). S. 48, 53*, 68*;*
32. Jg. (1980), Heft 3 (März). S. 48, 53*, 68*.*
Eigene Berechnungen.

Anlage 15: Effektive und inflationsbereinigte Zinsen für Spareinlagen und Umlaufrendite festverzinslicher Wertpapiere 1968 bis 1978

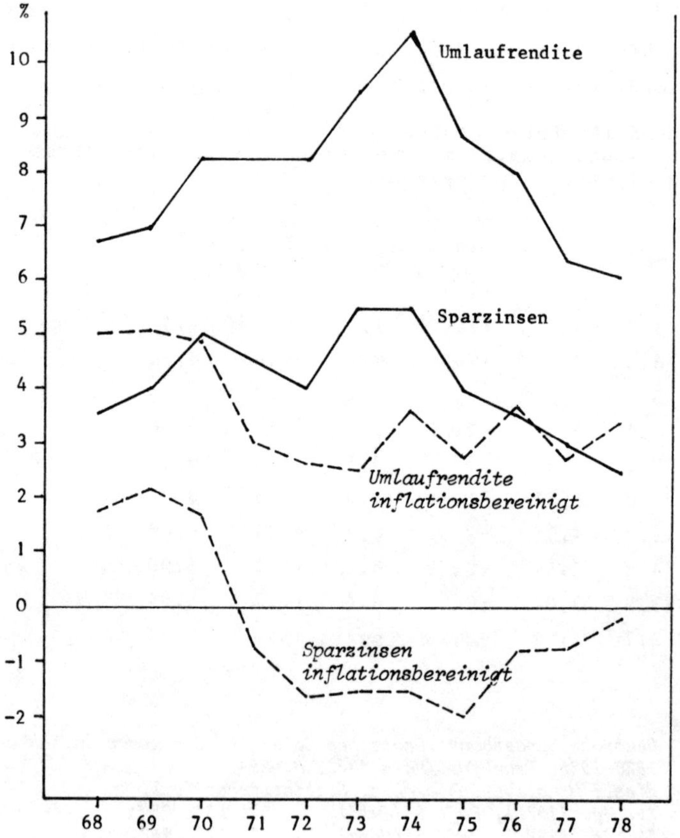

Anlage 16: Zinsen für einen 3 000-DM-Kredit bei 24 Monatsraten (Stand November 1975)

Bank	Effektivzinsen	Zinsen in % pro Monat	Rückzahlung insgesamt in DM
Bank für Gemeinwirtschaft	8,44	0,30	3 263,70
Sparkasse Bonn	8,83	0,30	3 276,--
Bayerische Hypotheken und Wechselbank Bayerische Vereinsbank Berliner Bank Commerzbank Deutsche Bank Dresdner Bank Girokasse Stuttgart Hamburger Sparkasse Kreissparkasse Düsseldorf Sparkasse der Stadt Berlin West	9,29	0,32	3 290,40
Bankhaus Gebr. Bethmann, Frankfurt Fürst Thurn & Taxis Bank, München Kreissparkasse Köln Vereins- und Westbank, Hamburg	9,98	0,35	3 312,--
Bankverein Bremen	11,13	0,40	3 363,--
Horten (EFGEE)	12,28	0,45	3 384,--
Kaufhof (Warenkredit-Verkehrsbank) Otto-Versand (Hanseatic Bank) Pfalz-Kredit-Bank	13,44	0,50	3 420,--
Neckermann (Frankfurter Kredit Bank)	14,59	0,55	3 456,--
Allkredit Teilzahlungsbank, Düsseldorf	15,74	0,60	3 492,--
WKV Waren-Kredit-Bank, Hannover	16,35	0,63	3 513,60
Bankhaus Centrale Credit AG	16,90	0,65	3 528,--
ABC-Bank,Köln	17,47	0,675	3 546,--
VERWA Bank Verbraucher Warenkredit	17,59	0,75	3 550,--
ATB Allg. Teilzahlungsbank, Koblenz	17,81	0,69	3 556,80
CTB City-Teilzahlungsbank, Essen KKB Kundenkreditbank, Deutsche Haushaltsbank	18,05	0,70	3 564,--
Quelle (Noris Bank)	19,20	0,75	3 600,--
Familienbank Düsseldorf/Hamburg	20,70	0,85	3 648,--
Teilzahlungs-Kredit-Bank, Willy Wall, Stuttgart	21,50	0,85	3 672,--

Quelle: *Illustrierte Stern, Hamburg, Nr. 52, vom 18.12.1975. S. 68/70.*

Anlage 17: Wirkung der Inflation auf ein Modell-Sparkonto (DM 1 000)

Jahres-ende	Kontostand in DM	Zins-multiplikator	Inflations-multiplikator	Zinsmultiplikator x Infl.multiplikator	Kontostand bereinigt (DM)
1969	1 000,--				
1970	1 050,--	1,05	0,967	1,01535	1 015,35
1971	1 097,46	1,0452	0,950	0,99294	1 008,18
1972	1 142,46	1,0401	0,948	0,9860	994,06
1973	1 205,41	1,0551	0,935	0,9865	980,65
1974	1 271,82	1,0551	0,935	0,9865	967,41
1975	1 322,70	1,04	0,943	0,9807	948,74
1976	1 369,12	1,0351	0,959	0,9927	941,81
1977	1 410,20	1,03	0,964	0,9929	935,12
1978	1 445,60	1,0251	0,974	0,9984	933,63

Quelle: *Deutsche Bundesbank: Deutsches Geld- und Bankwesen in Zahlen 1876-1975. Frankfurt/Main 1976. S. 284.*
dies.: Monatsberichte ders. Statistischer Teil.
29. Jg. (1977), Heft 6 (Juni). S. 48, 68*.*
32. Jg. (1980), Heft 3 (März). S. 48, 68*.*
Eigene Berechnungen.

Anlage 17: Wirkung der Inflation auf ein Modell-Sparkonto (DM 1 000) 1969 bis 1978

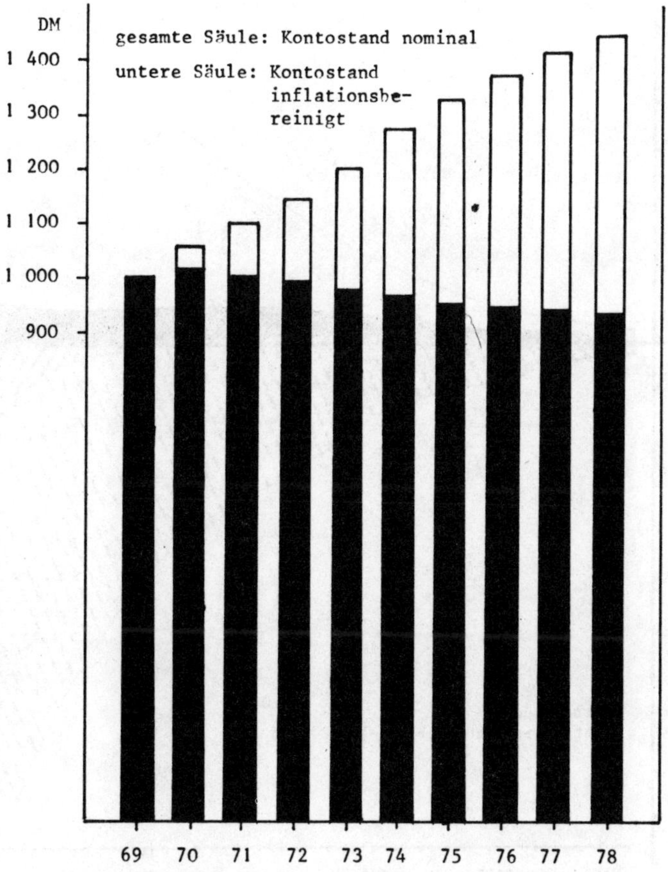

Anlage 18: Entwicklung des Geldvermögens bzw. der Verpflichtungen nichtfinanzieller Sektoren in der BRD von 1949 bis 1977

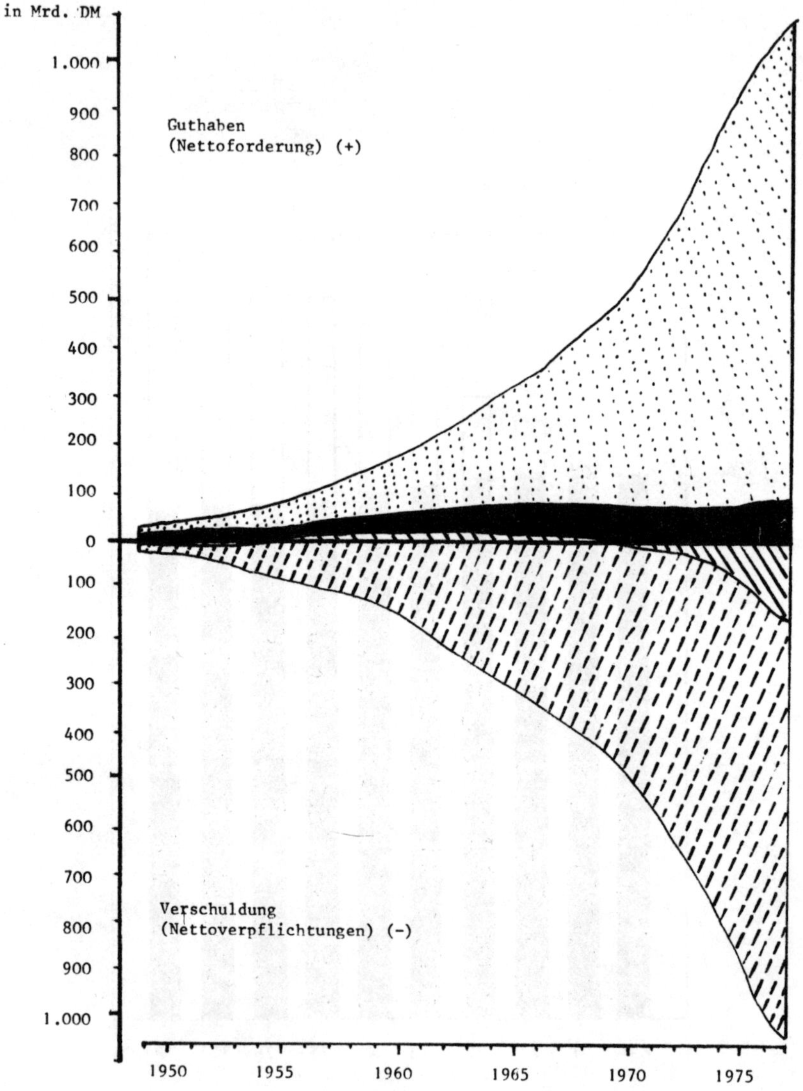

Quelle: Deutsche Bundesbank

Anlage 19: Größenklassengliederung der Sparkassen und Kreditgenossenschaften 1978

	Sparkassen		Kreditgenossenschaften	
Größenklassen in Mio. DM	Anzahl	Bilanzsumme *in Mio. DM*	Anzahl	Bilanzsumme *in Mio. DM*
- 3	-	-	153	*304*
3 - 5	-	-	242	*985*
5 - 10	-	-	760	*5 814*
10 - 20	1	*15*	1 001	*14 635*
20 - 50	16	*622*	1 343	*43 131*
50 - 100	41	*3 100*	624	*43 277*
100 - 250	149	*25 682*	361	*55 123*
250 - 500	155	*56 843*	92	*32 355*
500 - 1 000	152	*104 801*	24	*17 321*
1 000 - 5 000	88	*165 117*	7	*12 870*
5 000 + mehr	9	*77 102*	-	-

Quelle: ***Bundesverband der Deutschen Volksbanken und Raiffeisenbanken (BVR): Zahlen '78. Bonn 1979. S. 23/24.***

Deutscher Sparkassen- und Giroverband: Jahresbericht 1978, Bonn 1979. S. 76.

Die 100 größten Volksbanken und Raiffeisenbanken. In: Das Handesblatt, Düsseldorf, vom 13.9.1979.

Die 611 Sparkassen der Bundesrepublik. In: Das Handelsblatt, Düsseldorf, vom 16.5.1979.

Anlage 19: Größenklassengliederung der Sparkassen Kreditgenossenschaften 1972

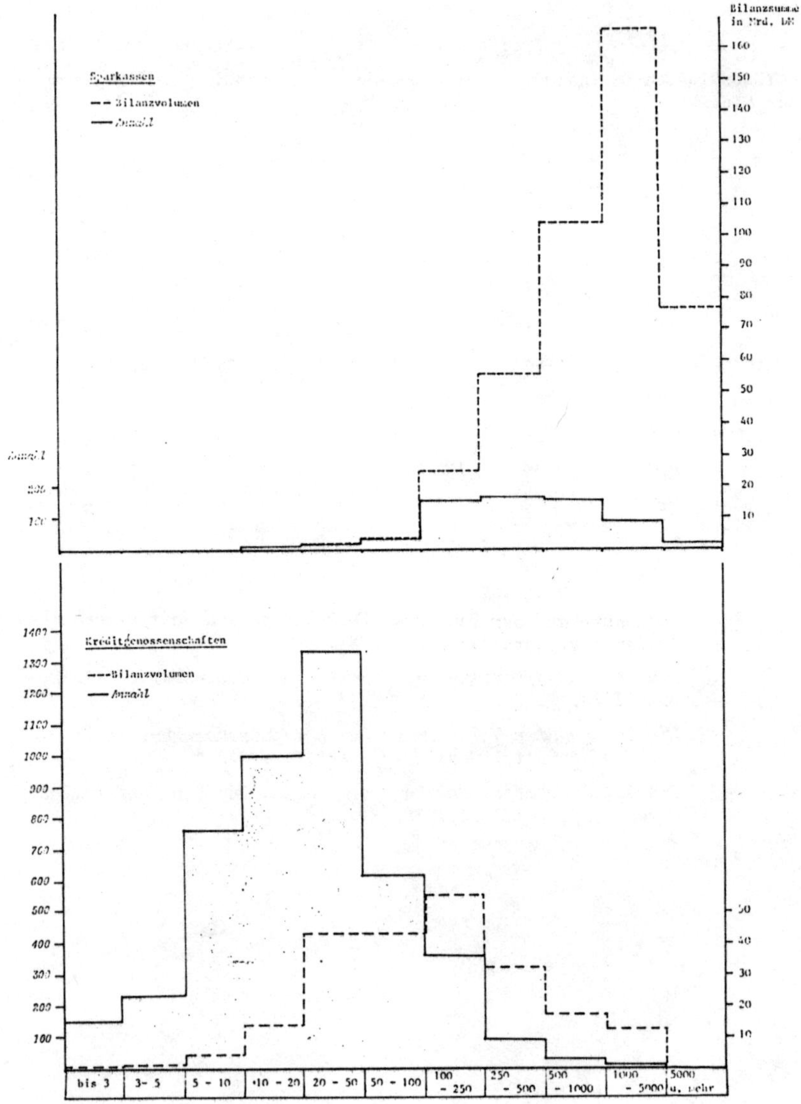

Größenklassen nach Bilanzsumme in Mio. DM

Anlage 20: Größenklassengliederung der Sparkassen und Kreditgenossenschaften 1978
Verteilung in Prozent

Größenklassen in Mio. DM	Sparkassen Anzahl	Sparkassen Bilanzsumme	Kreditgenossenschaften Anzahl	Kreditgenossenschaften Bilanzsumme
- 3	-	-	3,3	0,1
3 - 5	-	-	5,3	0,4
5 - 10	-	-	16,5	2,6
10 - 20	0,2	0	21,7	6,5
20 - 50	2,6	0,1	29,2	19,1
50 - 100	6,7	0,7	13,5	19,2
100 - 250	24,4	5,9	7,8	24,4
250 - 500	25,4	13,1	2,0	14,3
500 - 1 000	24,9	24,2	0,5	7,7
1 000 - 5 000	14,4	38,1	0,2	5,7
5 000 + mehr	1,5	17,8	-	-

Quelle: ***siehe Anlage 19***

eigene Berechnung

Anlage 20: Größenklassengliederung der Sparkassen und Kreditgenossenschaften 1978 Verteilung in Prozent

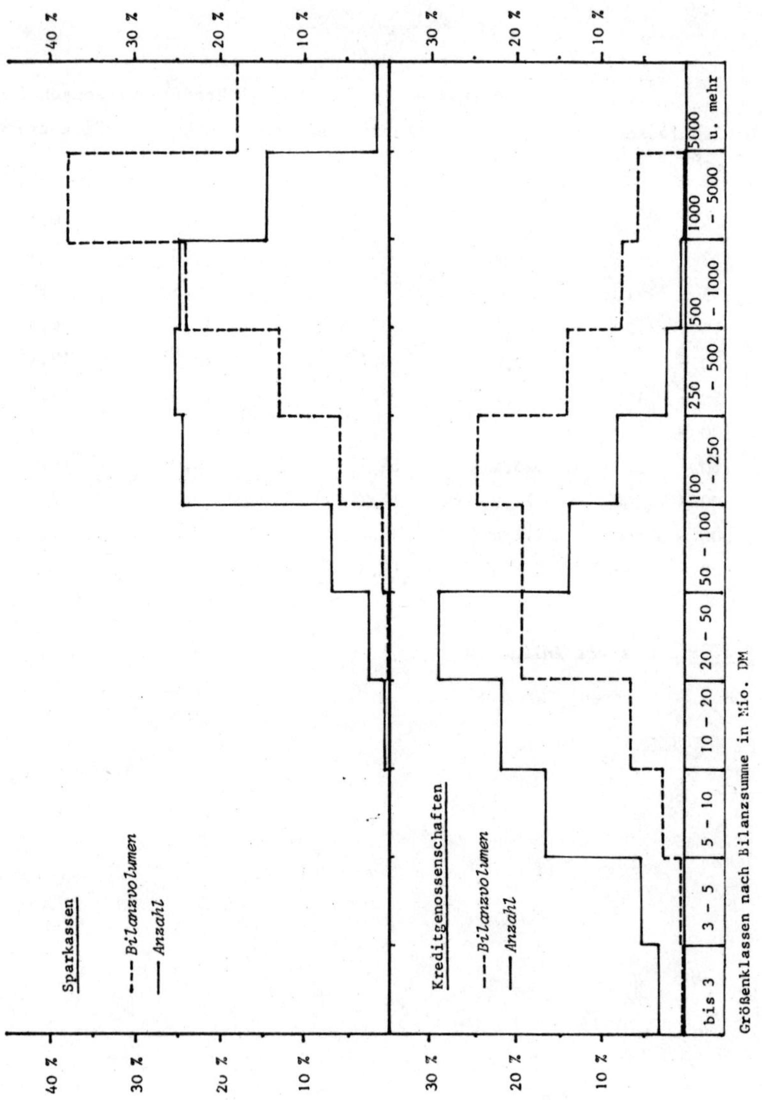

Anlage 21: Entwicklung ausgewählter Zinssätze seit 1973

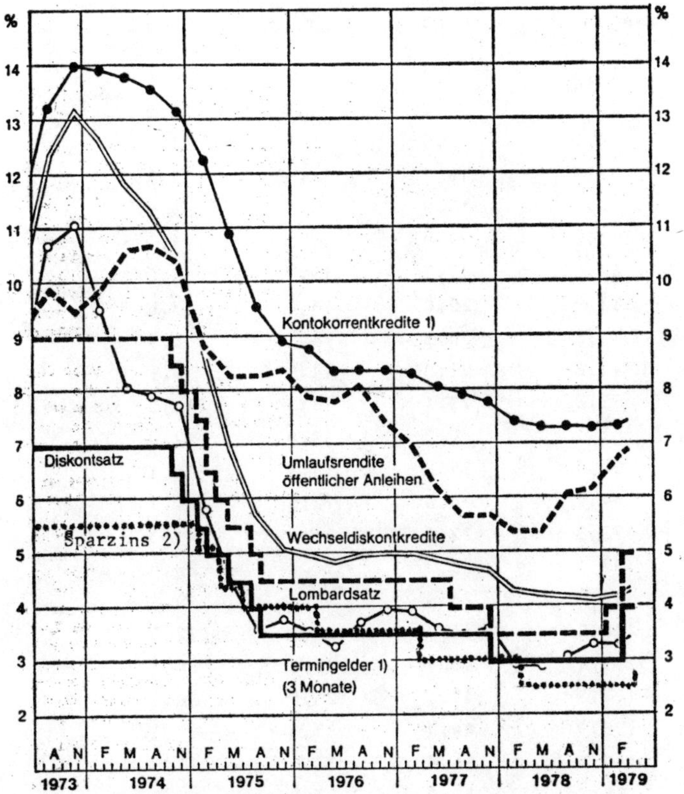

Anm.: *1) unter 1 Mio. DM*
2) durchschnittlicher Zinssatz für Spareinlagen mit gesetzlicher Kündigungsfrist

Quelle: *Abbildung in Geschäftsbericht der Deutschen Bundesbank für das Jahr 1978, Frankfurt/M. 1979, S. 33*

ergänzt um Sparzins

Die Deutsche Bundesbank veröffentlicht monatlich in ihren Monatsberichten (Statistischer Anhang, Teil V) die Soll- und Habenzinsen ausgewählter Kredite.

Anlage 22: Die Verschuldung der öffentlichen Haushalte 1950 bis 1979 (in Mrd. DM)

Jahr	insgesamt	Bund	Länder	Gemeinden
1950	20,6	7,3	12,8	0,5
1951	22,4	8,2	13,3	0,9
1952	24,0	8,9	13,7	1,4
1953	33,9	16,7	14,6	2,3
1954	38,7	17,9	15,0	3,6
1955	41,0	17,9	15,5	4,7
1956	42,0	17,7	15,7	5,6
1957	43,9	20,0	14,0	7,6
1958	46,5	20,5	14,7	8,4
1959	49,6	21,5	14,9	9,6
1960	52,8	23,1	14,7	11,2
1961	57,1	26,5	13,9	12,8
1962	60,4	27,6	13,4	15,1
1963	67,1	30,5	13,3	17,7
1964	73,8	32,0	14,3	21,3
1965	83,7	33,7	17,4	25,8
1966	93,0	36,3	20,3	29,5
1967	108,2	44,5	24,2	32,0
1968	117,1	48,4	26,3	34,2
1969	117,9	47,1	25,8	36,7
1970	125,9	49,7	27,8	40,3
1971	140,4	51,5	33,0	47,9
1972	156,1	55,3	37,0	56,0
1973	170,9	61,4	39,5	63,0
1974	187,3	72,1	47,3	66,4
1975	256,4	108,5	67,0	74,4
1976	296,7	128,4	81,8	79,8
1977	328,5	150,2	89,6	83,4
1978	370,8	177,5	102,1	86,7
1979	414,8	202,6	116,1	91,1

Quelle: Deutsche Bundesbank: Deutsches Geld- und Bankwesen 1876-1975. Frankfurt/Main 1976. S. 314/315.
Dies.: Monatsberichte derselben. 32. Jahrgang (1980). Nr. 5 (Mai). Statistischer Teil. S. 58*

Anlage 22: Die Verschuldung der öffentlichen Haushalte 1950 bis 1979

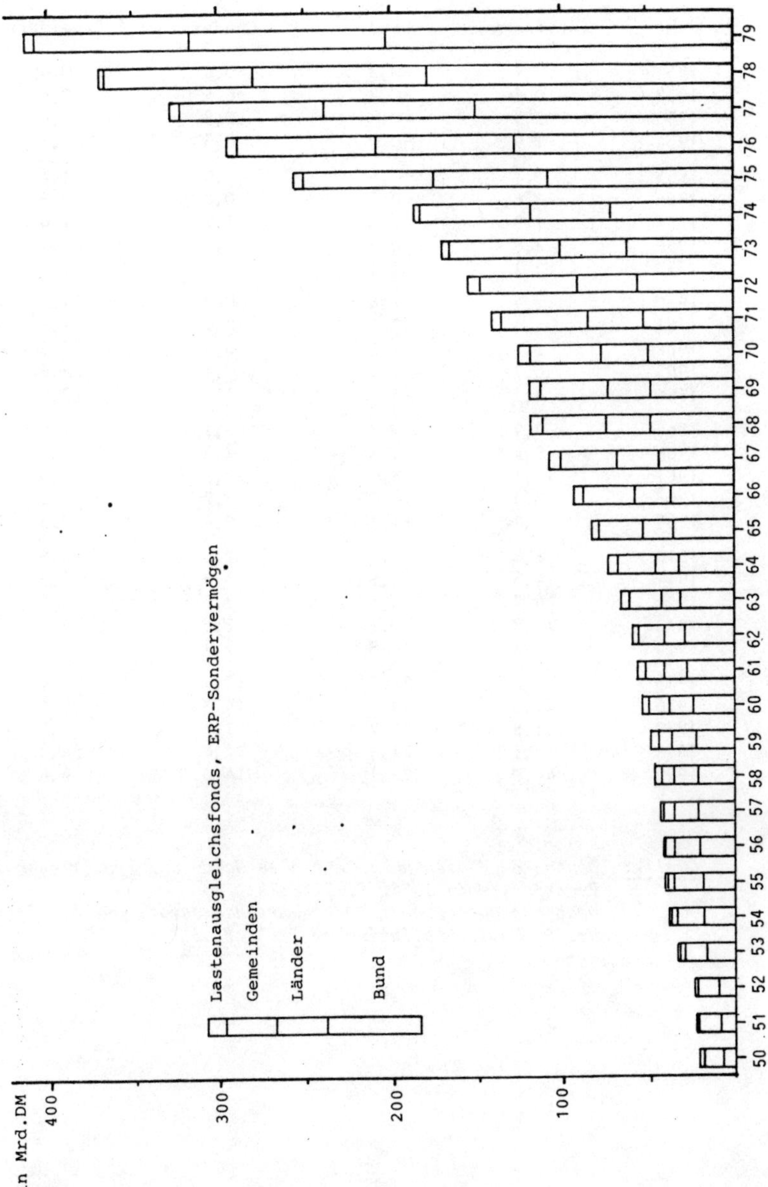

Anlage 23: Nettokreditaufnahme der Gebietskörperschaften 1951 bis 1979 (in Mrd. DM)

Jahr	insgesamt	Bund	Länder	Gemeinden
1951	0,7	0,3	-0,4	0,4
1952	0,6	-0,3	-0,4	0,6
1953	2,5	0,9	0,8	0,9
1954	1,9	-0,0	0,5	1,3
1955	1,1	-0,6	0,5	1,1
1956	0,6	-0,3	0,2	0,9
1957	1,9	2,3	1,7	1,4
1958	2,6	0,4	0,7	1,4
1959	3,1	1,1	0,2	1,3
1960	3,1	1,6	-0,2	1,5
1961	4,3	3,3	-0,2	1,6
1962	3,3	1,2	-0,5	2,3
1963	6,7	4,1	-0,1	2,6
1964	6,7	1,5	1,0	3,6
1965	9,9	1,7	3,1	4,6
1966	9,4	2,6	2,9	3,6
1967	15,1	8,1	3,9	2,5
1968	8,9	4,0	2,2	2,2
1969	1,1	-1,1	-0,4	2,5
1970	8,0	2,6	2,0	3,6
1971	14,5	1,8	5,3	7,6
1972	15,7	3,8	3,9	8,1
1973	14,8	6,1	2,5	7,0
1974	24,6	10,8	7,9	6,5
1975	64,0	36,4	19,7	8,0
1976	40,3	19,9	14,8	5,4
1977	31,8	21,7	7,8	3,5
1978	43,1	27,4	12,6	4,2
1979	44,0	25,1	14,0	4,4

Quelle: *Deutsche Bundesbank: Deutsches Geld- und Kreditwesen 1876-1975. Frankfurt/Main 1976. S. 314/315.*
Deutsche Bundesbank: Monatsberichte derselben. 32. Jahrgang (198[illegible] Nr. 5 (Mai). Statistischer Teil. S. 58.*

Anlage 23: Nettokreditaufnahme der Gebietskörperschaften 1951 bis 1979

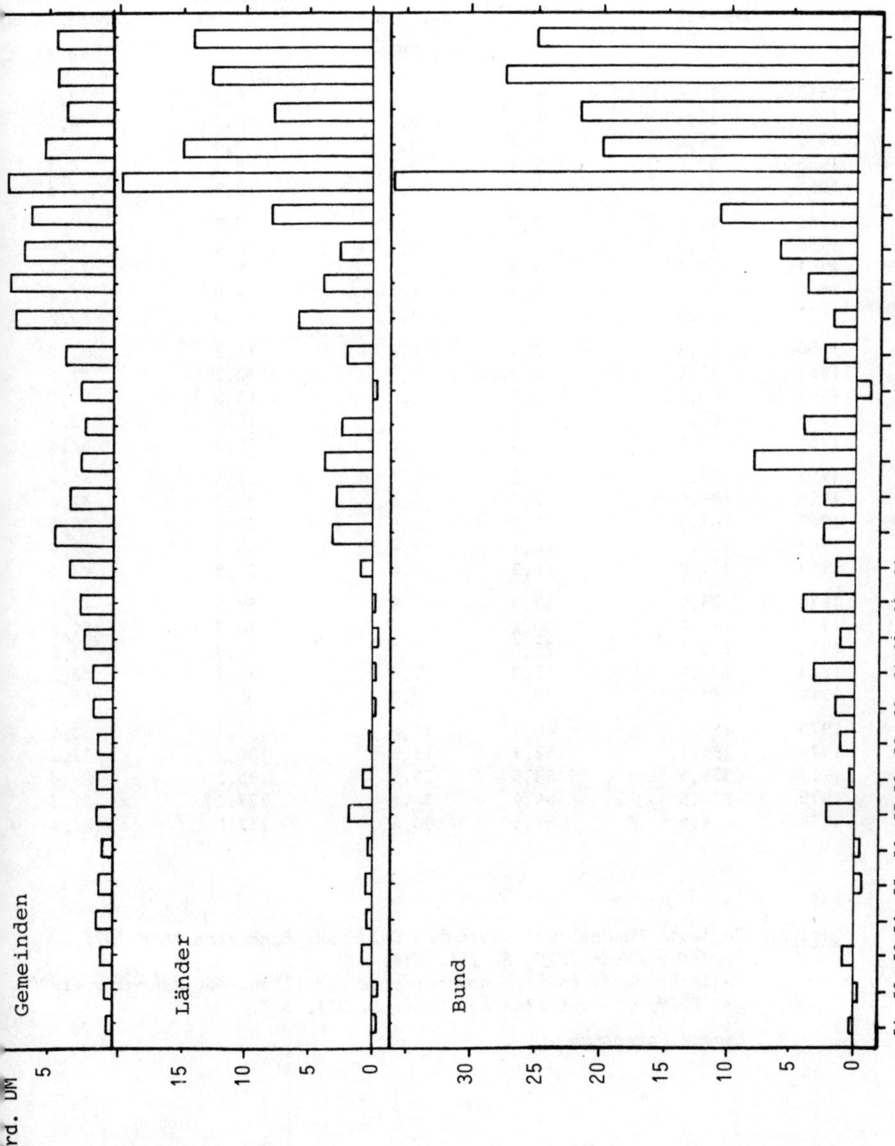

Anlage 24: Anleihen und Bankkredite an der öffentlichen Verschuldung 1950 bis 1979

Jahr	Öffentl. Verschuldung insgesamt	Anleihen insgesamt	Anleihen im Besitz der Banken	Bankkredite	*Bankkredite an öffentl. Verschuldung*
		in Mrd. DM			*in %*
1950	20,6	-	-	0,5	2,3
1951	22,4	0,0	0,0	0,7	3,3
1952	24,0	0,4	0,3	1,3	5,3
1953	33,9	1,1	0,7	2,1	6,3
1954	38,7	1,7	1,1	2,9	7,4
1955	41,0	2,0	1,2	3,7	9,6
1956	42,0	1,7	1,1	4,4	10,6
1957	43,9	1,8	1,0	5,7	10,9
1958	46,5	2,3	1,5	8,0	17,1
1959	49,6	3,1	2,2	10,0	20,2
1960	52,8	3,5	2,0	11,2	21,2
1961	57,1	4,8	2,1	12,2	21,5
1962	60,4	5,7	2,3	13,6	22,6
1963	67,1	7,7	2,5	16,0	23,9
1964	73,8	9,0	3,2	16,3	27,6
1965	83,7	11,2	3,5	25,4	30,4
1966	93,0	12,1	3,8	30,3	32,5
1967	108,2	14,2	6,6	35,1	32,5
1968	117,1	16,1	8,4	43,8	37,4
1969	117,9	16,3	8,4	51,8	43,9
1970	125,9	17,5	7,9	59,5	47,3
1971	140,4	20,2	7,4	70,7	50,3
1972	156,1	25,0	7,3	81,9	54,5
1973	170,9	27,8	7,6	92,1	53,9
1974	187,3	30,9	8,8	102,9	55,0
1975	256,4	40,7	12,8	150,1	58,5
1976	296,7	52,1	18,7	180,9	61,0
1977	328,5	63,5	28,5	195,2	59,4
1978	370,8	69,9	32,1	227,0	61,2
1979	414,8	81,5	30,4	262,8	63,4

Quelle: *Deutsche Bundesbank: Deutsches Geld- und Bankwesen 1876-1975. Frankfurt/Main 1976. S. 159, 314.*
Deutsche Bundesbank: Monatsberichte derselben. 32. Jahrgang (1980). Nr. 5 (Mai). Statistischer Teil. S. 35, 58*.*

Eigene Berechnung.

Anlage 24: Anteil der Bankkredite an der öffentlichen Verschuldung 1950 bis 1979

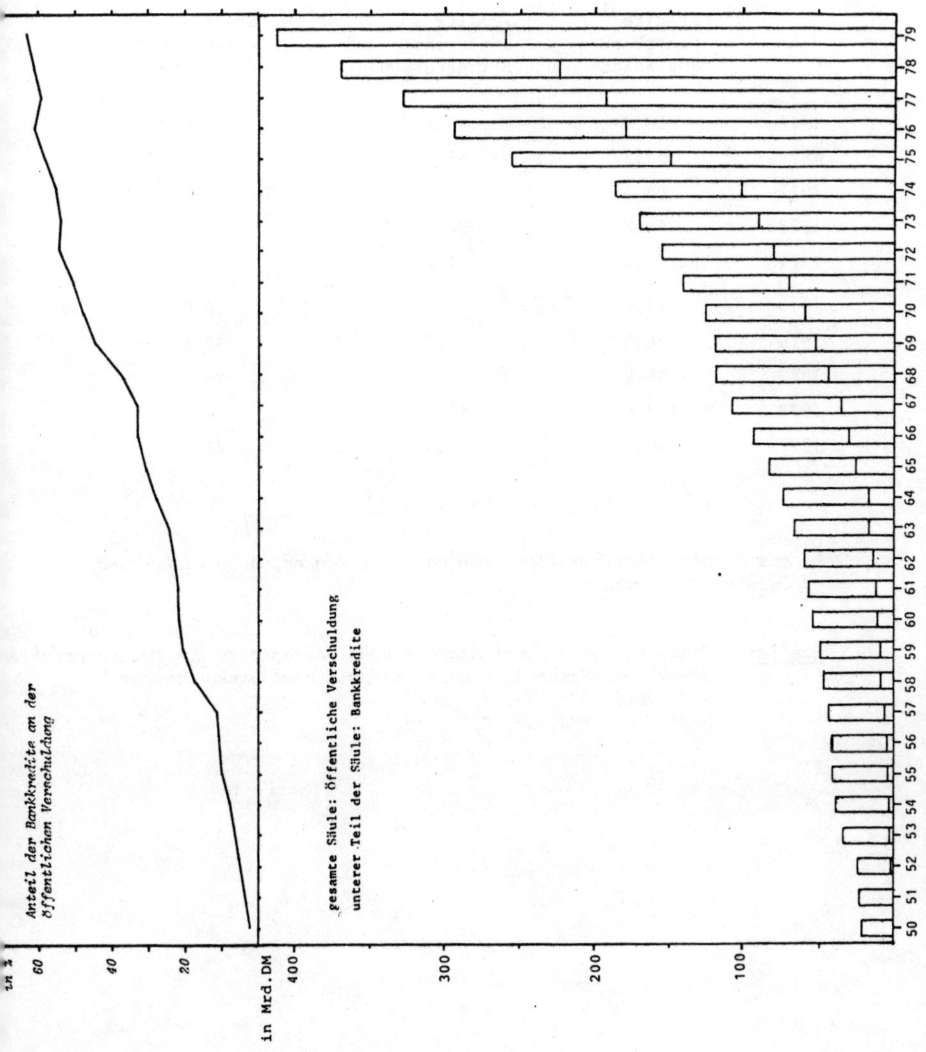

Anlage 25: Kredite der Banken an inländische Nichtbanken (Unternehmen/Privatpersonen und öffentliche Haushalte) 1970 bis 1979 (in Mrd. DM

Jahr	Kredite[o] an Nichtbanken insgesamt	Kredite an Unternehmen und Privatpersonen	Kredite an öffentliche Haushalte
1970	50,8	43,8	7,0
1971	69,7	59,5	10,2
1972	88,5	78,2	10,3
1973	65,2	54,6	10,6
1974	61,2	41,2	20,1
1975	78,9	30,9	48,0
1976	96,3	65,8	30,5
1977	95,8	69,1	26,7
1978	122,6	87,9	34,7
1979	140,9	112,4	28,5

o) *mit Schatzwechselkrediten, Wertpapierbeständen, Ausgleichs- und Deckungsforderungen*

Quelle: *Deutsche Bundesbank: Statistische Beihefte zu den Monatsberichten derselben. Reihe 1, Bankenstatistik nach Bankengruppen*
Heft Juli 1975, Nr. 7, S. 38.
Heft Juni 1980, Nr. 6, S. 38.

Anlage 25: Kredite der Banken an inländische Unternehmen/ Privatpersonen und öffentliche Haushalte 1970 bis 1979

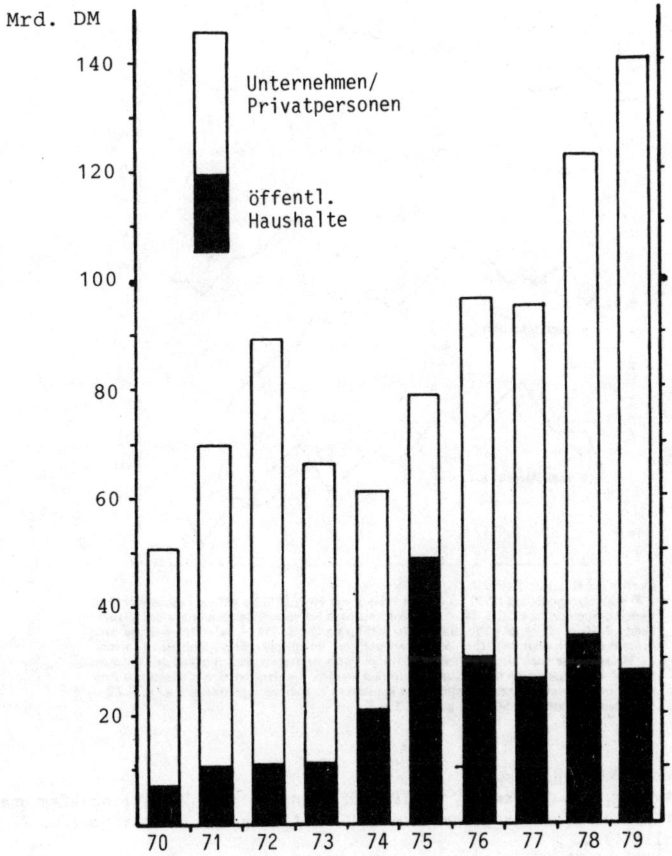

Anlage 26: Jüngere Untersuchungen zur Entwicklung der Profitrate in der BRD

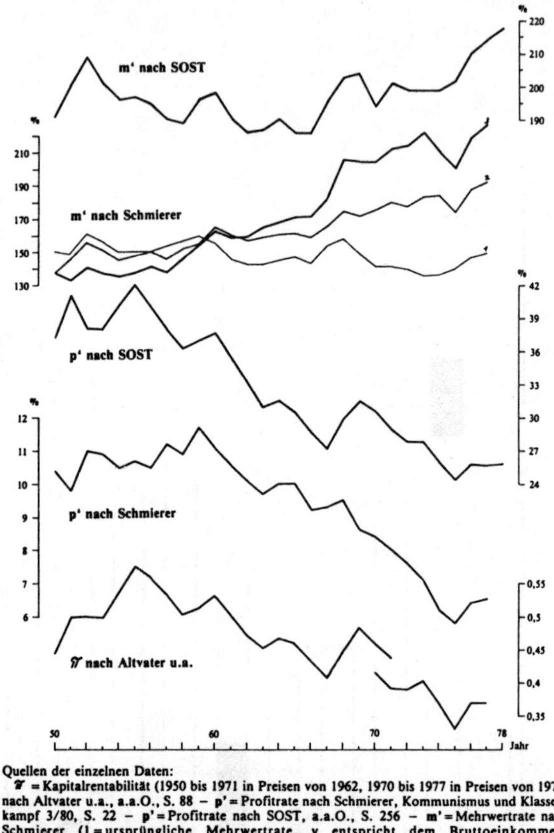

Quellen der einzelnen Daten:
π = Kapitalrentabilität (1950 bis 1971 in Preisen von 1962, 1970 bis 1977 in Preisen von 1970) nach Altvater u.a., a.a.O., S. 88 – **p'** = Profitrate nach Schmierer, Kommunismus und Klassenkampf 3/80, S. 22 – **p'** = Profitrate nach SOST, a.a.O., S. 256 – **m'** = Mehrwertrate nach Schmierer (1 = ursprüngliche Mehrwertrate, v entspricht dem Bruttoeinkommen. 2 = Mehrwertrate nach Umverteilung, v entspricht dem Bruttoeinkommen minus den Anteilen, die über den Staat an die Kapitalisten transferiert wurden. 3 = Mehrwertrate in konstanten Preisen, m in konstanten Erzeugerpreisen, v in konstanten Lebenshaltungskosten), a.a.O., S. 22 – **m'** = Mehrwertrate nach SOST, a.a.O., S. 256.

Zitierte Quellen:

Altvater, Elmar/Semmler, Willi, Hoffmann, Jürgen: Vom Wirtschaftswunder zur Wirtschaftskrise, Ökonomie und Politik in der Bundesrepublik, 2. Aufl., Berlin 1980.

Sozialistische Studiengruppen: Das BRD-Kapital. Hamburg 1980.

Schmierer, Hans-Gerhart: Serie zu Mehrwert, Entwicklung der Ausbeutung, Wertschöpfung, Investition und Sachvermögen. In: Kommunismus und Klassenkampf, Heft 2/1980 bis 5/1980.

Schaubild aus:

Dobberkau. Peter/Lehmann. Volker: Die ökonomische Entwicklung des westdeutschen Kapitalismus. Besprechung jüngerer Untersuchungen. In: Kommunismus und Klassenkampf. Heft 9/1981, S. 26-40, hier S. 33.

Investitionskonjunktur *)

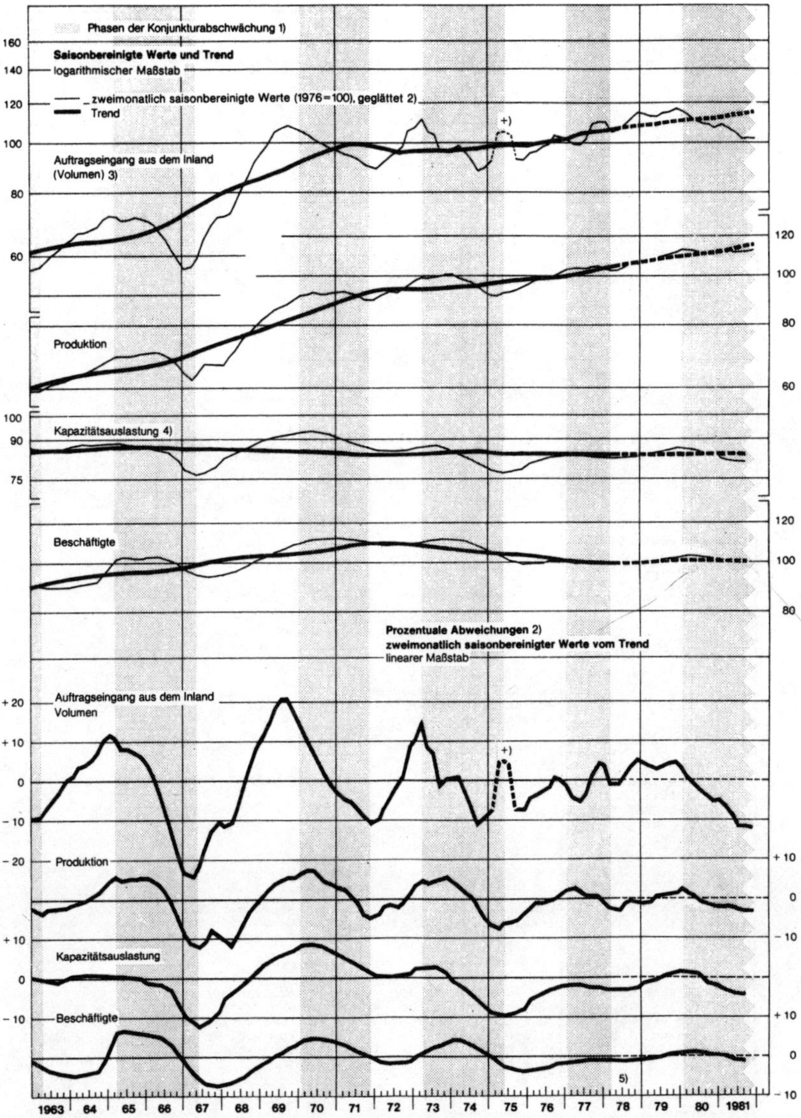

*) Die Angaben beziehen sich auf das Investitionsgütergewerbe.- 1) Gemessen am Rückgang der trendbereinigten Werte der Produktion des Produzierenden Gewerbes (ohne Baugewerbe und Energiewirtschaft).- 2) Ergebnisse mit einem gleitenden 3-Periodendurchschnitt geglättet.- 3) In Preisen von 1976.- 4) Kapazitätsauslastung in % der betriebsüblichen Vollauslastung, vierteljährliche Angaben (Quelle für Ursprungswerte: Ifo-Institut).- 5) Trend bzw. Trendabweichungen ab Mitte 1978 wegen der am Reihenende erforderlichen Trendextrapolation unsicher.- +) In dem besonders markierten Teil ist der Kurvenverlauf durch den Fristablauf für die Inanspruchnahme der Investitionszulage beeinflußt.

aus: Deutsche Bundesbank: Statistische Beihefte zu den Monatsberichten der Deutschen Bundesbank. Reihe 4, Saisonbereinigte Wirtschaftszahlen. April 1982.

Anlage 28: Ausgewählte Daten in der Entwicklung des AEG-Telefunken-Konzerns 1973 bis 1980

Jahr Monat	AEG-Telefunken-Konzern	KWU	Osram	Beteiligungen
1973				
Juli	Aktienkurs auf 109 (Aug. 72: 180); Bilanz 72 um 225,7 Mio. DM "frisiert"			
August	Akienkurs auf 96			
1974				
Januar	Dividende: 0 Jahresfehlbetrag nach Steuern: -664 Mio. DM			20 % Beteiligung an ital. Hausgeräteher-steller Zanussi
Dez.	Verlust des Börsenwerts von 1457 Mio. DM (73) auf 768 Mio. DM	aufgelaufener Verlust KKW Würgassen: 210 Mio. DM Gespräche m. Siemens über Übernahme Risikovorsorge f. KKW-Geschäft 684 Mio. DM, aus Rücklagen gedeckt: 439 Mio. DM	Bilanzfehlbetrag: 8,1 Mio. DM	
1975				
Februar	Vorstandsvorsitzender der Dresdner Bank Ponto übernimmt AR-Vorsitz		Gespräche mit General Electrics (GE) über Übernahme des AEG-Pakets, Zustimmung des Kartellamtes fraglich	
Juni	Bankenkonsortium be-schließt Erhöhung des Grundkapitals um nom. 225,7 Mio. DM auf 929,8 Mio. DM im Ver-hältnis 10 zu 3 zum Ausgabepreis von 70 je Stück(140%), Banken wollen alle Aktien übernehmen.			
Juli		deutsch-brasilianisches Regierungsabkommen über Anwendung der Kern-energie; Gespräche AEG-Siemens gescheitert		
August	HV: L. Poullain(WestLB) in AR gewählt, Gelsenberg-Chef Cipa im nächsten Jahr Vorstands vorsitzender			
Sept.			Kartellamt lehnt Über-nahmeantrag von GE für AEG-Anteil (35,8%) ab	
Nov.	Banken behalten 1/3 der neuen Aktien	Dementi von GE, AEG-Anteil zu übernehmen	Siemens übernimmt AEG-Anteil für 93 Mio. DM, Kartellamt stimmt mit Auflagen zu	
Dez.	Bilanzverlust: 352 Mio. (einschl. Verlustvor-trag 74: 245 Mio. DM), Reduktion der Beleg-im Inland um 11 300,	Bilanzverlust: 41 Mio., St. Gobain tritt von Kaufabsichten zurück Rückstellungen in AEG-Bilanz für KWU: 850 Mio. DM, Cipa plädiert für "deutsche Lösung"	Belegschaft um 2070 auf 10 500 reduziert, Betriebsergebnis: + 7 Mio. DM, Verlust-vortrag vom Vorjahr (8,1 Mio. DM) bleibt bestehen.	
1976				
Mai	Dresdner Bank über-nimmt 8%-Anteil von General Electrics	Saudi-Arabien bestellt KKW für 1,1 Mrd. DM		Aufstockung der Betei-ligung von 21,6% auf 34,8% bei Telefonbau + Normalzeit Lehner & Co.

1. Fortsetzung

Jahr Monat	AEG-Telefunken-Konzern	KWU	Osram	Beteiligungen
1976				
Juli		Iran bestellt KKWs für 11 Mrd. DM, Vertrag zw. Brasilien und KWU über Lieferung v. KKWs für 6,5 Mrd. DM		
Aug.				Übernahme der Kapitalerhöhung v. 3 Mio. DM der Hartmann & Braun AG, 43% (bisher 35%) Anteil)
Okt.			durch Umstellung der Bilanzbewertungsmethoden 40 Mio. DM Bilanzverlust ausgewiesen; seit Januar 1400 Entlassungen	
Nov.		Siemens kauft 50% Anteil der AEG für 618 Mio. DM, ebenso die Hälfte des 50% Anteils von AEG an der Transformatoren-Union, Kartellamt stimmt zu.		
Dez.	Dividende: 0 Risikovorsorge für KKW-Altgeschäft um 175 Mio. DM auf 1,7 Mrd. DM erhöht	Jahresüberschuß: 41 Mio. DM, deckt Verlustvortrag		Olympia: Jahresüberschuß 16,4 Mio. DM, davon 12 Mio. DM durch Kürzung der Pensionsrückstellungen
1977				
Januar	1150 Entlassungen in Werk Nürnberg			Rückübertragung der Anteile an Zanussi; 49 % Anteil bei Hartmann & Braun
März		aktienrechtlich in Siemens-Konzern eingegliedert bei formeller Selbständigkeit		
Jahresmitte	Schließung der Kleinmotorenfabrikationen Berlin/Ackerstr. und Vechta/Oldenburg			
Sept.			im Geschäftsjahr 76/77 Verlust von 44,7 Mio. DM um 2/3 abgebaut	
Nov.				Erhöhung des Anteils an BBC-Hausgeräte GmbH auf 75%, bei Telefonbau + Normalzeit auf 40%
Dez.	Verlust aus KKW-Altgeschäft 1,7 Mrd. DM, davon 1 Mrd. als Rückstellungen in Bilanz, Jahresüberschuß: 8 Mio. DM Dividende: 0			
1978				
Sept.		Geschäftsjahr 77/78 schließt mit Organverlust von 4,96 Mio. DM ab	Siemens übernimmt restliche 21,45% von General Electrics	
Dez.	Bilanzverlaust: 350 Mio. DM Dividende: 0 im Inland 3500 Entlassungen		erstmals wieder Dividende von 10%, Verlustvortrag von 12 Mio. DM abgebaut	Olympia: Bilanzverlust 83,8 Mio. DM Verlustausgleich durch AEG: 52,6 Mio., durch Gewinnvortrag: 3,1 Mio. u. Rücklagen 31,2 Mio. DM

2. Fortsetzung

Jahr Monat	AEG-Telefunken-Konzern	KWU	Osram	Beteiligungen
1979				
Januar				Verkaufsverhandlungen mit Honeywell-Bull und Hermes Precisa über Olympia (ohne Erfolg)
März				Schließung der olympia Werke in Braunschweig
Juni	1. Halbjahr 3500 Entlassungen			10 Mio. Bilanzverlust bei Hartmann & Braun (inzwischen 75% Anteil am Aktienkapital)
Juli	Schließung AEG-Kanis in Essen (1300 Beschäftigte) wird beschlossen			
Aug.				Thomson-Brandt(F) erwirbt von AEG Kapital-Mehrheit an Bildröhrenfabrikation in Ulm
Okt.	in Aktionärsbrief wird Verlust für 79 in Vorjahreshöhe angekündigt; Bundesregierung erklärt Bereitschaft zur finanz Stützung des Konzerns; AEG-Vorstand schlägt Kapitalherabsetzung 3 : 1 und Heraufsetzung 1 : 1 vor sowie 13 000 Entlassungen; Vorstandsvorsitzender der Dresdner Bank Friderichs soll AR-Vorsitzender werden; Bankenkonsortium will Emission der Aktienerhöhung von 310 Mio. DM durchführen und Aktien bis zu 1/3 übernehmen	Geschäftsjahr 78/79 schließt mit Gewinn von 18,7 Mio. DM ab, der Muttergesellschaft überwiesen		
Nov.			Dividende: 10%	
Dez.	Vorstandsvorsitzender Cipa erklärt seinen Rücktritt zum Aug. 80			
Mitte Januar	außerordentliche HV: "Sanierungskonzept" der Banken gebilligt; Friderichs neuer AR-Vorsitzender; Heinz Dürr wird von Friderichs zum neuen Vorstandsvorsitzenden ernannt			

Quelle: AEG-Telefunken: Jahresgeschäftsberichte, lfd. Jahre
Frankfurter Allgemeine Zeitung, Frankfurt/Main
Frankfurter Ruchdschau, Frankfurt/Main
Das Handelsblatt, Düsseldorf
Süddeutsche Zeitung, München
Der Tagesspiegel, Berlin
Die Wirtschaftswoche, Düsseldorf

Anlage 29: Entwicklung der Beteiligungsstruktur an der TUI und NUR

Entwicklung der Beteiligungsstruktur an der TUI und NUR

Quellen: Commerzbank, Wer gehört zu wem? 12. Aufl.; Handelsblatt vom 23. 11. 1976; Wirtschaftswoche vom 3. 2. 1978

1) Beteiligungsstruktur vor dem Zusammenschluß Karstadt/Neckermann

2) Beteiligungsstruktur nach Veräußerung der TUI-Beteiligung

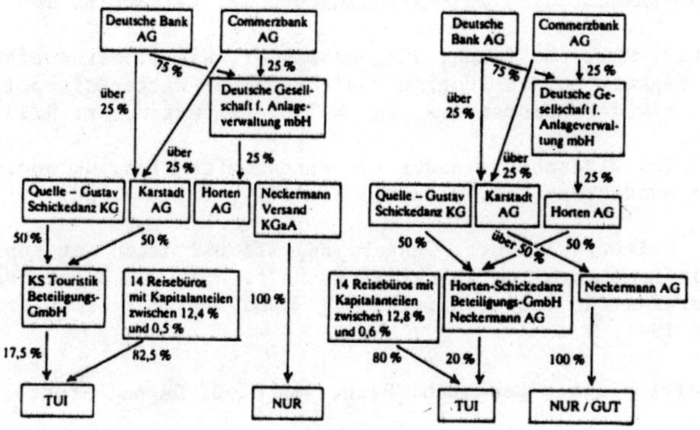

aus: Monopolkommission: Hauptgutachten II, 1976/1977. Fortschreitende Konzentration bei Großunternehmen. Baden-Baden 1978, S. 322.

Literaturverzeichnis

Monographien und Aufsätze

Altvater, Elmar: Wertgesetz und Monopolmacht. In: Das Argument - Sonderband Nr. 6. "Theorie des Monopols". Berlin 1975.

Altvater, Elmar/Hoffmann, Jürgen/Schöller, Wolfgang/Semmler, Willi: Entwicklungsphasen und -tendenzen des Kapitalismus in Westdeutschland. In: Probleme des Klassenkampfes,
Teil 1: Nr. 2/1974, S. 101 ff.
Teil 2: Nr. 4/1974, S. 55 ff.

Altvater, Elmar/Hoffmann, Jürgen/Maya, Carlos: Konzentration als Ursache von Profitratendifferenzen? Eine Auseinandersetzung mit der These vom positiven Zusammenhang zwischen Konzentration und Profitraten im 'Memorandum'. In: WSI-Mitteilungen, Nr. 4/1980, S. 196 ff.

Altvater, Elmar/Hoffmann, Jürgen/Semmler, Willi: Notwendigkeit und Schwierigkeit eines Programms alternativer Wirtschaftspolitik - Zur Kritik des Memorandums. In: WSI-Mitteilungen, Nr. 9/1979, S. 59 ff.

Dies.: Vom Wirtschaftswunder zur Wirtschaftskrise. Ökonomie und Politik in der Bundesrepublik. 2 Bände, 2. Aufl., Berlin 1980.

Arndt, Helmut/Ollenburg, Gunter: Begriff und Arten der Konzentration. In: Die Konzentration in der Wirtschaft. Hrsg. v. Arndt, Helmut. Schriften des Vereins für Socialpolitik. N.F. Band 20/I.2, völlig neu bearb. Aufl., Berlin 1971.

Bankbetriebliches Lesebuch. Hrsg. von H.-D. Deppe. Stuttgart 1978.

Blair, John M.: Economic Concentration. Structure, Behavior und Public Policy. New York 1972.

Böhme, H.: Bankenkonzentration und Schwerindustrie 1873-1896. Bemerkungen zum Problem des 'Organisierten Kapitalismus'. In: Sozialgeschichte heute. Festschrift für Hans Rosenberg. Hrsg. v. Wehler, H.-U., Göttingen 1974, S. 432 ff.

Bongers, Heide: Die Bankstellendichte in der Bundesrepublik Deutschland. In: Die Bank, Heft 8/1979, S. 363 ff.

Braunsdorf/Löffler: Kapitalbegriff und Monopol. Berlin 1976.

Brosius, Gerhard/Huffschmid, Jörg/Schui, Herbert: Theoretische und empirische Aspekte des Zusammenhangs von Monopolisierung und Verlauf der Krise seit 1973. In: WSI-Mitteilungen, Nr. 4/1980, S. 186 ff.

Büschgen, Hans E.: Zur Diskussion um das Bankensystem in der Bundesrepublik Deutschland. In: WSI-Mitteilungen, Nr. 7/1975. S. 362 ff.

Ders.: Universalbanken oder spezialisierte Banken als Ordnungsalternativen für das Bankgewerbe der Bundesrepublik Deutschland unter besonderer Berücksichtigung der Sammlung und Verwendung von Kapital. Teil I und II, Köln 1970.

Czichon, Eberhard: Das Primat der Industrie im Kartell der nationalsozialistischen Macht. In: Das Argument, Nr. 3/1968, S. 168 ff.

Deutsche Gesellschaft für Anlageberatung: Ertragsvergleich 1969-1978. Frankfurt/Main 1979.

Dobberkau, Peter/Lehmann, Volker: Die ökonomische Entwicklung des westdeutschen Kapitalismus. Besprechung jüngerer Untersuchungen. In: Kommunismus und Klassenkampf. Nr. 9/1981, S. 26 ff.

Duwendag, Dieter/Ketterer, Karl-Heinz/Kösters, Wim/Pohl, Rüdiger/Simmert, Diethard B.: Geldtheorie und Geldpolitik. Eine problemorientierte Einführung mit einem Kompendium bankstatistischer Fachbegriffe. Köln 1976.

Eigenkapital weiter auf dem Rückzug. Eine Untersuchung der Industrie- und Handelskammer zu Koblenz zur Eigenkapitalausstattung der mittelständischen Industrie im nördlichen Rheinland-Pfalz. April 1976.

Finanzprobleme des Mittelstandes. Heft 1 bis 5. Hrsg. v. der Deutschen Bank Berlin AG. Berlin 1979.

Flieshardt, Peter/Huffschmid, Jörg/Sablotny, Reinhard/Sörgel, Angelika: Die Legende vom Gewinnverfall. Eine Untersuchung der Spitzengruppe westdeutscher Industrieunternehmen. In: WSI-Mitteilungen, Nr. 1/1978, S. 19 ff.

Flieshardt, Peter et al: Profitratenanalyse - Methoden und Ergebnisse. In: Das Monopol - ökonomischer Kern des heutigen Kapitalismus. Hrsg. v. Aaronovitch, S. Frankfurt/Main 1976. S. 130 ff.

Gablers kleines Bank-Lexikon. 3 Bände. 8. Aufl. Wiesbaden 1978.

Gerhards, Michael: Die westdeutschen Banken. In: WSI-Mitteilungen, Nr. 7/1975, S. 391 ff.

Gossweiler, Kurt: Großbanken - Industriemonopole - Staat. Ökonomie und Politik des staatsmonopolistischen Kapitalismus in Deutschland 1914-1932. Berlin (DDR) 1971.

Grossmann, Henryk: Das Akkumulations- und Zusammenbruchsgesetz des kapitalistischen Systems. Frankfurt/Main 1970 (erstmals 1929).

Grundlagen und Formen der Herrschaft des Finanzkapitals. IPW-Forschungshefte. Band 3/1974. Berlin (DDR) 1974.

Hagemüller, Karl F.: Der Bankbetrieb. Band I und II. 4. Aufl. Wiesbaden 1976 und 1978.

Hauschildt, Jürgen: Auf Tarnung verzichten. Finanz-Image des Mittelstandes. In: Die Wirtschaftswoche, vom 26.9.1980.

Hein, Manfred/Flöter, Hartmut: "Macht der Banken" - Folgerungen aus der bisherigen Diskussion. In: WSI-Mitteilungen, Nr. 7/1975, S. 342 ff.

Dies.: Materialien zum Machtpotential der Banken. Manuskript. Berlin 1973/74.

Heininger, Horst/Hess, Peter: Zur Aktualität der Leninschen Imperialismuskritik. Frankfurt/Main 1970.

Heinrich, Rainer: Ein Vorschlag zur Verstaatlichung des privaten Bankensektors. In: WSI-Mitteilungen, Nr. 9/1975, S. 480 ff.

Herrhausen, Alfred: Die Rolle der Banken bei der Unternehmenssanierung. In: Die Bank: Nr. 8/1979, S. 358 ff.

Hilferding, Rudolf: Das Finanzkapital. Eine Studie über die jüngste Entwicklung des Kapitalismus. Frankfurt/Main 1968 (erstmals 1910).

Ders.: Organisierter Kapitalismus. Referat auf dem Kieler Parteitag der SPD 1927. O. J. und O.

Hill, T.P.: Profits and Rates of Return. OECD-Publication. Paris 1979.

Hübner, Kurt/Stanger, Michael: Schwierigkeiten der Begründung alternativer Wirtschaftspolitik. Kritik der Position der Sozialistischen Studiengruppen (SOST). In: Probleme des Klassenkampfes, Nr. 41/1980, S. 107 ff.

Huffschmid, Jörg: Begründung und Bedeutung des Monopolbegriffs in der marxistischen Ökonomie. In: Zur Theorie des Monopols - Staat und Monopole (I), Argument-Sonderband 6, Berlin 1975, S. 4 ff.

Hummel, G.: Zur Rolle der Banken im Imperialismus. In: Wirtschaftswissenschaften. Berlin 1972, S. 1503 ff.

Immenga, U.: Sanierungsfusion - eine verhängnisvolle Lücke im Gesetz. Kartellrechtliche Überlegungen zum Fall Karstadt/Neckermann: In: Frankfurter Allgemeine Zeitung, Frankfurt/Main, vom 22.12.1976.

Der Imperialismus in der BRD. Hrsg. v. Institut für Gesellschaftswissenschaften beim ZK der SED. Frankfurt/Main 1971.

Institut der Wirtschaftsprüfer (Hrsg.): Wirtschaftsprüfer-Handbuch 1977. Düsseldorf 1977.

Jeidels, Otto: Das Verhältnis der deutschen Großbanken zur Industrie, mit bes. Berücksichtigung der Eisenindustrie. In: Staats- und sozialwissenschaftliche Forschungen, Band 24. Leipzig 1905.

Jeske, Jürgen J.: Das Ende der Aera. Zur Karstadt-Beteiligung an Neckermann. In: Frankfurter Allgemeine Zeitung, Frankfurt/Main, v. 3.3.1976.

Ders.: Laokoon und die Sanierer. Die AEG und die Banken. In: Frankfurter Allgemeine Zeitung, v. 3.11.1981.

Jürgens, Ulrich: Selbstregulierung des Kapitals. Erfahrungen aus der Kartellbewegung in Deutschland um die Jahrhundertwende: Zum Verhältnis von Politik und Ökonomie. Frankfurt am Main/New York 1980.

Jürgens, Ulrich/Lindner, Gudrun: Zur Funktion und Macht der Banken. In: Kursbuch 36. Berlin 1974, S. 137 ff.

Kautsky, Karl: Finanzkapital und Krisen. In: Neue Zeit, 29. Jg., 1. Band, 1910/1911, S. 765 ff.

Kleinewefers, Henner: Die Politik der Deutschen Bundesbank in dem Konjunkturzyklus 1964-1968. In: Kredit und Kapital, Nr. 1/1970, S. 31 ff.

Klott, Klaus: Zum Zusammenhang von Kredit, Aktienwesen und Monopol im hochentwickelten Kapitalismus am Beispiel der Theorie Rudolf Hilferdings. Diplomarbeit am Fachbereich Pol. Wiss. der FU Berlin. Frühjahr 1977,

Koch, Bernd: Die Geschichte des Kampfes um das Weltgeld - Geschichte des Kampfes um Weltmarktvorherrschaft. Dissertation FU Berlin. Berlin 1980.

Köhler, Claus: Geldwirtschaft. Band 1. Geldversorgung und Kreditpolitik. Berlin 1970.

Krengel, Rolf: Produktionsvolumen und -potential. Produktionsfaktoren der Industrien im Gebiet der Bundesrepublik Deutschland. 19. Folge. Berlin 1977.

Kruk, Max: Die Banken haben ein Jahr des Leidens hinter sich. Der Restriktionskurs der Bundesbank hat 1979 zu Ertragseinbußen geführt. Die F.A.Z.-Bankenstatistik. In: Frankfurter Allgemeine - Blick durch die Wirtschaft, Frankfurt/Main, v. 12.6.1980.

Ders.: Die Bankenwelt ist 1980 aus den Fugen geraten. Die F.A.Z.-Bankenstatistik. In: Frankfurter Allgemeine - Blick durch die Wirtschaft, Frankfurt/Main, v. 16.6.1981.

Ders.: Warum stille Reserven bei den Banken. In: Frankfurter Allgemeine Zeitung, Frankfurt/Main, v. 20.7.1981.

Leffson, Ulrich: Grundsätze ordnungsgemäßer Buchführung. 5. völlig neubearb. und erw. Aufl. Düsseldorf 1980.

Lenin, Wladimir Illitsch: Der Imperialismus als höchstes Stadium des Kapitalismus. Gemeinverständlicher Abriß. In: Lenin-Werke, Band 22, Berlin 1971 S. 189 ff. (erstmals 1916).

Ders.: Staat und Revolution. In: Lenin-Werke, Band 25, Berlin 1972, S. 393 ff. (erstmals 1917).

Ders.: Hefte zum Imperialismus. In: Lenin-Werke, Band 39, Berlin 1972, (erstmals 1916).

Ders.: Bericht über das Parteiprogramm auf dem VIII. Parteitag der KPR(B) im März 1919. In: Lenin-Werke, Band 29. Berlin 1972, S. 150 ff.

Linke Sozialdemokraten und bundesrepublikanische Linke. Diskussion am Beispiel der Herforder Thesen. In: spw, Sonderheft 3, Berlin 1981.

Lindner, Gudrun: Die Krise als Steuerungsmittel. Eine Analyse der Bundesbankpolitik in den Jahren 1964-66/67. In: Leviathan, Nr. 3/1973, S. 342 ff.

Mandel, Ernest: Marxistische Wirtschaftstheorie. Frankfurt/Main 1968 (erstmals 1962).

Marx, Karl: Das Kapital. Kritik der Politischen Ökonomie.
Band 1. Marx-Engels-Werke, Band 23. Berlin 1968;
Band 2. Marx-Engels-Werke, Band 24. Berlin 1969;
Band 3. Marx-Engels-Werke, Band 25. Berlin 1968.

Ders.: Theorien über den Mehrwert (Vierter Band des "Kapitals"). Marx-Engels-Werke, Band 26/1-3, Berlin 1971/1967/1968.

Ders.: Grundrisse der Kritik der Politischen Ökonomie. Rohentwurf 1857-1858. Berlin 1953.

Ders.: Zur Kritik der Politischen Ökonomie. In: Marx-Engels-Werke, Band 13, Berlin 1969, S. 3 ff.

Mees, Dr.: Zur Bilanz und Ertragslage kleiner und mittlerer Industrieunternehmungen. Manuskript zur Pressekonferenz der Industriekreditbank AG - Deutsche Industriebank, Berlin/Düsseldorf, v. 31.8.1976.

Memorandum 1978: Memorandum, Alternativen der Wirtschaftspolitik. Köln 1978.

Mertin, Klaus: Ergebnisstrukturen des Kreditgewerbes. In: Die Bank, Nr. 2/1977, S. 4 ff.

Meyer, Hartwig: Auftragsstimmrecht im Namen der Aktionäre. Reihe 'Standpunkte', hrsg. v. Bundesverband deutscher Banken, Köln 1978.

Moesch, Irene/Simmert, Diethard B.: Banken - Strukturen, Macht, Reformen. Köln 1976.

Mülhaupt, Bernd: Gewerkschaften und Bankenreform. In: WSI-Mitteilungen, Nr. 7/1975, S. 378 ff.

Mülhaupt, Ludwig: Einführung in die BWL der Banken. Struktur und Grundprobleme des Bankbetriebs. 2. überarb. Aufl., Wiesbaden 1980.

Ders.: Strukturwandlungen im westdeutschen Bankwesen. Schriftenreihe des Instituts für Kreditwesen der Westfälischen Wilhelms-Universität Münster. Band 1. Wiesbaden 1971.

Müller, Hans Georg: Hinter gleichen Ergebnissen steht oft ein unvergleichbares Leben. Eine Bilanzanalyse kleiner, mittlerer und großer Unternehmen. In: Das Handelsblatt, Düsseldorf, v. 18.1.1977.

Müller, Jürgen/Hochreiter, Rolf: Stand und Entwicklungstendenzen der Konzentration in der Bundesrepublik Deutschland. Schriften der Kommission für wirtschaftlichen und sozialen Wandel. Band 107. Göttingen 1975.

Müller, Rudolf Wolfgang: Geld und Geist. Zur Entstehungsgeschichte von Identitätsbewußtsein und Rationalität seit der Antike. Frankfurt/Main 1977.

Neusüß, Christel: Imperialismus und Weltmarktbewegung des Kapitals. Kritik der Leninschen Imperialismustheorie und Grundzüge einer Theorie des Verhältnisses zwischen den kapitalistischen Monopolen. Erlangen 1974.

Öffentliche Finanzen. Bericht der Abteilung Volkswirtschaft der Commerzbank AG, Frankfurt/Main, v. 20.8.1975.

Oelßner, Fred: Beitrag zur Monopoltheorie. In: Probleme der politischen Ökonomie, Band III, Berlin (DDR) 1960, S. 88 ff.

Poullain, Ludwig: "Tätigkeitsbericht", Teil II. In: Die Wirtschaftswoche, Düsseldorf, v. 25.6.1979.

Projekt Klassenanalyse: Stamokap in der Krise. Berlin 1975.

Pritzkoleit, Kurt: Auf einer Woge von Gold. Der Triumph der Wirtschaft. München/Wien/Basel 1964.

Reifner, Jakob/Weitz, Ewald/Uessler, Rolf: Tatsachen zum Verbraucherschutz im Konsumentenbereich. Ergebnisse einer rechtswissenschaftlichen Lehrveranstaltung. Tübingen 1978.

Riesser, Jakob: Die deutschen Großbanken und ihre Konzentration im Zusammenhange mit der Entwicklung der Gesamtwirtschaft in Deutschland. 3. völlig umgearb. und stark vermehrte Aufl., Jena 1910.

Rosdolsky, Roman: Zur Entstehungsgeschichte des Marxschen 'Kapital'. 2 Bände. Frankfurt/Main 1969.

Saß, Peter: Das Großkapital und der Monopolprofit - Industrielle Unternehmensgröße und Profitrate in der BRD. Hamburg 1978.

Ders.: Untersuchung der Profitratenunterschiede zwischen den westdeutschen Industriebranchen nach dem 2. Weltkrieg. Tübingen 1975.

Scheibe-Lange, Ingrid: Die Legende von der realistischen Ermittlung der Profite. Replik zum Aufsatz der Arbeitsgruppe Großunternehmen: "Die Legende vom Gewinnverfall". In: WSI-Mitteilungen, Nr. 3/1978, S. 175 ff.

Schimkowsky, Reinhard: Exkurs über Hilferding: Vom Generalkartell zur Konzeption des organisierten Kapitalismus. In: Monopol und Staat - Zur Marx-Rezeption in der Theorie des staatsmonopolistischen Kapitalismus. Hrsg. v. Ebbinghausen, Rolf. Frankfurt/Main 1974, S. 279 ff.

Ders.: Zur Marx-Rezeption bei Hilferding. Die Bestimmungen von Konkurrenz und Monopol im 'Finanzkapital'. In: Staat und Monopol - a.a.O., S. 173 ff.

Schirmeister, Caspar: Profitquellen von BRD-Monopolbanken. In: IPW-Berichte, Heft 13/1973, S. 46 ff.

Schmidt, Joachim: Das Anlagevermögen in der Bundesrepublik Deutschland. In: Mitteilungen des Rheinisch Westfälischen Instituts für Wirtschaftsforschung Essen, Nr. 4/1979, S. 257 ff.

Schmierer, Hans-Gerhart: Mehrwertrate und Profitrate. Entwicklung der Ausbeutung 1950 bis 1977 in der BRD. "Wertschöpfung", Investitionen und Sachvermögen 1960 bis 1975. In: Kommunismus und Klassenkampf, Nr. 2/1980 bis Nr. 5/1980.

Ders.: "Alternative Wirtschaftspolitik" - Die Auffassungen der Sozialistischen Studiengruppen. In: Kommunismus und Klassenkampf, Nr. 12/1981, S. 5 ff.

Semmler, Willi: Konzentration und Profitratendifferenzierung? Empirische Ergebnisse zur Industrie der BRD. In: WSI-Mitteilungen, Nr. 3/1980, S. 133 ff.

Ders.: Differentials of Profitrates und Stagnation? The Empirical Evidence for Western Countries. In: Konjunkturpolitik, Nr. 3/1979, S. 180 ff.

Shonfield, Andrew: Geplanter Kapitalismus. Köln/Berlin 1968.

Simmert, Diethard B.: Banken - Reform oder Verstaatlichung? Beilage zur Wochenzeitung 'Das Parlement', Heft 23/1975.

Sozialistische Studiengruppen: Bundesrepublik - Wirtschaftskrise und Sozialistische Alternativen. Hamburg 1979.

Dies.: Sozialistische Wirtschafts- und Sozialpolitik. Programmatische Leitsätze und Kapitalismusanalyse der Linkssozialisten in der BRD. Hamburg 1980.

Dies.: Das BRD-Kapital. Von der Prosperität zu Stagnation und Krise. Eine Analyse von Akkumulation, Profitrate, Konjunkturzyklus 1950-1980. Hamburg 1980.

Spohn, Willfried: Weltmarktkonkurrenz und Industrialisierung Deutschlands 1870-1914. Eine Untersuchung zur nationalen und internationalen Geschichte der kapitalistischen Produktionsweise. Berlin 1977.

Stephan, Cora: Geld- und Staatstheorie von Hilferdings 'Finanzkapital'. Zum Verhältnis von ökonomischer Theorie und politischer Strategie. In: Gesellschaft - Beiträge zur Marxschen Theorie 2. Frankfurt/Main 1974, S. 111 ff.

Stolper, G./Häuser, K./Borchardt, K.: Deutsche Wirtschaft seit 1870. Tübingen 1966.

Sweezy, Paul M.: Theorie der kapitalistischen Entwicklung. O.O. 1958 (erstmals 1942).

Torklus, Rüdiger von: Analyse der Kapitalausstattung der deutschen Unternehmen auf der Grundlage der Einheitswertstatistik. DIW-Beiträge zur Strukturforschung, Heft 8, Berlin 1969.

Usoskin, W.M./Chesin, E.S./Shenajew, W.N./ Judanow, J.I.: Finanzkapital und Finanzoligarchie im heutigen Kapitalismus. In: IPW-Berichte, Heft 10/1973, S. 7 ff.

Varga, Eugen: Die Krise des Kapitalismus und ihre politischen Folgen. Frankfurt am Main/Wien 1969.

Weber, Max: Wirtschaft und Gesellschaft. 1. Halbband. Köln/Berlin 1964.

Wer gehört zu wem? Mutter- und Tochtergesellschaften von A bis Z. Hrsg. v. der Commerzbank AG, Frankfurt/Main.
12. und erweiterte Aufl., Frankfurt/Main 1978;
13. und erweiterte Aufl., Frankfurt/Main 1979.

Wiemann, Gerd: AEG-Sanierung - Mit Geld allein nicht getan. In: Das Handelsblatt, Düsseldorf, v. 5.12.1979.

Wirth, Margaret: Kapitalismustheorie in der DDR. 2. Aufl. Frankfurt/Main 1973.

Wolf, Herbert: 30 Jahre Nachkriegsentwicklung im deutschen Bankwesen. Studien zur Entwicklung der deutschen Kreditwirtschaft. Band 1. Mainz 1980.

Zehnhoff: Dietrich am: Kreditpolitik und Kreditentwicklung in Westdeutschland seit 1948. Dissertation. Hamburg 1960.

Zelený, Jindrich: Die Wissenschaftslogik und das 'Kapital'. Frankfurt am Main/Wien 1962.

Zu einigen Entwicklungen des Bankensystems.In: Kommunismus und Klassenkampf, Nr. 11/1979, S. 16 ff.

Amtliche und halbamtliche Veröffentlichungen

Bericht des Bundeskartellamtes über seine Tätigkeit im Jahre 1978 sowie über Lage und Entwicklung auf seinem Aufgabengebiet (§ 50 GWB). Bundestags-Drucksache 8/2980, Bonn 1979.

Bericht der Sachverständigenkommission zur Auswertung der bisherigen Erfahrungen bei der Mitbestimmung. Bundestags-Drucksache VI/334. Bonn 1970.

Bericht der Studienkommission "Grundsatzfragen der Kreditwirtschaft". Schriftenreihe des Bundesministeriums der Finanzen, Heft 28, Frankfurt/Main 1979.

Bericht über das Ergebnis einer Untersuchung der Konzentration in der Wirtschaft, erstattet vom Bundesamt für gewerbliche Wirtschaft in Frankfurt a.M., Bundestags-Drucksache IV/2320, Bonn 1964.

Deutsche Bundesbank: Auszug aus der vierteljährlichen Kreditnehmerstatisti an wirtschaftlich unselbständige Privatpersonen. Stand Ende 1975/1976/1977 1978 (Interne Veröffentlichung).

Dies.: Deutsches Geld- und Bankwesen in Zahlen 1876-1975. Frankfurt/Main 1

Dies.: Sonderdruck 2. Gesetz über das Kreditwesen, 5. Aufl., Oktober 1978.

Dies.: Sonderdruck Nr. 4. Zahlenübersichten und methodische Erläuterungen zur gesamtwirtschaftlichen Finanzierungsrechnung der Deutschen Bundesbank.
1950 bis 1974, 2. Aufl., Mai 1975;
1960 bis 1977, 3. Aufl., Juni 1978.

Dies.: Sonderdruck Nr. 5. Jahresabschlüsse der Unternehmen in der Bundesrepublik Deutschland 1965 bis 1976. 2. Aufl., Juli 1978.

Dies.: Statistische Beihefte zu den Monatsberichten. Reihe 1. Bankenstatistik nach Bankengruppen. 1972 bis 1981.

Dies.: Statistische Beihefte zu den Monatsberichten. Reihe 2. Wertpapierstatistik. 1974 bis 1981.

Dies.: Statistische Beihefte zu den Monatsberichten. Teihe 4. Saisonbereinigte Wirtschaftszahlen. 1972 bis 1980.

Dies.: Monatsberichte der Deutschen Bundesbank. Ab 1959.

Dies.: Ertragsentwicklung im Bankgewerbe. In: Monatsberichte, Nr. 11/1976, S. 16 ff.

Dies.: Ertragslage und Finanzierungsverhältnisse der Unternehmen im Jahre 1976. In: Monatsberichte, Nr. 11/1977, S. 13 ff.

Dies.: Die Eigenmittelausstattung der Unternehmen. Einzelergebnisse der Statistik der Unternehmensbilanzen der Deutschen Bundesbank. In: Monatsberichte, Nr. 10/1978, S. 16 ff.

Dies.: Die Ertragslage der Kreditinstitute im Jahre 1978. In: Monatsberich Nr. 10/1979, S. 12.

Dies.: Die Ertragslage der Kreditinstitute im Jahre 1979. In: Monatsberich Nr. 8/1980, S. 19 ff.

Dies.: Die Ertragslage der Kreditinstitute im Jahre 1980. In: Monatsbericht Nr. 8/1981.

Monopolkommission: Hauptgutachten I, 1973/74. Mehr Wettbewerb ist möglich. Baden-Baden 1976.

Dies.: Hauptgutachten II, 1976/77. Fortschreitende Konzentration bei Großunternehmen. Baden-Baden 1978.

Dies.: Hauptgutachten III, 1978/79. Fusionskontrolle bleibt vorrangig. Baden-Baden 1981.

Jahresgutachten 1979/80 des Sachverständigenraten zur Begutachtung der gesamtwirtschaftlichen Entwicklung. Bundestags-Drucksache 8/3420, Bonn 1979.

Finanzbericht 1979. Hrsg. v. Bundesminister der Finanzen. Bonn 1979.

Finanzbericht 1980. Hrsg. v. Bundesminister der Finanzen. Bonn 1980.

Landeszentralbank in Berlin: Das Geld- und Kreditwesen in Berlin West im Jahre 1960 (und folgende Jahre). Berlin 1961 und folgend.

OECD: Financial Statistics 1978/12, Tome I, Tabelle A.211.

Statistisches Amt der Europäischen Gemeinschaften: Europäisches System Volkswirtschaftlicher Gesamtrechungen - ESVG. Brüssel 1970.

Statistisches Bundesamt: Jahresabschlüsse von Aktiengesellschaften. In: Wirtschaft und Statistik, lfd. Jahrgänge ab 1965.

Geschäfts- und Jahresberichte

AEG-Telefunken AG, Frankfurt/Main, 1972 bis 1980.

Industriekreditbank AG - Deutsche Industriebank, Berlin/Düsseldorf, 1974/75 bis 1978/79.

Karstadt AG, Essen, 1975 bis 1979.

Kreditanstalt für Wiederaufbau, Frankfurt/Main, 1976 und 1978.

Siemens AG, München, 1976/77 bis 1978/79.

Bankenverband Konsumenten- und gewerbliche Spezialkredite (BKG) e.V., Düsseldorf, 1979.

Bundesverband deutscher Banken e.V., Kölne 1972/73 bis 1977/78.

Bundesverband der deutschen Volksbanken und Raiffeisenbanken e.V., Bonn,
Bericht + Zahlen '76;
Zahlen '78.

Deutsche Bundesbank.

Deutscher Sparkassen- und Giroverband, Bonn, 1978.

Verband der Vereine Creditreform e.V., Neuss 1974/75 bis 1977/78.

Zeitungen

Frankfurter Allgemeine Zeitung, Frankfurt/Main.

Frankfurter Allgemeine - Blick durch die Wirtschaft, Frankfurt/Main.

Frankfurter Rundschau, Frankfurt/Main.

Das Handelsblatt, Düsseldorf.

Süddeutsche Zeitung, München.